Atleta, substantivo feminino

Vinte mulheres brasileiras nos Jogos Olímpicos

Oscar Valporto

Atleta, substantivo feminino

Vinte mulheres brasileiras nos Jogos Olímpicos

CASA DA PALAVRA

COMITÊ OLÍMPICO BRASILEIRO

COB CULTURAL

Realização
COMITÊ OLÍMPICO BRASILEIRO
COB CULTURAL

Presidente
CARLOS ARTHUR NUZMAN

Diretora
CHRISTIANE PAQUELET

Assistente
CAROLINA ARAUJO

Coordenação editorial
MARTHA RIBAS E JULIO SILVEIRA

Projeto marketing cultural
MAISARTE | JACQUELINE MENAEI

Copidesque
RAFAELA VENTURA

Capa e projeto gráfico
ANDREI POLESSI E FERNANDA FICHER

Diagramação
LEANDRO COLLARES

Produção editorial
NATALIE ARAÚJO LIMA

Produção gráfica
ISABEL VALLE

Apoio técnico
LUCIANO ESPINDULA PINTO

CIP-BRASIL. CATALOGAÇÃO-NA-FONTE – SINDICATO NACIONAL DOS EDITORES DE LIVROS, RJ.

V285a

Valporto, Oscar, 1961-
Atleta, substantivo feminino: As mulheres brasileiras nos Jogos Olímpicos / Oscar Valporto. - Rio de Janeiro : Casa da Palavra, 2006
296p. : il.
Inclui bibliografia

ISBN 85-7734-016-3

1. Mulheres atletas - Brasil - História. 2. Jogos Olímpicos - História. I. Título.

06-1088. CDD 796.08
CDU 796.034-055.2
28.03.06 28.03.06 013886

Comitê Olímpico Brasileiro
RUA DA ASSEMBLÉIA, 10, 32º ANDAR,
RIO DE JANEIRO – RJ 20011-901
21.3806-2323
WWW.COB.ORG.BR

Casa da Palavra Produção Editorial
RUA JOAQUIM SILVA, 98, 4º ANDAR,
RIO DE JANEIRO – RJ 20241-110
21.2222-3167 21.2224-7461
WWW.CASADAPALAVRA.COM.BR

Para Telma,
sempre no lugar mais alto
do pódio do meu coração.

agradecimentos

* Este livro só foi possível graças à gentileza das vinte entrevistadas. Ao compartilharem memórias, impressões e emoções, permitiram-me refazer parte da trajetória das mulheres brasileiras no esporte. Espero que esteja à altura do talento de vocês.

Agradeço às colegas jornalistas Marcia Haical e Georgia Infante, da CBV, e Aline Domingues, da BR Sports, pelos atalhos abertos até essas atletas especiais.

Claudia e sua equipe da biblioteca do Comitê Olímpico Brasileiro foram de grande ajuda no trabalho de pesquisa.

Agradeço também aos amigos com quem venho dividindo as paixões pelo esporte e pela literatura, especialmente a Sergio Costa e Fernando Molica, parceiros de todas as horas, e a Jorge Ferreira e Rogério Nogueira, amantes dos livros, que partiram cedo demais.

sumário

✻ abertura

⁂ Não havia mulheres nas provas dos festivais esportivos em Olímpia, interrompidos três séculos antes de Cristo, como também não havia atletas do sexo feminino quando os Jogos Olímpicos foram retomados em Atenas, em 1896. Dois mil anos não foram suficientes para mudar a idéia de que o esporte era uma atividade apenas para os homens. Os inimigos da participação feminina eram liderados, no fim do século XIX, pelo barão de Coubertin, que idealizou e tornou realidade o renascimento dos Jogos Olímpicos.

Pelo peso do adversário, já era possível imaginar como seria dura a trajetória feminina nos Jogos Olímpicos. E se o caminho foi difícil para as pioneiras inglesas, francesas e americanas, maior ainda foram os obstáculos para as mulheres brasileiras. Este livro reúne as histórias de vinte atletas para acompanhar tal saga feminina, que começa com a solitária Maria Lenk, única atleta de toda a América do Sul em Los Angeles 1932, e chega ao século XXI com as 122 brasileiras que estiveram em Atenas 2004 – praticamente a metade dos 247 atletas da nossa delegação.

Mas voltemos ao começo. As primeiras mulheres – 22 jogadoras de tênis e de golfe – só competiram nos Jogos Olímpicos de Paris 1900 graças aos organizadores da Feira Mundial, que financiaram o evento esportivo, realizado paralelamente. Foram apenas seis competidoras em St. Louis 1904, todas no tiro com arco e todas americanas. Com o apoio dos organizadores ingleses, chegaram a 37 em Londres 1908 em três esportes: tênis, patinação e tiro com arco. O Comitê Olímpico Internacional, obrigado a admitir as disputas, não reconhecia ainda as mulheres como atletas olímpicas.

Em 1912, de Coubertin combateu o avanço feminista em duas frentes. Os organizadores suecos queriam abrir espaço às mulheres e a Federação Internacional de Natação (FINA) exigia provas femininas no programa. O presidente do COI deixou seu protesto por escrito. Em artigo publicado pouco antes do começo dos Jogos Olímpicos de Estocolmo, frisava que "os Jogos Olímpicos são a exaltação solene e periódica do esporte masculino" e defendia que as mulheres fossem definitivamente banidas. Os organizadores suecos ficaram firmes e a FINA mandou as nadadoras. Mesmo assim, apenas 48 mulheres competiram na Suécia – 2% do total de atletas.

Depois da Primeira Guerra Mundial, o movimento feminista ganhou força em toda a parte. A pressão sobre o COI aumentava. Em 1921, foi criada a Federação Esportiva Feminina Internacional, que, entre 1922 e 1934, organizou os Jogos Olímpicos para Mulheres, a cada quatro anos, em países europeus. As federações também pressionavam.

Em 1925, de Coubertin renunciou à presidência do Comitê Olímpico Internacional. Os Jogos de Amsterdã 1928 concretizaram os piores pesadelos do barão: provas de atletismo para mulheres. Aliados dele usaram os desmaios de algumas competidoras após a prova dos 800m para alimentar a polêmica.

O avanço feminino não foi rápido. Somente em Melbourne 1956, depois da Segunda Guerra Mundial, o número de mulheres passou a 10% do número de atletas. Em Tóquio 1964, houve o primeiro torneio feminino de um esporte coletivo, o voleibol. Em 1976, as mulheres chegaram também ao handebol e ao basquete – e já eram 20% dos participantes em Montreal. Alcançaram 25% na década de 1980, quando, finalmente, o Comitê Olímpico Internacional, já sob a direção do espanhol Juan Antonio Samaranch, elegeu para membros efetivos a finlandesa Pirjo Haggman e a venezuelana Flor Isava-Fonseca, as primeiras mulheres no COI.

Só a partir de então elas se tornaram prioridade. Em Barcelona 1992, as participantes do sexo feminino eram 29% dos atletas. Samaranch instituiu no COI a Comissão de Mulheres e Esporte a fim de promover a participação feminina – não apenas nas provas, mas também como treinadoras e dirigentes. Novas modalidades, agora, só podem ser admitidos no programa olímpico se tiverem provas femininas. De Atenas 1896 a Atenas 2004, tudo mudou. No século XIX, elas estavam apenas na platéia. No século XXI, as mulheres somam quase cinco mil, 40% dos atletas olímpicos.

No Brasil, o avanço feminino foi ainda mais lento. A primeira parte deste livro acompanha a trajetória de pioneiras do esporte, que, nos Jogos Olímpicos, tiveram que enfrentar o problema extra da solidão. Maria Lenk, em Los Angeles 1932, Mary Dalva Proença, em Melbourne 1956, Wanda dos Santos, em Roma 1960, e Aida dos Santos, em Tóquio 1964, foram, todas, a exceção feminina em uma delegação só de homens. A segunda parte segue as braçadas de Maria Elisa Guimarães, as cortadas de Isabel, os movimentos de Luisa Parente e os golpes de Soraia André. Elas abriram caminho para a participação mais efetiva das brasileiras no esporte olímpico nas décadas de 1970 e 1980. As duas partes finais do livro são dedicadas a estrelas da primeira geração de mulheres medalhistas olímpicas. Uma reúne as rainhas da praia – Jacqueline, Sandra, Mônica, Adriana, Shelda e Adriana Behar. A outra acompanha destaques dos times que conquistaram medalhas nos esportes coletivos – Paula e Janeth, do basquete, Leila e Virna, do voleibol, Pretinha e Marta, do futebol.

As histórias dessas vinte mulheres iluminam a dura jornada olímpica de todas as brasileiras. Como tantos atletas, submeteram-se a rotinas pesadas de treinos, passaram longos períodos longe de casa, conviveram com a dor. Como tantos brasileiros, algumas tiveram que superar a pobreza, a falta de estrutura do país, as arbitrariedades dos poderosos. Como tantas mulheres, foram obrigadas a enfrentar o preconceito, a desigualdade e a oposição da família para seguir a carreira escolhida.

São histórias de conquistas e frustrações; de vitórias e derrotas. São histórias de mulheres que, para fazer parte da trajetória olímpica do Brasil, adiaram sonhos, engoliram sapos, superaram traumas, choraram de desespero, de raiva e de dor. São histórias de atletas que fizeram de tudo pelo esporte – de mulher que apanhou dos pais e de quem ficou longe do filho; de mulher que virou sacoleira e de quem acumulou os treinos com quatro empregos; de mulher que vendeu quase tudo que tinha e de quem nunca teve quase nada; de mulher que não pôde aproveitar a adolescência e de quem adiou o casamento ou a maternidade.

Por essas histórias, podemos imaginar como foram as de outras 316 brasileiras olímpicas ou mesmo as de milhares, do mundo inteiro, que disputaram os Jogos. São mulheres apaixonadas pelo esporte. Nem todas tiveram finais felizes, nem todas conquistaram recordes ou medalhas. Mas, com certeza, o lugar delas é no pódio olímpico.

pioneiras

Maria Lenk
Wanda
Mary Dalva
Aida

maria lenk

Durante os Jogos Olímpicos de Berlim 1936, Maria Lenk (última à direita) posa para foto ao lado do treinador Carlos de Campos Sobrinho e das companheiras da seleção brasileira Siegland Lenk, Piedade Coutinho e Scylla Venâncio.

maria lenk

* No convés do cargueiro Itaquicê, que navegava pela costa brasileira, uma mulher e mais de setenta homens, compenetrados, faziam ginástica, naquela manhã de junho de 1932. A paulista Maria Lenk, de apenas 17 anos, olhava para seus colegas de exercícios um pouco assustada. Sentia-se só naquele navio lotado. Agora, quando a tão esperada viagem a Los Angeles finalmente começava, a jovem nadadora podia sentir a dimensão de sua aventura. Estava destinada a ser a primeira mulher brasileira, a primeira sul-americana, a disputar os Jogos Olímpicos – abriria, a braçadas, a história feminina de seu país no evento esportivo mais importante do mundo.

No meio do oceano, o tempo demorava a passar. Às vezes, parecia que Maria tinha deixado São Paulo há semanas e embarcado com destino ao desconhecido: não tinha noção de como seriam os Jogos Olímpicos, sua primeira competição internacional. Entretanto, o Itaquicê zarpara há poucos dias do porto do Rio de Janeiro. Na manhã de 26 de junho, o alemão Paul Lenk, funcionário de um banco em São Paulo, entregara, solenemente, a guarda da filha ao capitão Orlando Eduardo Silva, chefe da missão brasileira aos Jogos Olímpicos de Los Angeles.

O porto do Rio fervia naquele dia: marinheiros preparavam o cargueiro para a partida, estivadores embarcavam as últimas sacas de café, atletas, parentes e turistas chegavam com suas bagagens para subir a bordo. Maria Emma Hulda Lenk chegara de trem da capital paulista com o pai. No fim da primeira década do novo século, o espírito aventureiro de Paul o fizera deixar a Saxônia para tentar a vida no Brasil – primeiro no Sul do país; depois em São Paulo. Não chegou a hesitar, portanto, quando sua filha mais velha foi convidada a fazer parte da equipe brasileira que disputaria os Jogos Olímpicos de 1932. Maria estava feliz em disputar uma competição internacional e teve o apoio e o consentimento do pai para a viagem.

A jovem nadadora tinha se mostrado praticamente imbatível desde que começara a disputar competições em 1930, apenas dois anos antes. Tudo acontecia muito rápido para ela. Antes de partir, o Itaquicê recebeu a bordo a visita do presidente Getúlio Vargas, que fez questão de tirar fotos ao lado de Maria, solitária representante feminina na delegação de 67 atletas. O navio zarpou no fim da tarde de 26 de junho: com a viagem da adolescente paulista, começava a história das mulheres brasileiras nos Jogos Olímpicos.

As primeiras braçadas de Maria Lenk, contudo, foram dadas meramente por razões de saúde. Após ver a filha de 10 anos sofrer com uma pneumonia dupla, Paul Lenk decidiu ensiná-la a nadar, para fortalecer-lhe os pulmões. Amante dos esportes, ele já mantinha aparelhos de ginástica no quintal para Maria e seus dois irmãos. Não havia piscinas em São Paulo em 1925: Paul passou a levar a filha quase diariamente para nadar no Rio Tietê, como faziam outras famílias alemãs. Os dois entravam juntos nas águas ainda claras: o pai ensinava Maria a nadar e também a driblar as correntezas do rio.

> "Nadar no Tietê era um momento de encontro com a natureza. Eu sempre gostei de nadar no rio e no mar."

A natação começava a ganhar popularidade em São Paulo. Os clubes de remo instalados às margens do Tietê passaram a abrir espaço para nadadores – homens, na grande maioria – e a promover competições. Entre 1924 e 1928, foram disputadas as primeiras travessias do Rio Tietê, uma prova de sete quilômetros entre Ponte Grande e Vila Maria. As poucas mulheres eram geralmente descendentes de europeus.

No dia 2 de fevereiro de 1930, o Clube Espéria incluiu uma prova feminina em sua festa aquática: como no remo, as raias da natação eram marcadas dentro do Tietê. Maria Lenk, com 15 anos, venceu, sem dificuldade, três concorrentes, todas mais velhas, na prova de 50m livre. A natação passou a fazer definitivamente parte da vida da adolescente, que dividia seu tempo entre as aulas no Colégio Santa Catarina e a recém-inaugurada piscina de 25 metros da Associação Atlética São Paulo (AASP), a primeira da cidade.

Paul e sua mulher, Rosa, enfermeira da Cruz Vermelha na Alemanha, incentivavam a filha mais velha a nadar, desde que o esporte não interferisse na vida escolar. Competir, porém, ainda era difícil para Maria, pois não havia campeonatos com provas femininas no Brasil. A situação das mulheres, contudo, estava começando a mudar já que o movimento feminista, sob a liderança da bióloga e advogada Bertha Lutz, ganhara espaço desde a fundação da Federação Brasileira pelo Progresso Feminino, em 1922. A campanha pelo direito de votar cresceu e, em 1930, o Senado aprovou projeto estendendo o voto às mulheres. A Revolução de 1930 suspendeu as atividades parlamentares, mas, no novo Código Eleitoral, promulgado por Getúlio Vargas em 1932, as mulheres conquistavam finalmente o direito ao voto.

Os avanços do movimento feminista faziam com que, na capital federal, o debate chegasse ao esporte. Por que não deveria haver atletas brasileiras na delegação para os próximos Jogos Olímpicos de Los Angeles? Foi assim que, ainda em novembro de 1931, quando a Confederação Brasileira de Desportos (CBD) promoveu no Fluminense a primeira preparatória olímpica, uma prova para as mulheres foi incluída. Tanto na primeira quanto na segunda competição preparatória, em abril de 1932, só participaram nadadoras do Rio, sem qualquer resultado expressivo.

Em São Paulo, os atletas ainda estavam mais voltados para as competições locais. Em fevereiro de 1932, voltou a ser promovida a Travessia de São Paulo a Nado – a prova de sete quilômetros no Rio Tietê. A jovem Maria Lenk ganhou com facilidade. Logo em seguida, finalmente foi organizado o primeiro Campeonato Paulista de Natação Feminina. Maria venceu os 200m peito e os 100m costas. Em 22 de maio de 1932, a piscina do Fluminense, no Rio, foi palco da terceira e última competição preparatória para os Jogos Olímpicos, que incluía três provas para mulheres. Maria Lenk bateu dois recordes brasileiros – nos 200m peito e nos 100m livre – e melhorou em 14 segundos o recorde sul-americano dos 200m costas. Os jornais do Rio deram espaço às façanhas da nadadora paulista e começaram a pressionar a CBD para incluí-la na equipe olímpica.

Quando finalmente recebeu o convite para participar dos Jogos Olímpicos de Los Angeles, Maria Lenk não chegou a ficar impressionada. O Brasil não tinha tradição olímpica; em 1928, sequer havia enviado uma delegação a Amsterdã. A jovem nadadora levou um susto com o clima de festa no porto, com a visita do presidente da República e com a verdadeira procissão de barcos de todos os tamanhos que seguiu o Itaquicê até a saída da Baía de Guanabara.

Aquele clima no embarque era parte também de uma onda nacionalista, incentivada pelo presidente Vargas desde sua chegada ao poder, em 1930. Na época, as regras do Comitê Olímpico Internacional proibiam que os governos financiassem as viagens dos atletas – que deveriam também ser totalmente amadores. As entidades esportivas deviam ser responsáveis pelos gastos. Mas Getúlio queria ver o Brasil bem representado em Los Angeles: conseguiu o cargueiro para levar a delegação e ajudou a CBD a arrecadar 55 mil sacas de café, embarcadas para serem vendidas nos Estados Unidos e pagar as despesas da viagem.

Maria Lenk era a única mulher na delegação de 67 atletas, mas não a única a bordo. O Itaquicê carregava, além da tripulação e da carga de café, quase 350 passageiros: muitos atletas, técnicos e dirigentes levaram suas mulheres e outros parentes. A delegação tinha sete técnicos e 12 jornalistas. Também havia famílias de turistas, que pagaram para fazer a viagem e assistir aos Jogos Olímpicos. Aquela sessão matinal de ginástica no convés era a única atividade física a bordo. A jovem nadadora sofria com a falta de treinos, com a distância de casa, com a monotonia dos primeiros dias.

A viagem do cargueiro, entretanto, tornava-se tumultuada. A tensão a bordo começou quando chegou a notícia de guerra civil no Brasil: estourara a Revolução Constitucionalista de 1932. A falta de informações sobre parentes e amigos deixava nervosos atletas e turistas. As más notícias não paravam: no Canal do Panamá, o Itaquicê ficou retido durante quatro dias, porque a delegação não tinha dinheiro para pagar o pedágio pelos 350 passageiros civis e pela carga de café.

O governo brasileiro negociou a liberação do navio, que atracou no porto de São Pedro, perto de Los Angeles, no dia 22 de julho, uma semana antes da abertura dos Jogos Olímpicos. Mas nem todos os atletas conseguiram desembarcar porque era cobrada uma taxa de 24 dólares por pessoa – a delegação só tinha dinheiro para pagar pelo desembarque de 32 competidores da equipe olímpica. Outros seguiram com o Itaquicê até São Francisco para vender as sacas de café.

O cavalheirismo das autoridades americanas permitiu que Maria Lenk desembarcasse sem problemas. Somente ao chegar em Los Angeles a nadadora teve a verdadeira dimensão dos Jogos Olímpicos. Foi tratada como celebridade e era notícia nos jornais locais: a primeira e única mulher de toda a América do Sul a disputar as competições olímpicas. Ficou no Chapman Park Hotel, que hospedou nadadoras de todo o mundo. Fluente em alemão e com boas noções de inglês, que a mãe ensinara, Maria Lenk não teve dificuldades de comunicação e chegou a servir de intérprete para o capitão Orlando, chefe da missão brasileira.

Os resultados na piscina foram frustrantes para Maria, que não passou das eliminatórias nos 100m livre e nos 200m peito. Perto das melhores do mundo, verificava as falhas em seus estilos. Nos 100m costas, foi desclassificada por fazer uma virada ilegal. Mas, em Los Angeles, Maria Lenk sentiu a emoção de desfilar, representando o Brasil, no Estádio Olímpico lotado; viu de perto a concentração e a dedicação de grandes atletas japoneses e americanos, que dominavam a natação na época; conheceu Johnny Weissmüller, o Tarzan do cinema, campeão olímpico em 1928, que lamentava ter sido impedido de disputar os Jogos de 1932 por ganhar dinheiro com sua carreira de ator, o que contrariava o amadorismo exigido pelo COI. Na volta, quando desembarcou no Rio, a nadadora entendia o que significava o Espírito Olímpico, tinha uma nova noção do esporte e um legítimo sentimento patriótico. Queria voltar logo a competir e a se preparar para os próximos Jogos.

Uma Maria Lenk mais madura e ainda mais decidida retornou aos treinos na AASP. Treinava diariamente e, sempre que podia, mais de uma vez por dia. Novamente pioneira, estava na primeira turma para civis da Escola Superior de Educação Física de São Paulo. Queria ser professora, mas, antes, tinha outras metas. Ganhou a Travessia de São Paulo a Nado, no Tietê, em 1933, 1934 e 1935. Venceu as três provas femininas – 100m livre, 100m costas e 200m peito – nos campeonatos paulistas de 1933 e 1934. Em março de 1935, na nova piscina olímpica do Clube de Regatas Guanabara, no Rio, Maria Lenk brilhou no Campeonato Brasileiro, o primeiro com provas femininas, ganhando tudo: os 100m peito e os 200m peito, os 100m costas, os 100m livre e os 400m livre. Venceu, em seguida, os 100m costas e os 200m costas e os 100m peito e os 200m peito no Campeonato Sul-americano, também, disputado no Rio.

"Voltei de Los Angeles convicta da importância do esporte para o desenvolvimento das nações."

Naquele ano, o esporte brasileiro rachou. Depois de quase vinte anos de funcionamento informal, o Comitê Olímpico Brasileiro foi oficialmente fundado e reconhecido pelo COI. Muitas entidades esportivas, insatisfeitas com a prioridade dada pela Confederação Brasileira de Desportos ao futebol, aderiram ao COB, entre elas a recém-organizada Federação Brasileira de Natação. Mas a CBD continuava filiada à Federação Internacional de Natação e a outras entidades internacionais.

O racha impediu que o primeiro recorde mundial de Maria Lenk fosse homologado. Ela baixou o recorde dos 100m peito em março de 1936, numa competição preparatória para os Jogos Olímpicos de Berlim, organizada pelas entidades filiadas ao COB na piscina do Fluminense. Naquela época, vivia entre São Paulo e Rio, onde ficava na casa de parentes e treinava com o japonês Takashiro Saito, ex-campeão mundial. Comprava revistas alemãs de esportes e descobrira que alguns nadadores começavam a usar, com sucesso, o estilo *butterfly* (borboleta) no nado peito, com braçadas fora da água (o atual nado borboleta só foi oficializado pela FINA em 1951). Foi com esse estilo inovador que bateu o recorde mundial dos 100m. A marca, entretanto, não foi homologada pela FINA, que ainda reconhecia a CBD como entidade organizadora dos esportes aquáticos.

A disputa entre o COB e a CBD ameaçava a participação brasileira nos Jogos Olímpicos de 1936. Mesmo assim, o cargueiro General Artigas zarpou de Santos, no dia 19 de junho, e do Rio, no dia 22, levando a delegação do COB com 62 atletas – as cinco mulheres eram as nadadoras Maria Lenk, sua irmã caçula Sieglinde, recordista sul-americana do nado de costas, Helena Salles, Scylla Venâncio e a esgrimista Hilda Kramer. Para que a equipe de natação pudesse treinar, a tripulação construiu um pequeno tanque: o técnico Carlos de Campos Sobrinho amarrava as atletas com uma corda para que elas nadassem sem sair do lugar. O balanço do navio jogava as atletas contra as paredes de tábua do tanque. Era doloroso, mas era o treino possível durante quase um mês de viagem até o porto de Bremen, na Alemanha, onde os brasileiros chegaram cansados e pesados – a rotina alimentar do navio incluía seis refeições diárias.

A delegação do COB chegou e se instalou: os homens na Vila Olímpica, as mulheres na Frauenheim, uma casa para as atletas. Poucos dias depois, a equipe da CBD chegou com mais uma nadadora, a carioca Piedade Coutinho, de apenas 16 anos. O impasse estava formado: o COI decidiu que os brasileiros só participariam dos Jogos Olímpicos de Berlim se tivessem o registro nas federações internacionais através da entidade filiada (a CBD) e a aprovação do seu *status* de amador pela entidade olímpica (o COB). Os atletas sofriam com a indecisão. Só na manhã de 1º de agosto, dia do desfile de abertura, as duas entidades estabeleceram uma trégua para que os atletas pudessem participar dos Jogos Olímpicos.

Para Maria Lenk, de novo, o desfile foi um momento de emoção inesquecível: a glória de representar o Brasil entre os maiores atletas do mundo. Voltou a chamar a atenção da imprensa esportiva e da própria organização dos Jogos: era a única mulher a usar o estilo borboleta. Mas, novamente, a nadadora acabou decepcionada com sua performance. Chegou apenas às semifinais dos 200m peito. Aproveitou de outra forma a viagem à Alemanha: recém-formada na Escola Superior de Educação Física, fez um curso de especialização na Academia de Educação Física do Reich antes de voltar ao Brasil. Estava disposta a usar seus conhecimentos para preparar-se ainda melhor para os Jogos Olímpicos de 1940, marcados para Tóquio.

"O desfile no Estádio Olímpico dá uma nova dimensão à palavra patriotismo."

Os desafios da vida adulta batiam à porta da nadadora. Em 1937, com 22 anos, a professora recém-formada queria arranjar trabalho, mas só conseguiu vaga para dar aulas no ginásio estadual de Amparo, pequena cidade do interior paulista, onde as adversárias eram as famílias tradicionais do lugar. Elas opunham-se às atividades de Maria Lenk, que incentivava as meninas a usar maiô para aulas de natação e calção para as aulas de ginástica. No fim do ano, recebeu convite para disputar o Campeonato Sul-americano, no Peru, em março, e aproveitou as férias escolares para treinar no Rio. Em Lima, venceu e bateu o recorde Sul-americano nas três provas de nado peito.

Voltou para Amparo, mas, em dezembro de 1938, estava novamente na capital, de volta aos treinos – seis horas por dia – no Guanabara. Disputou o Brasileiro e o Sul-americano. Antes de Maria Lenk retornar ao interior de São Paulo, o presidente Getúlio Vargas assinou o decreto de criação da Escola Nacional de Educação Física e Desportos, da Universidade do Brasil, e ela foi convidada para assumir o cargo de Catedrática de Desportos Aquáticos. Mas não imediatamente: para driblar qualquer ameaça de acusação de profissionalismo, a nadadora seria apenas pesquisadora assistente até os Jogos Olímpicos de 1940. Estava liberada para dar inteira dedicação aos treinos.

No dia 11 de outubro de 1939, na piscina do Guanabara, Maria Lenk bateu o recorde mundial dos 400m peito, com a marca de 6m15s8, homologada pela CBD e pela FINA. De novo, pioneira: era o primeiro recorde mundial de um atleta brasileiro. Menos de um mês depois, no dia 8 de novembro, ela baixou o recorde mundial dos 200m peito na piscina olímpica do Fluminense: 2m56s cravados. A medalha olímpica parecia cada vez mais perto.

“O cancelamento dos Jogos Olímpicos de 1940 foi a maior frustração da minha vida.”

Mas a guerra sepultaria esse sonho. Tóquio já havia desistido de organizar os Jogos Olímpicos ainda em 1939, tarefa assumida pela Finlândia, país tradicionalmente neutro. Mas, em abril de 1940, dois meses antes da data marcada para a abertura, a União Soviética ocupou a Finlândia e os dirigentes anunciaram a suspensão dos Jogos Olímpicos. No Rio, ao saber da notícia, uma Maria Lenk inteiramente arrasada mergulhou na piscina do Guanabara e nadou até cansar.

Não havia perspectiva de paz e a nadadora começou a preparar o fim de sua carreira. Ainda foi mais uma vez campeã sul-americana dos 100m peito e dos 200m peito em abril de 1941, mas já pensava em abandonar as competições. Em dezembro, partiu com uma equipe de nadadores da América do Sul para uma série de apresentações nos Estados Unidos.

O navio já estava em águas norte-americanas quando chegou a notícia do ataque a Pearl Harbour. O conflito cruzava os oceanos e prometia ser longo e trágico. O espírito de paz dos Jogos Olímpicos não tinha lugar no mundo em guerra. Maria Lenk sabia que o sonho da medalha olímpica tornara-se impossível. No dia 15 de janeiro, exatamente ao completar 27 anos, anunciou sua despedida das competições, após vencer as campeãs norte-americanas na Women Swimming Association, em Nova York. Seis meses depois, assumiu a cátedra na Universidade do Brasil.

Em 1948, quando os Jogos Olímpicos voltaram, ela já era Maria Emma Hulda Lenk Zigler, casada com o diplomata americano Gilbert Zigler e mãe de dois filhos pequenos – Gilberto e Marlene. Soube que sua amiga Piedade Coutinho, agora com 28 anos, liderava a renovada equipe brasileira, mas não acompanhou a trajetória das 11 mulheres (cinco da natação e seis do atletismo) que foram a Londres. Piedade alcançou um feito que só seria igualado por outra brasileira 56 anos depois – participar de duas finais: nos 400m livre e no revezamento 4x100m livre.

Os dois recordes mundiais de Maria Lenk perduraram até o fim da guerra. Só foram batidos nas provas preparatórias para os Jogos Olímpicos de Londres, onde o estilo borboleta, consagrado pela brasileira no nado peito, era usado pela maioria dos nadadores. Os recordes e o pioneirismo asseguravam seu lugar na história, mas, de qualquer forma, para a maior atleta brasileira da primeira metade do século XX, os Jogos Olímpicos já eram uma página virada.

Wanda

Wanda dos Santos treina para a prova dos 80m com barreiras nos Jogos Olímpicos de Helsinque 1952: atleta ficou entre as semifinalistas, marcando tempo de 11s3.

❊ wanda ....

❊ Em 1948, Wanda dos Santos quase se tornou a mais jovem brasileira a disputar os Jogos Olímpicos até aquela data. Nas eliminatórias para as competições de atletismo em Londres, a adolescente paulista, filha de uma família modesta da Zona Norte da capital, ficou em segundo lugar na prova do salto em distância e a um décimo do índice nos 80m com barreiras. Wanda acabara de completar 16 anos. "Tudo no esporte tem sua hora e a sua hora de ir aos Jogos Olímpicos ainda não chegou", disse seu técnico no São Paulo, o alemão Dietrich Ulrich Gerner. Wanda realmente não se abalou. Os Jogos Olímpicos – de volta após um hiato de 12 anos causado pela guerra – ainda não faziam parte de seus sonhos de adolescente.

Ainda. Porque o próprio Gerner passou a garantir que, se continuasse treinando com dedicação, ela faria parte da equipe do atletismo nos Jogos Olímpicos de Helsinque. O esporte já ocupava, então, muito tempo na vida de Wanda. Ela começou a se destacar no Colégio Ipiranga, onde estudava e praticava basquete, vôlei e atletismo. Em 1946, Wanda tinha 14 anos, quando o diretor do Ipiranga levou alguns alunos para treinar no Palmeiras. No fim do ano, os dirigentes palmeirenses acabaram com o atletismo e parte de sua equipe transferiu-se para o São Paulo Futebol Clube.

"Quem tem os Jogos Olímpicos como foco não tem tempo para namoro sério."

Sob a direção de Gerner, os jovens atletas não tinham vida mansa. O treinador fez Wanda, logo de saída, desistir de continuar a jogar basquete, como fazia no Palmeiras. Agora com 15 anos, Wanda treinava de manhã e à tarde, e estudava à noite. Acordava cedo, tomava café com os pais e os quatro irmãos e seguia para o treino no São Paulo – a sede do clube ficava então no Canindé. Almoçava no próprio clube, treinava mais e seguia direto para a escola, perto de sua casa, na Vila Guilherme. Destacou-se rapidamente nos 80m com barreiras e no salto em distância. Disputava as competições de adulto antes de fazer 16 anos.

Em 1949, Wanda fez parte da equipe brasileira que disputou o Campeonato Sul-americano de Atletismo, no Peru. Era a primeira vez que saía do país; a primeira vez que entrava num avião. Os pais já conheciam Gerner e estavam felizes de ver a filha integrando a equipe do Brasil.

Nas eliminatórias dos 80m, bateu o joelho em uma barreira, sofreu um corte profundo, mas alcançou a final. O massagista da delegação olhou preocupado para a contusão. "Pode fazer um curativo aí porque eu vou correr de qualquer jeito", disse a atleta, com a impetuosidade de seus 17 anos.

Na disputa da medalha, cravou o recorde Sul-americano com 11s7 e comemorou com o joelho novamente sangrando. No último dia, com a torcida brasileira formada pelos marinheiros do Saldanha da Gama, a adolescente – com um curativo no joelho – venceu a prova de salto em distância e levou a segunda medalha de ouro. Voltou para São Paulo com perfumes, cortes de tecido e farinha, presentes dos marinheiros para a jovem campeã.

O clima de Jogos Olímpicos foi antecipado para os brasileiros com a confirmação para a disputa, em fevereiro de 1951, dos primeiros Jogos Pan-americanos, marcados para Buenos Aires. Os argentinos dominaram grande parte das provas, mas a equipe brasileira de atletismo se destacou, conquistando nove das 32 medalhas obtidas pelo Brasil. Wanda ficou com a medalha de bronze e assistiu a seu amigo Adhemar Ferreira da Silva – também atleta do São Paulo e treinado por Dietrich Gerner – ganhar o ouro no salto triplo e bater o recorde mundial pela primeira vez.

Um ano depois, Wanda e Adhemar estavam novamente na equipe brasileira, que desembarcava na Finlândia para os Jogos Olímpicos de Helsinque. Eram apenas cinco mulheres na delegação – três do atletismo, duas da natação. Elas ficaram hospedadas em um colégio – a Vila Olímpica era só para os homens. As anfitriãs finlandesas eram gentis, mas não resistiam a passar o dedo na pele escura das brasileiras Wanda e Deise: negros, na Finlândia, eram vistos apenas nos filmes.

O Estádio Olímpico ficou lotado para o desfile de abertura. Wanda, com 20 anos, viveu a maior emoção de sua vida. "Os anos de sacrifício valeram a pena", pensava enquanto sonhava com a final olímpica. Não teve muita chance no salto em distância: marcou 5,36m e ficou em 21º lugar. Voltou à pista no dia 23 de julho de 1952, que entrou para a história. Naquele dia, o brasileiro Adhemar Ferreira da Silva bateu, por quatro vezes seguidas, o recorde mundial no salto triplo para ganhar sua primeira medalha de ouro olímpica.

O recordista mundial ainda saltava quando Wanda disputou a eliminatória dos 80m com barreiras: ficou em segundo lugar e marcou 11s3, novo recorde Sul-americano. Estava na semifinal com uma marca que é recorde do continente até hoje: ainda não havia sido superada quando a prova foi transformada em 100m com barreiras, dez anos depois. No mesmo dia, sua amiga Deise Jurdelina, também treinada no São Paulo por Gerner, baixava o recorde dos 200m, mesmo sem alcançar a vaga nas semifinais. Foi um dia de festa para a delegação brasileira de atletismo em Helsinque. No dia seguinte, Wanda ficou a um décimo da vaga para a final, mas a equipe de atletismo ainda comemorou a medalha de bronze conquistada por José Telles da Conceição no salto em altura.

Eram tempos realmente amadores no esporte. Se Adhemar, que era campeão olímpico e recordista mundial, precisava trabalhar na prefeitura e tinha pouco tempo para treinar, a vida de Wanda também não ficaria mais fácil após os Jogos de Helsinque. Com 20 anos, precisava ganhar a vida e ajudar os pais. Com a ajuda de dirigentes do São Paulo, conseguiu um emprego de auxiliar de escritório no Sesi, em 1952.

> “Quando comecei a trabalhar, saía de casa às 5h30 e só voltava quase à meia-noite. Meus tempos não podiam melhorar.”

A rotina de atleta ficou ainda mais dura. Acordava às 5h30 na Vila Guilherme, pegava um ônibus até o Belenzinho, na Zona Leste, onde começava a trabalhar às 8h no Sesi-Catumbi. Largava o serviço às 17h e ia direto para o Morumbi, onde o São Paulo agora tinha novas e melhores instalações. Dietrich Gerner estava lá, para acompanhar os treinos até 22h. Wanda chegava em casa todos os dias quase à meia-noite. Festas, cinema e alguns namoros sem compromisso eram programas para os fins de semana, quando ela ainda arranjava tempo para jogar basquete, velha paixão, no Clube Atlético Ipiranga.

A mudança no treinamento foi sentida pela jovem atleta. Ela voltou a ganhar os 80m com barreiras no Sul-americano de Atletismo, em 1953, mas com um tempo bem superior ao de Helsinque. Em 1955, nos Jogos Pan-americanos da Cidade do México, conquistou a medalha de bronze nos 80m com barreiras com 11s8 – cinco décimos acima do seu recorde Sul-americano, um tempo acima também do índice estabelecido para os Jogos Olímpicos de Melbourne 1956. Não havia representantes femininas na equipe olímpica de atletismo para acompanhar o bicampeonato olímpico de Adhemar. A delegação brasileira na Austrália só tinha uma mulher – Mary Dalva Proença, dos saltos ornamentais.

A queda no desempenho não abalou Wanda, sempre disposta a treinar, mas preocupava Dietrich Gerner. Após os Jogos Olímpicos, o técnico alemão do São Paulo procurou Dona Felícia, mãe de sua atleta, na casa da Vila Guilherme. Disse que a filha estava muito magra e precisava se fortalecer. Levou uma dúzia de ovos e uma garrafa de vinho do Porto. E ensinou a receita de uma gemada para Dona Felícia dar à filha todos os dias. Wanda, que não costumava beber, ficou tonta algumas vezes. Mas tomava a gemada e, de vez em quando, Gerner aparecia para levar mais ovos e mais vinho.

Para poder treinar melhor, Wanda conseguiu mudar seu horário no Sesi. Passou a trabalhar das 8h às 14h e compensava dando expediente também aos sábados. Saía do Sesi direto para o São Paulo, onde treinava pelo menos cinco horas por dia. Estava concentrada em retornar aos Jogos Olímpicos e reviver as emoções de Helsinque. Suas marcas voltaram a melhorar. Foi novamente campeã sul-americana dos 80m com barreiras. Nos Jogos Pan-americanos de Chicago, em 1959, marcou 11s5 em sua prova e ganhou a medalha de prata. A confirmação do tempo, meses depois, garantiu sua vaga nos Jogos Olímpicos de Roma 1960.

Daquela vez, Wanda dos Santos era a única mulher entre os atletas da delegação brasileira. O técnico da equipe de atletismo tinha de dar prioridade aos homens – entre eles, o bicampeão olímpico Adhemar, em busca do tri no salto triplo. Antes de embarcar, a atleta recebeu de Dietrich Gerner um bloco com todas as instruções para seu treinamento em Roma. A Vila Olímpica da capital italiana facilitava a comunicação entre homens e mulheres – na área feminina, a brasileira fez amizade com uma venezuelana, também solitária. Conversavam em "portunhol".

Mas, na hora do treino, os brasileiros do atletismo estavam todos juntos. Um grupo de equipes treinava a cada tempo. No segundo treinamento,

Wanda foi procurada por um estrangeiro. Não entendeu uma palavra do que ele disse e chamou seu amigo José Telles da Conceição para servir de intérprete. O gringo era um dos técnicos da equipe americana, fez muitos elogios ao estilo de Wanda nas barreiras e queria convidá-la a treinar nos EUA após os Jogos Olímpicos. A brasileira, assustada, não disse que sim nem que não. Pediu a Telles que pegasse os contatos do americano para responder quando chegasse ao Brasil.

"Na hora de competir no Estádio Olímpico lotado, você sabe que todo o sacrifício vale a pena."

No Estádio Olímpico de Roma, Wanda não passou das eliminatórias, com o tempo de 11s7. Ficou um pouco decepcionada porque pretendia, pelo menos, repetir o resultado de Helsinque e alcançar as semifinais. A tristeza foi maior com o mau resultado de seu amigo Adhemar: o bicampeão olímpico – que estava com uma tuberculose ainda não diagnosticada – ficou em um distante 14º lugar no salto triplo.

De volta ao Brasil, Wanda conversou com a mãe sobre a oferta de treinamento nos Estados Unidos. Dona Felícia foi contra: "Se ainda fosse outra brasileira com você, mas sozinha num país estranho..." A própria atleta ficou com medo de deixar o Brasil, a família e o São Paulo para treinar no exterior, sem conhecer ninguém, nem falar uma só palavra em inglês.

Voltou à rotina: acordar às 6h da manhã, trabalhar no Sesi até as 14h, comer alguma coisa rapidamente ao chegar ao clube, treinar até a noite, jantar e dormir. O resultado em Roma não a recomendava como favorita para alcançar os Jogos Olímpicos de Tóquio, em 1964. Mas Wanda era otimista – estava sempre alegre, brincava com as colegas mais jovens e ainda não pensava em pendurar os sapatos de corrida, principalmente porque os próximos Jogos Pan-americanos estavam marcados para capital paulista, em 1963.

Cidade em festa, atletas de toda a América, locais de prova lotados com torcedores com bandeiras do Brasil: Wanda estava orgulhosa ao entrar no Estádio do Pacaembu para disputar suas provas. Aos 31 anos, ainda era a melhor barreirista do Brasil. Correu bem as eliminatórias e garantiu sua vaga na final. Ao alinhar para a largada, reparou que as adversárias eram bem mais jovens. Fez o que fazia sempre: olhou para frente, focou nas barreiras e esperou o tiro. Ao chegar, sabia que tinha feito um bom tempo. O resultado oficial confirmou: marcara os mesmos 11s5 do Pan de Chicago. O tempo, que lhe dera a prata quatro anos antes, agora fora suficiente para assegurar o bronze. Era a quarta medalha consecutiva de Wanda nos Jogos Pan-americanos.

> "A minha vida foi competir por vinte anos. Só parei porque a lesão foi muito séria."

Mas era preciso ser ainda mais rápida para chegar ao índice e garantir a vaga em Tóquio, e ela nunca mais conseguira correr abaixo de 11s3. A carreira olímpica acabou, mas Wanda permaneceu competindo até o Sul-americano de 1968, quando rompeu o tendão de Aquiles após saltar uma barreira. De volta ao Brasil, com o pé engessado, sabia que chegara a hora da separação com o atletismo. Não ficou triste. Sua paixão havia sempre sido correspondida: sete vezes campeã sul-americana, duas vezes campeã nos Jogos Ibero-americanos, quatro medalhas pan-americanas, participação em dois Jogos Olímpicos. Em dezembro de 1968, casou-se e, um ano depois, nasceu Marco Antonio, seu único filho. Aos 37 anos, pela primeira vez longe das barreiras em duas décadas, Wanda teve finalmente tempo para outras paixões.

mary dalva

Na piscina do clube carioca Fluminense, Mary Dalva trêi-na para os Jogos Olímpicos de Melbourne 1956, onde obteve o 16º lugar nos saltos ornamentais — ainda hoje a melhor posição alcançada por uma brasileira.

mary dalva

✻ No primeiro semestre de 1952, enquanto Wanda dos Santos, aos 20 anos, conseguia, em São Paulo, o índice para disputar os Jogos Olímpicos de Helsinque, uma jovem nadadora paraense disputava, no Rio, a primeira competição de sua vida. Mary Dalva Proença, de 17 anos, fez parte da equipe de revezamento 4x50m livre do Fluminense que ganhou um prova amistosa no Tijuca Tênis Clube. Para quem caíra, pela primeira vez, em uma piscina dois anos antes, quando sua família trocou Belém pelo Rio, o resultado era animador. Mary sonhava em ser nadadora, mas sabia que era necessário aprimorar o estilo para chegar a pódios e medalhas.

Após três meses de treino com a equipe de natação do Fluminense, Mary Dalva foi abordada pelo técnico de saltos ornamentais do clube, Athos Darigo, impressionado com o desempenho da nadadora que, depois das braçadas, ficava muito tempo mergulhando dos trampolins para a piscina. "Você tem muito mais futuro nos saltos do que na natação", disse Darigo. O técnico quis saber como ela aprendera a saltar e, após a surpresa com a resposta, convidou-a para entrar na equipe tricolor.

O aprendizado de Mary aconteceu da forma mais intuitiva possível. Nos fundos do quintal de sua casa em Belém corria um igarapé. Desde cedo, o riacho era palco de suas brincadeiras prediletas. Do signo de Peixes, Merita, como os pais a chamavam, aprendeu a nadar sozinha: nunca teve um professor. Às margens da parte mais funda do igarapé, ela costumava montar um trampolim com pedras e uma tábua. Brincava de mergulhar, sonhava em disputar provas de natação em piscinas, mas nunca pensou em participar de uma disputa internacional, menos ainda dos Jogos Olímpicos.

"Naquela época, uma moça solteira devia obediência ao pai. Se ele tinha que mudar de cidade, a gente ia junto."

No segundo semestre de 1950, entretanto, a vida dos Proença teve uma brusca mudança. O pai, Cyro, fiscal do Imposto de Renda, foi transferido de Belém para Santa Catarina. Achou melhor deixar a mulher e os filhos no Rio e alugou um apartamento em Laranjeiras. Merita achou rapidamente o caminho do Fluminense: encantou-se com a piscina, começou a nadar diariamente e acabou chamada para equipe de natação, apesar de os treinadores detectarem alguns vícios de estilo na adolescente que aprendera o esporte nas águas de um igarapé em Belém.

Athos Darigo, porém, achou que o improviso das brincadeiras no riacho ajudara a formar o talento de Merita para os saltos ornamentais. No fim de 1952, a jovem paraense foi campeã carioca no trampolim de 3m e na plataforma de 10m. No mesmo verão, ganhou a prova da plataforma e ficou em segundo lugar no trampolim tanto no Campeonato Brasileiro quanto no Sul-americano, disputados em São Paulo.

As primeiras conquistas animaram Mary Dalva, que passou a treinar mais intensamente: eram mais de quarenta saltos por dia. Enquanto se formava em contabilidade, acumulava títulos na piscina. No Brasileiro de 1954, foi campeã juvenil e adulta no trampolim e nas plataformas de 5m e de 10m. Repetiu o feito no Sul-americano, ganhando as três provas novamente. A mãe, Iracy, acompanhava os treinos; o pai guardava recortes de jornais com os feitos da jovem saltadora.

Em 1955, Athos Darigo começou a conversar com sua campeã sobre os Jogos Olímpicos. "Você tem toda a condição. Basta continuar treinando", garantiu o técnico. A rotina de Merita estava mais pesada já que, formada, conseguira um emprego de contabilista no Instituto Nacional de Imigração e Colonização – antecessor do Incra. Acordava cedo, ia para o Fluminense, saltava de 8h às 10h, voltava para casa, almoçava e, às 11h, estava no INIC, no Centro do Rio. Saía do trabalho às 17h, seguia direto para a piscina do Tricolor, saltava até 20h. Aos sábados e domingos, passava também a manhã inteira no clube. A distante Austrália era uma promessa de emoção; os Jogos Olímpicos de Melbourne, um sonho possível.

No Campeonato Sul-americano disputado no Chile no começo de 1956, a brasileira, mais uma vez, não teve adversárias: ganhou as medalhas de ouro na plataforma e no trampolim. Sua pontuação, na plataforma, estava muito perto do índice olímpico – a marca da terceira colocada nos Jogos de Helsinque. Os dirigentes dos esportes aquáticos preparavam uma grande festa para seus atletas tentarem garantir os índices.

A recém-inaugurada piscina do Vasco da Gama, na Zona Norte do Rio, serviu de palco para o evento organizado para a tentativa dos índices olímpicos. Nadadores e saltadores foram recebidos com banda de música. A arquibancada estava lotada: a expectativa criada pelos jornais levou ao clube de São

Januário um público muito maior do que a seleta platéia de parentes e amigos com a qual os atletas estavam acostumados.

Já no sábado, a torcida fez a festa com a classificação dos nadadores Silvio Kelly dos Santos e João Gonçalves Filho para os Jogos Olímpicos. Mary Dalva também ouviu aplausos e gritos de exclamação após os saltos, mas ficou longe da pontuação necessária para garantir a vaga nos Jogos Olímpicos tanto no trampolim, onde não alimentava muita esperança, como na plataforma, sua melhor prova. Na plataforma de 10m, recebeu 47 pontos dos árbitros: o índice era 60,5. Voltou para casa irritada, reclamou com a mãe que os árbitros haviam sido rigorosos demais, dispensou a dieta de competição no jantar e foi dormir com maus presságios.

"Estar na Austrália e desfilar no Estádio Olímpico já era uma vitória."

O domingo, entretanto, fui luminoso para a jovem paraense. Nem tentou o índice para o trampolim. Concentrou-se na série da plataforma, levantou o público com seus saltos e fez um total de 68 pontos. Com folga, ganhara a vaga nos Jogos Olímpicos; a viagem para a Austrália estava assegurada. Nas provas de natação naquele fim de semana no Vasco, só rapazes alcançaram os índices. Dois recordes Sul-americanos femininos foram batidos, mas os tempos eram insuficientes para garantir vagas para outras brasileiras. Mary Dalva seria mesmo a única mulher na delegação brasileira para os Jogos Olímpicos de Melbourne.

No ainda aristocrático bairro das Laranjeiras, vizinhas e amigas de Iracy Proença não entendiam como ela permitia que a filha embarcasse sozinha, entre 48 homens, para uma aventura no outro lado do mundo. E muitas nem sabiam que a adolescente namorava seu colega de equipe de saltos do Fluminense, Fernando Telles Ribeiro – três anos mais novo e, como ela, também classificado para os Jogos Olímpicos. Mas a atenção dos dirigentes tranqüilizava os Proença. O tricolor João Havelange, ex-nadador, presidente da CBD e amigo da família, garantia que Merita seria cercada de todos os cuidados.

A viagem a Melbourne levou dois dias. Os atletas foram do Rio para Belém, de lá para Caracas, e da capital venezuelana para Los Angeles, na Costa Oeste dos Estados Unidos. Era impossível cruzar o Pacífico sem reabastecimento. O avião pousou no Havaí para uma escala de quatro horas, na qual os brasileiros aproveitaram para conhecer Pearl Harbour, e depois seguiu para a Austrália.

Mary Dalva chegou em Melbourne quase duas semanas antes do começo dos Jogos Olímpicos. Ficou em uma casa de latinas na Vila Olímpica, com atletas de Cuba, Argentina e Venezuela. A brasileira sentia falta do técnico Athos Doriga – a verba do COB era insuficiente para levar treinadores para todas as modalidades. Merita e Fernando ajudavam um ao outro nos treinamentos, apesar de disputarem provas diferentes, já que ele conseguira o índice no trampolim.

Na disputa no Parque Aquático de Melbourne, a brasileira pôde perceber a superioridade técnica das européias e, principalmente, das americanas, que ficaram com todas as medalhas. Merita não chegou à final: ficou em 16º lugar – ainda hoje a melhor posição de uma brasileira nos saltos ornamentais. A carioca Juliana Veloso conseguiu a mesma classificação em Atenas 2004.

> "Não havia intercâmbio. A gente chegava aos Jogos Olímpicos sem conhecer as adversárias."

A brasileira voltou ao Rio com a sensação de que os Jogos Olímpicos de Melbourne tinham sido apenas os primeiros de sua carreira. Retomou os treinos no Fluminense e se preparava para a disputa de mais um campeonato brasileiro quando foi surpreendida pela notícia de uma nova mudança da família – Cyro Proença havia sido transferido de volta para Belém. Merita ainda tentou argumentar que sua vida – seu emprego, seu esporte – estava no Rio, mas, em 1956, uma moça solteira de 22 anos morar sozinha e longe da família estava fora de cogitação.

No começo de 1957, a atleta olímpica chegou à capital paraense sem perspectiva alguma de prosseguir no esporte. Não havia uma piscina adequada para treinar e nem ela tinha ânimo para retomar a antiga rotina sem ter sequer uma competição no horizonte. Passou o ano tentando convencer o pai a deixá-la retornar ao Rio, onde ficaria na casa de uma amiga da família. João Havelange articulou para que ela reassumisse o cargo que havia deixado no INIC.

Mary Dalva já tinha a concordância da família para retomar a vida no Rio quando foi surpreendida por um pedido de casamento de um jovem engenheiro – filho de um casal amigo dos Proença. A insistência do rapaz e a pressão familiar seguraram a campeã dos saltos em Belém: ela casou e teve logo dois filhos. A carreira esportiva parecia definitivamente encerrada.

Em 1963, entretanto, o suicídio do marido provocou nova mudança drástica na vida de Mary Dalva. Abalada e disposta a levar os filhos para longe da tragédia, ela desembarcou novamente no Rio, onde ficou na casa de uma amiga da família, no mesmo bairro das Laranjeiras, até a chegada de seu pai, então já aposentado, e sua mãe. Mais uma vez, descobriu rapidamente o caminho da piscina do Fluminense. Voltou a saltar. Técnicos e atletas do clube queriam vê-la novamente nas competições.

"O esporte precisa de corpo, coração e pensamento. Não dá para dar tudo isso com dois filhos para criar."

Faltava só um ano para os Jogos Olímpicos de Tóquio. Merita começou a treinar e a alimentar a esperança de estar de novo entre os maiores atletas do mundo. Saía de casa às 6h, deixava os filhos na escola, trabalhava como secretária-executiva até 17h e saía do emprego direto para o Fluminense, onde treinava até escurecer completamente. Chegava em casa a tempo de jantar com a família e botar os meninos na cama. Passava os fins de semana no clube com os filhos: enquanto eles brincavam, treinava mais um pouco.

No fim de 1963, a saltadora reviveu emoções de dez anos antes. Foi campeã carioca da plataforma e, depois, venceu o Campeonato Brasileiro disputado em São Paulo. No começo de 1964, deixou os filhos com os pais e viajou para Guayaquil, no Equador, para mais um Sul-americano. Voltou com outra medalha de ouro, novamente na plataforma de 10m. Os jornais saudavam a retomada da carreira da campeã; já anteviam sua trajetória futura em busca do índice para Tóquio. Mas, ao regressar ao Brasil, as maiores preocupações de Mary Dalva Proença eram com o presente, em ser mãe e chefe de família – e não havia espaço nem tempo para continuar a vida de atleta. Os Jogos Olímpicos e suas emoções faziam parte do passado.

aidá

No mesmo ano em que iria competir nos Jogos Olímpicos de Tóquio 1964, Aida dos Santos disputa torneio em Madri. Do outro lado do mundo, ela seria a única mulher na delegação brasileira.

CBD

aida ....

✻ Naquela tarde de 7 de setembro, Aida dos Santos chegou cansada ao Estádio Célio de Barros. Tinha acordado cedo, lavado roupa, limpado a casa e cozinhado o almoço para o pai. Depois, ônibus, barca e ônibus para vir de Niterói até o Maracanã. O cansaço não era apenas físico: também estava cansada de ser obrigada a provar que era capaz de pular sobre o sarrafo a 1,65m e atingir o índice para os Jogos Olímpicos de Tóquio 1964. Já tinha feito a marca quatro vezes e os dirigentes insistiam em mais uma tentativa, a apenas um mês dos Jogos.

"Eu não vou saltar" – comunicou a atleta ao técnico e aos colegas do Botafogo que estavam ali para acompanhar a tentativa. Não foi preciso muita insistência para fazer Aida mudar de idéia. Desde o começo do ano, ela passara a pensar nos Jogos Olímpicos todos os dias. Trocou de roupa, encarou os dirigentes e juízes escalados para acompanhar a busca do índice e esperou a chamada. No salto, passou de novo pela marca de 1,65m. Não conseguiu saltar 1,68m, mas o índice estava garantido. A viagem a Tóquio também.

Viajar para o outro lado do mundo era uma coisa que ela jamais sonhara em sua infância no Morro do Arroz, em Niterói. Os pais – o pedreiro Praxedes e a lavadeira Adalgisa – trabalhavam duro para sustentar os seis filhos. Faziam força para manter os meninos na escola e não deixavam que eles desistissem, mesmo se repetissem o ano. Em 1956, com 19 anos, Aida ainda cursava o ginásio na Escola Industrial Aurelino Leal, perto de sua casa. De manhã, tinha as aulas normais de qualquer ginasial. À tarde, aprendia a bordar, a costurar, a fazer doces. Também jogava basquete e, principalmente, voleibol, sua paixão adolescente.

As aulas no Aurelino Leal eram de segunda a sábado. No domingo, Aida costumava pegar carona na bicicleta da vizinha Vilma para ir ao Caio Martins. Vilma treinava atletismo e queria que a amiga aderisse ao esporte. Mas Aida preferia ficar cooptando outras jovens para jogar vôlei com ela. Não eram muitas, geralmente mal davam para formar um time. Num domingo, Aida ouviu um ultimato: "Se não tiver gente para jogar voleibol, você vem treinar atletismo. Ou vai voltar a pé para casa", ameaçou Vilma.

O resultado foi surpreendente. Com algumas instruções, Aida aprendeu o salto em altura, a mesma prova que sua amiga treinava. Saltou 1,40m – apenas 5cm abaixo do recorde estadual de 1,45m. Voltou para casa impressionada e feliz. Contou sua façanha para a família. O pai não achou graça: "E isso dá dinheiro?". Não dava e Praxedes disse a filha para ficar longe do atletismo.

Mas Aida gostava de esporte e, sempre que podia, ia ao Caio Martins para saltar. Pouco tempo depois da primeira experiência, a amiga Vilma chegou com um convite. Ela ia disputar o Troféu Rubens Esposel pelo Fluminense Atlético Clube, de Niterói. O pessoal do clube queria que Aida – que, além de saltar, já mostrara que também corria bem – disputasse a competição, marcada para o outro Fluminense, nas Laranjeiras. O pessoal do Flu de Niterói levaria os uniformes; ela só precisava aparecer.

A jovem atleta concordou: iria mesmo sem a autorização do pai. No domingo marcado, entretanto, o tempo fechou e Praxedes passou o dia em casa. Não houve jeito de a filha driblar sua atenção. Mas o clube de Niterói não precisou do reforço. No Rio de Janeiro, choveu forte naquele dia e a competição foi adiada por algumas semanas. Talvez fosse um sinal. Quando Vilma soube as razões da ausência, pensou numa solução. Disse aos pais da vizinha que ia competir e queria que Aida fosse assistir e torcer por ela.

A estratégia funcionou, mas a niteroiense chegou ao Rio com o pé enfaixado. Havia sofrido uma torção, jogando basquete na véspera. Era sua primeira competição e, insegura, pediu o sarrafo a apenas 1m do chão para começar a saltar. Na maioria das competições de salto, as atletas podem escolher a altura para começar sua disputa. As adversárias dos clubes do Rio, favoritas, ficaram esperando. Aida chegou rapidamente a 1,40m. A maioria não conseguiu passar por esta altura. A estreante venceu a prova com um novo recorde estadual: 1,50m.

Desta vez, chegou em casa ainda mais feliz porque vinha com a medalha do Troféu Rubens Esposel. O pai ficou furioso. Perguntou de novo se aquilo ia dar algum dinheiro e deu uma surra na filha. "Esporte é coisa de vagabundo", dizia Praxedes. "Pobre tem que trabalhar para ajudar o sustento da família", repetia. E batia. Aida achou melhor parar de competir. Mas a vitória e o recorde acenderam o interesse dos clubes do Rio, que passaram a insistir com a jovem revelação de Niterói.

Para não enfurecer o pai, contudo, ela continuou treinando no Caio Martins e participando de provas locais, discretamente, pelo Fluminense

Atlético. O Vasco não desistia e tinha uma embaixadora em Niterói: sua atleta Dirce Fernandes, colega de basquete de Aida no Sesi. Dirce chegou a convencê-la a aceitar a proposta do clube de São Januário, que pagaria passagens e ajudaria os estudos. Mas nem assim Praxedes concordou; a filha finalmente ia completar o ginásio e o atletismo só ia atrapalhar.

No fim de 1958, estourou um pequeno escândalo esportivo: o Vasco processava Aida porque ela assinara com o clube, não aparecera e estava competindo pelo Flu de Niterói. Dona Adalgisa ouviu a notícia no rádio, pensou que a filha ia ser presa. Na Justiça, ela explicou que a assinatura era falsa e que a foto da ficha no Vasco tinha sido retirada pela amiga Dirce da ficha no Sesi. O Vasco ganhou a ação, mas não levou a atleta que continuou proibida pelo pai de competir. Assim, antes mesmo de sua carreira deslanchar, Aida foi suspensa das competições por um ano.

Ela voltou a se dedicar somente ao voleibol na Escola Aurelino Leal e, naquele ano de 1959, longe das pistas, concluiu o ginásio. Mas o Vasco ainda insistia. Dirigentes foram mais de uma vez à casa de Aida para convencer seus pais. Prometiam que cuidariam do transporte e ajudariam a moça a continuar os estudos. A resistência de Praxedes foi diminuindo e a própria Dona Adalgisa passou a achar que o esporte podia ser bom para a filha, pelo menos enquanto ela não se casasse. Sabia que Miguel, o namorado desde a adolescência, também não estava feliz com a carreira esportiva de Aida.

> "Eu trabalhava em quatro lugares ao mesmo tempo. Era difícil manter o nível no esporte."

Quando a suspensão terminou, ela começou realmente sua carreira de atleta. Tinha 23 anos e faltavam poucos meses para os Jogos Olímpicos de Roma – totalmente fora de sua realidade de iniciante. Foi um ano de muito treino e algumas vitórias em competições no Rio. E não apenas no salto: para ajudar o clube a marcar pontos, disputava provas de 100m e 200m, de arremesso de peso e de salto em distância. Tinha parado de estudar, mas trabalhava como faxineira em Niterói e ajudava a mãe a lavar roupas.

Em 1961, Aida foi chamada para a equipe brasileira que disputaria o Campeonato Sul-americano, em Lima, no Peru. Saltou 1,60m e voltou com a medalha de ouro. No ano seguinte, foram disputados os II Jogos Ibero-americanos, na Espanha. A atleta não repetiu a marca de Lima, mas seu salto em 1,56m foi suficiente para garantir a vitória; a também brasileira Maria da Conceição Cypriano ficou em segundo. No Sul-americano de 1963, as duas alcançaram a mesma marca – 1,58m –, mas Conceição ficou com a medalha de ouro porque venceu a altura um salto antes. Nos Jogos Pan-americanos de São Paulo, em 1963, Conceição ficou em quarto, com 1,59m, e Aida em quinto, com 1,58m.

As competições internacionais começaram a alimentar o sonho olímpico de Aida, mas o índice de 1,65m, estabelecido para os Jogos de Tóquio, nunca havia sido alcançado pela atleta. Em dificuldades financeiras, o COB, como vinha fazendo desde 1956, estabeleceu metas difíceis para os atletas brasileiros. Queria levar apenas aqueles capazes de um bom desempenho. Em muitas provas do atletismo e da natação, os índices estabelecidos ficavam além dos recordes Sul-americanos.

E o ano começou mal para Aida. A nova diretoria do Vasco tomou posse e acabou com os esportes amadores do clube. Depois de ficar quase um mês sem treinar, ela aceitou o convite do Botafogo, seu clube de coração. No começo de 1964, durante um torneio no ABC paulista, a niteroiense venceu a prova do salto em altura, alcançando exatamente 1,65m, o índice olímpico. O resultado era excelente, mas não garantia a vaga. Até setembro, voltou a saltar 1,65m outras três vezes. Entretanto, os dirigentes nunca confirmavam sua participação, o que só aconteceu após a atleta passar novamente por 1,65m no feriado do Dia da Independência. Aida seria a única brasileira em Tóquio.

"Estava na cara que eles não queriam que eu fosse aos Jogos Olímpicos."

Faltavam 33 dias para os Jogos Olímpicos e os organizadores da equipe brasileira não contavam mesmo com a presença de uma mulher na delegação. Não havia uniforme para o desfile. Foi a própria Aida quem apareceu com a solução: o conjunto de saia cinza, blusa branca e paletó azul-marinho com os aros olímpicos no bolso dos Jogos Ibero-americanos. Após o desembarque no Japão, ficou logo sozinha. Os homens – atletas e dirigentes – foram para um lado, e ela para o outro. Na ficha de credenciamento, só conseguiu preencher o nome e a data de nascimento, mesmo assim porque as recepcionistas japonesas cantarolaram o universal 'Parabéns para você'.

Sozinha na parte feminina da Vila, sem assistência alguma da delegação brasileira, Aida teve que se virar na mímica para se informar sobre locais e horários de treinamento. Logo descobriu que o velho sapato de pregos para as pistas de terra do Brasil não se adequava à nova pista de *tartan* dos japoneses. Treinava de tênis e com seu uniforme do Botafogo – o único uniforme do Brasil estava guardado para o dia de competição. Era a última a treinar: esperava as outras atletas terminarem a preparação com seus técnicos para entrar sozinha na pista e saltar.

"A chefia da delegação em Tóquio não me dava a menor atenção. Eu chorava todo dia."

Sem técnico, sem orientação, sem sapatos adequados, Aida chorava todos os dias. "Meu Deus, o que eu estou fazendo aqui?", pensava na solidão da Vila Olímpica. No último dia de treino do atletismo, a brasileira teve uma crise de choro na pista. O campeão olímpico do salto em distância, o americano Ralph Boston, arriscou um "Que te pasa?", mas ela não respondeu. Em seguida, recebeu a solidariedade do cubano Lazaro Betancourt, especialista nos 110m com barreiras, a quem já conhecia dos Jogos Ibero-americanos. "Eu não tenho sapatos para competir", choramingou.

O cubano a levou na tenda da Adidas, que distribuía uma bolsa de material como brinde para cada atleta olímpico. Aida já estava com um sapato na mão quando os representantes da fábrica alemã descobriram que o nome dela não constava da lista de brasileiros. A mesma frustração repetiu-se no estande da Puma – Aida desandou a chorar novamente, e Betancourt aproveitou para explicar seu drama aos representantes da outra marca alemã. A brasileira saiu de lá com um sapato para provas de corrida. Não era o ideal, mas era muito mais adequado para a pista de *tartan*.

No dia 15 de outubro, Aida entrou no Estádio Olímpico de Tóquio para competir. A arquibanca estava lotada; ela procurou, mas não viu sequer uma bandeira do Brasil. Nas eliminatórias de manhã, ficou logo claro que, se apenas repetisse os 1,65m de seu índice, não chegaria na final. A solidariedade olímpica apareceu de novo: o atleta peruano Roberto Abugatas orientou a brasileira antes dos saltos. Aida passou pelo sarrafo em 1,70m, garantiu a vaga na final, mas torceu o pé na aterrissagem.

Foi atendida pelo médico canadense que aplicou uma pomada. A dor continuou. Ela ficou no Estádio Olímpico: tinha medo de ir à Vila e não conseguir voltar a tempo para a final. Retornou à pista ainda mancando, com muita dor. O médico da equipe cubana de atletismo se ofereceu para examinar e fez uma bota de esparadrapo para Aida poder disputar a final. A brasileira foi uma das seis a passarem pelo sarrafo a 1,72m. Depois, na segunda tentativa, marcou 1,74m, novo recorde Sul-americano e a melhor marca de sua vida.

Naquela altura, a brasileira solitária era a terceira colocada – a russa Taisia Chenchik só passara por 1,74m no terceiro salto. Mas a atleta da União Soviética conseguiu saltar 1,76m e, depois, 1,78m para ficar com a medalha de bronze. A romena Iolanda Balas sagrou-se bicampeã olímpica, com um salto de 1,90m, batendo o recorde mundial pela 13ª vez. Aida ficou em quarto lugar – o melhor resultado individual do Brasil em Tóquio. A única medalha de bronze foi conquistada pelo time masculino de basquete.

Estava realizada com a marca, o recorde, a vitória sobre as dificuldades. Na Vila Olímpica, foi recebida com festa pelos outros atletas da delegação do Brasil. O resultado era inédito entre as mulheres brasileiras. Merecia ser comemorado. A moça de Niterói, enfim, relaxou. Aproveitou os últimos dias na Vila e a gentileza das japonesas. Voltou para o Brasil pronta para retomar os treinos, mas também com outros planos para a vida.

Já tinha voltado a estudar: queria ser professora, fazia o curso normal em Niterói e dava aulas particulares. Mas precisava arranjar um emprego para ajudar mais em casa. Com a ajuda do presidente da CBD, João Havelange, conseguiu uma vaga na Copeg (Companhia Progresso do Estado da Guanabara), uma agência de investimentos do Banco do Estado da Guanabara. Trabalhava de dia, estudava de noite e treinava no Botafogo no fim da tarde. Mal tinha tempo para comer. Algumas vezes, a desnutrição a fez desmaiar.

Essa rotina insana não ajudava suas marcas, nem sua vida amorosa. O namorado Miguel, servidor do Tribunal de Justiça, reclamava da falta de tempo para vê-la, dos horários desencontrados e, principalmente, das viagens. Mais de uma vez, chegou a ir ao aeroporto para tentar convencê-la a desistir. O atletismo era mais forte, mesmo com as dificuldades. Já estava com 30 anos e acabara de entrar para a Faculdade de Educação Física da UFRJ. De manhã, assistia às aulas na Urca. Na hora do almoço, voltava para Niterói para trabalhar no BEG e, no começo da noite, estava de novo no Rio para treinar no Botafogo – naquele horário, treinava geralmente sozinha.

Àquela altura, a versatilidade de Aida já a credenciara para competir também no pentatlo – formado pelas provas dos 200m, dos 100m com barreiras, do salto em distância, do salto em altura e do arremesso de peso. Mas foi para disputar sua especialidade que os dirigentes chamaram a atleta do Botafogo para os Jogos Pan-americanos de 1967, na cidade canadense de Winnipeg. Durante a preparação, ela foi convencida a disputar o pentatlo, prova em que o Brasil não tinha especialistas, deixando o salto em altura para Conceição Cypriano.

A estrela de Aida dos Santos brilhou novamente no Canadá. Marcou 4.531 pontos, novo recorde Sul-americano, e ganhou a medalha de bronze, a única da delegação feminina. A outra medalha brasileira no atletismo – de prata – foi conquista por Nelson Prudêncio, sucessor de Adhemar Ferreira da Silva no salto triplo. Animada com o resultado no pentatlo, ela retornou ao Brasil disposta a dividir o treinamento pelas cinco provas para se preparar para os Jogos Olímpicos de 1968. Além disso, não voltara a alcançar sua marca olímpica no salto em altura e a equipe brasileira contava, nesta prova, com Maria da Conceição Cypriano.

A delegação brasileira aos Jogos Olímpicos da Cidade do México tinha 84 atletas. As mulheres eram três, todas do atletismo, onde eram maioria: o triplista Nelson Prudêncio era o único homem. O clima na pequena equipe não era bom. Antes mesmo de as provas começarem, a fundista Iranice dos Santos foi desligada da equipe após agredir Conceição. Com a equipe desfalcada de uma atleta, os dirigentes insistiram com Aida para que ela disputasse também as provas dos 100m com barreiras. Ela resistiu, mas a pressão foi grande. No treino para a prova, saltou a primeira barreira e caiu. Sentiu uma distensão na coxa; urrava de dor e de susto.

"Na minha vida toda, treinei mais tempo sozinha do que com um técnico."

O técnico carregou Aida no colo, chamou um táxi e a levou de volta para a Vila Olímpica. O médico da delegação constatou a lesão muscular. Presidente do Comitê Olímpico Brasileiro e chefe da delegação na Cidade do México, o major Sylvio de Magalhães Padilha comunicou a Aida que ela não podia competir. "Eu não treinei quatro anos para ficar fora dos Jogos Olímpicos", reagiu. Mas a ordem era para ficar em tratamento. A niteroiense obedeceu, mas não se conformou.

No dia do começo das provas, fugiu do ambulatório. Foi encontrada comprando um novo par de tênis para a competição. "Você não pode competir", tentou argumentar o membro da delegação encarregado de localizar a fugitiva. "E quem vai me impedir?", disse Aida, que apareceu no Estádio Olímpico, deixando atônitos os dirigentes brasileiros. A cada prova, a dor voltava, mas Aida não estava disposta a desistir. Chegou em 20º lugar entre quase quarenta competidoras.

A disputa ficava mais dura e a vida de Aida também não ficava mais fácil. Depois de formada, passou a dar aulas de educação física em quatro lugares: na Gama Filho, primeira instituição privada de ensino a manter uma equipe de atletismo, no Instituto de Educação, no Centro Educacional de Niterói e no então Colégio Estadual Aurelino Leal, onde estudara o ginásio. Acordava às 5h e só chegava em casa depois da meia-noite. Quase não tinha tempo para ir ao Botafogo. Treinava no Célio de Barros, depois de dar aula a seus alunos da Gama Filho que praticavam no estádio.

Sem técnico, sem preparação e alimentação adequada, com um cotidiano estafante, Aida não tinha como melhorar suas marcas. Mas continuava imbatível no pentatlo. Ganhou quatro títulos no Troféu Brasil de Atletismo e foi bicampeã sul-americana, vitórias que garantiram sua vaga na equipe brasileira para os Jogos Pan-americanos de Cali, em 1971. A poucos dias do começo da competição, já na Colômbia, descobriu que os dirigentes queriam repetir o filme ruim da Cidade do México. Além do pentatlo, Aida estava inscrita para disputar os 100m com barreiras.

Aos 34 anos, ela já não era facilmente convencida. Fingiu que concordava e continuou se preparando com calma para a disputa do pentatlo – uma oportunidade rara no Brasil. No dia das eliminatórias dos 100m com barreiras, foi para a arquibancada e lá permaneceu quando seu nome foi chamado para alinhar. Os dirigentes ficaram furiosos; na delegação, chegou a correr o boato de que ela seria cortada. Não foi. Disputou o pentatlo e, mesmo longe das suas melhores marcas, repetiu o bronze: novamente a única medalha feminina do atletismo.

A medalha pan-americana era mais uma credencial para buscar a vaga para disputar os Jogos Olímpicos pela terceira vez. Como em 1968, a equipe do atletismo seria pequena; Aida estava pré-selecionada. Dias antes do anúncio da lista final, contudo, foi convidada, como estrela do esporte brasileiro, para participar do programa Flávio Cavalcanti, campeão de audiência da hoje extinta TV Tupi. As perguntas foram todas sobre sua participação nos Jogos Olímpicos: a atleta contou sua odisséia no Japão, seus problemas no México.

Quando foi anunciada a equipe de atletismo para Munique 1972, o nome de Aida não estava lá. Nem chegou a reclamar muito do corte. Casara no ano anterior com o paciente Miguel, queria ter filhos, e, mais uma vez, estava cansada dos fatores extra-pista do esporte. Sabia que já escrevera seu nome na história olímpica do Brasil. Só não imaginava que, quarenta anos depois, seu quarto lugar em Tóquio ainda seria o melhor resultado individual de uma atleta brasileira.

novos degraus

Elisa
Isabel
Luisa
Soraia

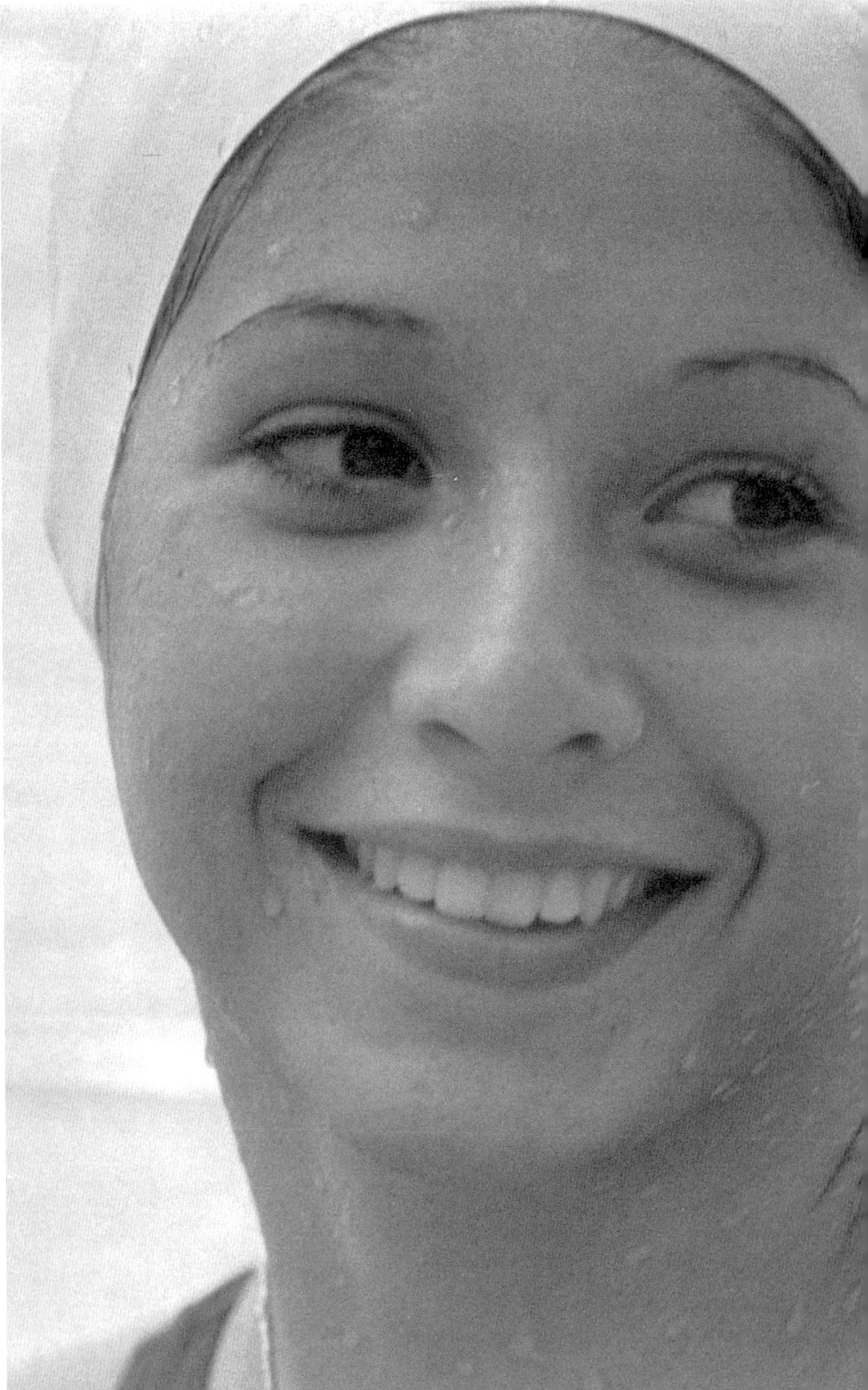

elisa

Elisa competiu no I Campeonato Mundial de Natação, em Belgrado, e ficou em oitavo lugar nos 400m livre. Disputou essa mesma categoria com atletas de todo o mundo durante os Jogos Olímpicos de Montreal 1976.

elisa ....

* No começo de 1972, uma adolescente de 13 anos surpreendeu a natação brasileira ao vencer três provas no Troféu Brasil, estabelecendo novos recordes Sul-americanos para os 200m livre, os 400m livre e os 800m livre. O rosto era de menina, mas já media pouco mais de 1,70m de altura e tinha uma envergadura maior ainda: a carioca Maria Elisa Guimarães começava naquele campeonato, em Juiz de Fora, seu longo domínio nas provas de média e longa distância. Era uma estrela em ascensão: poucos meses antes, batera o recorde brasileiro dos 1.500m livre, nadando sozinha por quase vinte minutos na piscina do Flamengo.

Faltavam poucos meses para os Jogos Olímpicos de Munique e as marcas da jovem nadadora estavam abaixo do índice determinado pela Federação Internacional de Natação. Mas, naqueles tempos de ditadura, ninguém conhecia os critérios dos dirigentes esportivos – a maioria com patentes militares – para escolher a equipe do Brasil. Se não houve explicação para a exclusão de Aida dos Santos, principal atleta olímpica do país na década anterior, também não haveria qualquer justificativa para a ausência de Maria Elisa, apesar de seu tempo nos 200m livre no Troféu Brasil ser melhor do que o da nadadora convocada para disputar a mesma prova nos Jogos Olímpicos.

Mais tarde, ela ficou sabendo que, para os dirigentes do Flamengo, a explicação havia sido que a nadadora era jovem demais e podia "dar trabalho" na viagem. Elisa, entretanto, já se considerava, desde os 12 anos, uma nadadora profissional, que dedicava pelo menos cinco horas por dia ao esporte. A juventude talvez a tenha poupado de uma frustração maior, mas ela sentia um pouco de tristeza e raiva ao ver as provas olímpicas de natação pela TV.

> "Foi uma falta de sensatez não terem investido em mim para Munique. Mas a arbitrariedade era comum no Brasil de 1972."

Em 1972, pela primeira vez, a televisão brasileira transmitiu amplamente os Jogos Olímpicos. Do ataque terrorista que matou oito atletas israelenses à consagração de Mark Spitz, o nadador americano que ganhou sete medalhas de ouro, e Olga Korbut, a graciosa ginasta soviética que encantou o mundo, os dramas e as conquistas de Munique ganharam as salas de residências de

Norte a Sul do país. Mais uma vez, os resultados do Brasil foram modestos: apenas duas medalhas de bronze. Na delegação de 89 atletas, apenas cinco eram mulheres. As duas brasileiras da equipe de adestramento do hipismo nem chegaram a competir: os cavalos ficaram doentes. As três nadadoras – Christina Bassani, Lucy Burle, rival de Elisa nos 200m livre, e Maria Isabel Guerra – não passaram das eliminatórias.

Para ser a recordista brasileira e sul-americana dos 200m livre, dos 400m livre, dos 800m livre e dos 1.500m livre antes de completar 14 anos, Maria Elisa Guimarães passava grande parte de seu tempo mergulhada na piscina. Filha de uma professora de educação física que parou de lecionar para ser mãe, ela aprendeu a nadar com 5 anos numa escolinha no *campus* da UFRJ, na Praia de Vermelha. Quando tinha 9 anos, a família mudou de Copacabana para o Leblon e a nadadora mirim transferiu-se para o Flamengo, onde nadava quase todos os dias.

A adolescência chegou abruptamente para Maria Elisa. Com 12 anos, ela desandou a crescer: chegou a 1,70m e tinha pelo menos mais 5cm de envergadura, um biotipo considerado perfeito para a natação. Ainda em 1970, antes de completar 12 anos, ganhou uma prova do Campeonato Brasileiro aberto, derrotando jovens cinco ou seis anos mais velhas. Sentia-se bem nadando e sabia que nadava bem: sonhava com vitórias, com títulos, com recordes, com os Jogos Olímpicos.

Sua rotina era mesmo profissional. Nadava pelo menos duas horas de manhã, fazia uma hora de ginástica para ganhar massa muscular, no próprio Flamengo, almoçava em casa, ia para o Colégio Rio de Janeiro, no vizinho bairro de Ipanema, e, de lá, voltava para o clube para nadar outras duas horas. Não tinha medo nem dúvida. Foi assim que convenceu o Flamengo a pedir a tentativa de recorde dos 1.500m livre, uma distância que ainda não era olímpica para as mulheres nem constava do programa habitual das competições brasileiras. Era comum na época: o clube pedia, a Federação mandava os árbitros e o atleta tentava a marca. Com 13 anos, Elisa baixou em quase vinte segundos o recorde brasileiro e Sul-americano de Eliete Mota, também nadadora do Flamengo, seis anos mais velha.

A frustração de ter sido ignorada na formação da equipe para os Jogos Olímpicos de Munique, mesmo sendo recordista de quatro provas, não diminuiu o empenho de Maria Elisa na piscina. Mantinha um verdadeiro diário de treinamento – um caderno em que registrava as distâncias, os tempos, as dores que sentia, sua dieta. Todos os dias. Era mesmo obsessiva. Nadava de 10km a 14km por dia na piscina do clube.

"Eu não podia competir de igual para igual. Os anabolizantes eram os meus concorrentes."

Em 1973, com 15 anos recém-completados, a nadadora do Flamengo estava na equipe brasileira para o I Campeonato Mundial, em Belgrado. As atletas chegaram vinte dias antes do começo da competição. Ficaram no mesmo hotel e treinaram na mesma piscina que a equipe da Alemanha Oriental. As alemãs eram maiores e mais fortes, com ombros largos e vozes graves. A futura campeã olímpica Kornelia Ender – maior revelação da jovem equipe – tinha a mesma idade de Elisa, mas media 1,80m e tinha quase 80kg de músculo. Aqueles corpos não podiam ser naturais, pensaram as brasileiras. Mas ainda não havia exames *antidoping* para detectar esteróides anabolizantes – só seus efeitos explicariam mais tarde alguns desempenhos das alemães orientais na década de 1970.

Maria Elisa Guimarães teve atuação de destaque na equipe feminina brasileira no Mundial: chegou à final dos 400m livre – ficou em oitavo lugar – e acabou na 12ª colocação nos 800m livre. A experiência internacional foi estimulante: pensava agora nos Jogos Pan-americanos na Cidade do México e nos Jogos Olímpicos de Montreal. A rotina não lhe cansava, pois as competições eram freqüentes: Campeonato Brasileiro, Sul-americano e a recém-criada Copa Latina de Natação.

O novo torneio era uma oportunidade para os nadadores brasileiros competirem com equipes da Itália, da França, dos países da América Latina, em um intercâmbio que ainda não existia. A Copa Latina também tinha cobertura de TV: a natação ganhava uma nova visibilidade. As piscinas atraíram novos adeptos, entre jovens e crianças. Maria Elisa e a equipe brasileira viajavam, pelo menos três vezes por ano para competir. E a nadadora do Flamengo raramente era ameaçada pelas adversárias: nadava para baixar seus próprios recordes nos 200m livre, 400m livre e 800m livre.

A vida profissional prejudicava os estudos, mas não a vida escolar. O colégio abonava as faltas constantes de sua campeã, sempre com base nos pedidos feitos pelos dirigentes para que os estudos não atrapalhassem o desempenho esportivo da jovem nadadora. Os pais apoiavam seu investimento no esporte. O pai, Darcy, chegou a ser diretor de natação do Flamengo, de tanto cuidar dos interesses de Elisa. A mãe, Lígia, acompanhava as competições sempre que podia. A filha era ambiciosa e obstinada, sempre querendo mais e exigindo mais de si mesma. A vida de adolescente era regulada pelos horários dos treinos e pelas viagens. Só namorava outros atletas, os únicos capazes de entender seu compromisso com o esporte.

Mas os Jogos Pan-americanoss de 1975 acabaram sendo uma decepção para Elisa. Passou mal com a altitude da Cidade do México, fracassou em suas provas e só conquistou uma medalha de bronze com o revezamento 4x100m livre. Alguns meses depois de voltar ao Brasil e aos treinos, a nadadora trocou o Flamengo pelo Botafogo – parte da equipe rubro-negra abandonou o clube após a importação de um técnico estrangeiro.

Novo clube, nova piscina e novo treinador – o estudioso Roberto Pavel entusiasmou a recordista. Corrigia o estilo, treinava movimentos nas piscinas, preparava exercícios específicos de reforço muscular, media a gordura subcutânea. Ela passava menos tempo dando braçadas na piscina, mas sabia que estava nadando melhor. Ganhou em explosão, começou a baixar seus tempos nos 100m livre, melhorou suas marcas nos outros estilos.

“Eu vejo a minha carreira, desde o começo, muito prejudicada pela ditadura.”

O ano de 1976 chegou trazendo a ansiedade pela convocação para os Jogos Olímpicos. A ditadura fazia com que os atletas temessem critérios arbitrários. O COB estabeleceu índices rigorosos na natação: os nadadores teriam que melhorar seus tempos para ir aos Jogos Olímpicos. Maria Elisa foi a única a alcançar o índice: na piscina do Botafogo, marcou 4m26s6, novo recorde Sul-americano. O sonho olímpico parecia concretizado, mas ela só teve certeza quando foi anunciada a equipe da natação, que incluiu atletas sem o índice do COB, para os Jogos de Montreal.

A ótima notícia foi seguida por uma péssima. A equipe olímpica brasileira deveria treinar junta na piscina do Fluminense, clube da maioria dos atletas e do técnico Denir de Freitas. Três meses antes dos Jogos Olímpicas, a rotina de Maria Elisa foi completamente alterada. Ela chegava todos os dias na piscina do Fluminense com as instruções para o treinamento em notas preparadas por Roberto Pavel, seu técnico no Botafogo. O mesmo fazia o gaúcho Sergio Pinto Ribeiro, atleta do Grêmio Náutico União e especialista no nado peito: anotava as orientações de seu treinador, que ficara no Sul. Maria Elisa se sentia abandonada. O técnico da seleção só tinha olhos para seus nadadores do Fluminense.

As poucas visitas de Pavel para ver sua atleta eram mal recebidas e criavam um clima de constrangimento. Elisa estava abatida, suas marcas ficavam aquém de seus recordes, o ombro esquerdo a incomodava. Mas não reclamava da dor. Aprendera desde os 12 anos que a dor fazia parte da vida do atleta. Viajou com a esperança que, em Montreal, a atmosfera dos Jogos Olímpicos fizesse tudo melhorar. A delegação brasileira tinha 93 atletas – sete eram mulheres, quatro da natação, três do atletismo.

"O momento olímpico é único, é o momento que te consagra. Você se sente especial só de estar na Vila Olímpica."

Os canadenses haviam preparado tudo para que o sonho olímpico dos atletas fosse vivido também num ambiente de sonho. Ao chegarem em seu apartamento na Vila Olímpica, as jovens nadadoras brasileiras – Elisa, Cristina Bassani, Rosemary Peres Ribeiro e Flávia Nadalutti – encontraram um pacote de presentes dos patrocinadores para os atletas: rádios, óculos, toalhas, maiôs, agasalhos, chinelos. A própria Vila tinha biblioteca, discoteca, cinema e um lugar onde o atleta podia acompanhar gravações de provas e treinos em vídeo. A maioria dos brasileiros nunca havia visto um aparelho de víideocassete; o Canadá investira em tecnologia e segurança para tornar inesquecíveis os Jogos Olímpicos de Montreal.

A equipe de natação brasileira havia chegado vinte dias antes para uma fase final de treinamento no Canadá. Para Maria Elisa Guimarães, a emoção dos primeiros dias começou a dar lugar a uma angústia pela dor novamente crescente. A menos de uma semana das provas de natação, a dor estava insuportável e ela não conseguia treinar. Reclamou com o médico da delegação brasileira, que preferiu levá-la ao hospital da Vila Olímpica para exames. Os canadenses constataram uma tendinite no ombro esquerdo. A nadadora ficava duas a três horas por dia com um aparelho de ondas curtas no ombro para tentar fazer a inflamação diminuir.

"A dor para um atleta é uma companheira. Quem não sente dor não evolui."

A dor não cedeu, mas Maria Elisa entrou na piscina para disputar as eliminatórias dos 400m livre. Chegou em quarto lugar, com um tempo oito segundos acima de seu recorde e não conseguiu vaga na semifinal. Ficou deprimida – frustração e dor derrubaram a jovem nadadora. Ela resolveu desistir de disputar os 800m livre. Enfrentou pressões dos dirigentes brasileiros para nadar, mas resistiu: sentia-se doente, estava tomando anti-inflamatórios, um novo fracasso seria inevitável. Ficou aliviada com a decisão. Guardou as melhores lembranças de Montreal e voltou para o Brasil já pensando nos Jogos Olímpicos de Moscou.

Novamente sob a orientação de Roberto Pavel no Botafogo, Maria Elisa Guimarães retomou os treinos e ampliou os seus domínios. No Troféu Brasil de Natação em 1978, às vésperas de completar 20 anos, bateu o recorde brasileiro e Sul-americano dos 100m livre: a primeira nadadora do continente a baixar o tempo de um minuto. Era o único recorde que faltava neste estilo e podia brincar que tinha se tornado a recordista dos 3.000m: 100 + 200 + 400 + 800 + 1.500.

Só então descobriu que a marca alcançada nos 400m livre em 1976, abaixo do índice olímpico, não havia sido homologada pela confederação. Maria Elisa já não era a menina que engolira a exclusão dos Jogos de Munique sem reclamar. Ficou possessa com a nova arbitrariedade. Deu entrevistas ameaçando abandonar o esporte, criticou a administração esportiva do país, disse que os atletas não tinham espaço nem para protestar. Entretanto, estava no auge de sua carreira e não conseguiu cumprir as ameaças. Até o

Campeonato Mundial de Natação, em 1978, na Alemanha, bateu também o recorde brasileiro nos 400m medley e nos 100m borboleta. E o recorde de 1976 nos 400m livre foi finalmente homologado.

Em Berlim, as nadadoras alemãs orientais pareciam ainda maiores e mais fortes. Em Montreal, tinham vencido 11 das 18 provas, comandadas por Kornelia Ender, campeã olímpica dos 100m livre e 200m livre e dos 100m borboleta e 200m borboleta, e Petra Thümer, medalha de ouro nas provas de Elisa – 400m livre e 800m livre. A brasileira voltou a alcançar uma final no Mundial, mas ficou longe das alemãs – e de suas seguidoras nos Estados Unidos e na Europa. Já estava evidente para ela que a competição era desigual, que seria impossível alcançar as adversárias anabolizadas.

Regressou ao Brasil um pouco desanimada, mas o calendário marcava os Jogos Pan-americanos para 1979, em San Juan, e os Jogos Olímpicos para 1980, em Moscou. De volta ao Flamengo, não tinha o mesmo pique nem enfrentava a rotina com a mesma disposição, mas, mesmo assim, passava muito mais tempo na piscina do que na faculdade de arquitetura. Levou bomba em todas as matérias no segundo semestre de 1978, seu primeiro período na Universidade Santa Úrsula. Seu desempenho em Porto Rico também não foi animador: bateu o recorde Sul-americano nos 200m livre, mas ficou distante das americanas e canadenses.

Depois dos Jogos Pan-americanos em San Juan, participou de uma competição no México, passou um tempo na casa de amigos na Flórida e viajou pelos Estados Unidos. Ficou mais de três meses sem treinar. De volta ao Brasil, com novos interesses mas ainda sem saber o que fazer, Maria Elisa Guimarães foi novamente fisgada pelo sonho olímpico e decidiu tentar a vaga com a renovada equipe do revezamento 4x100m livre. Foram mais algumas semanas sofridas de treinamento. O índice para Moscou não foi alcançado, mas foram as memórias do Canadá que moveram as braçadas da nadadora. Das dores no ombro em 1976, Maria Elisa Guimarães nem lembrava mais. De Montreal, o que guardava mesmo era a emoção de estar entre os melhores atletas do mundo.

isabel

Isabel esteve na primeira seleção feminina do voleibol brasileiro a participar de uma edição dos Jogos Olímpicos, em Moscou 1980. O time conquistou o sétimo lugar, o que contribuiu para o prestígio do voleibol dentro e fora do Brasil.

isabel

❊ O técnico Ênio Figueiredo perguntou pelo bebê recém-nascido, quis saber se estava tudo bem com a jovem mãe e avisou: "Pode ir se preparando que eu vou te convocar para a seleção brasileira". Isabel tinha só 18 anos quando sua filha Pilar nasceu. Participava do time principal do Flamengo desde os 15 e já apostava no futuro como jogadora de voleibol, quando engravidou. Não vacilou: casou com o pai da criança e largou as quadras. "Sou muito nova, depois eu volto", pensava, enquanto curtia a gravidez. Só não achava que ia voltar tão rapidamente assim.

E nem todo mundo tinha a mesma certeza. No próprio Flamengo, muita gente desconfiou: maternidade aos 18 anos não era fácil para qualquer adolescente naquela época e podia ser ainda mais difícil para quem dependia de seu corpo. Mesmo depois da convocação, o técnico ouviu críticas pela aposta na jovem atacante. Mas Ênio conhecia Isabel desde criança, tinha sido seu primeiro treinador, sabia da relação dela com o voleibol, do compromisso com o esporte.

Maria Isabel Barroso Salgado começou a jogar vôlei no Colégio Notre Dame, uma escola católica, só para meninas, na Zona Sul do Rio. Gostava de esporte e de competir. Já tinha tido aulas de natação, mas apaixonou-se pelo esporte coletivo. Professor de educação física, Ênio Figueiredo ensinava voleibol para o time feminino. Em 1973, foi chamado para treinar o Flamengo. Levou algumas alunas para fazer parte das divisões de base do clube, inclusive Isabel. Ainda com 12 anos, era o maior destaque da equipe do Notre Dame e nunca reclamava ao ficar mais tempo na quadra para treinar.

O Flamengo passou a ser a segunda casa da garota. Saía do colégio, almoçava em casa e ficava o resto do dia no clube, treinando em todas as categorias possíveis. A carreira parecia que ia deslanchar: no primeiro campeonato brasileiro feminino, disputado em 1976, Isabel já era titular do time adulto, que também agregara outra adolescente, a levantadora Jacqueline, ainda mais jovem. O Flamengo ficou em terceiro lugar no campeonato, vencido pelo rival Fluminense, base da seleção, onde jogavam Heloísa Roese e Célia.

Grávida e recém-casada, Isabel ficou fora da convocação para o Mundial Juvenil disputado no Brasil, em 1977. Até Pilar nascer, passou oito meses sem treinar. Corria na praia, jogava frescobol, mas bater bola em um ginásio fechado a incomodava. Não esperava, portanto, o chamado de Ênio para jogar o Mundial, adulto, marcado para a União Soviética, em agosto de 1978.

> "A maternidade nunca foi um ônus. Era um bônus: eu adorava estar grávida. E nunca tive dificuldade de voltar a jogar depois."

Felizmente, a seleção brasileira ia treinar no Rio. Um mês depois do parto, Isabel já estava de volta aos treinamentos: nos três meses seguintes, só amamentou e treinou. Muitas vezes, levou Pilar para o ginásio. Sabia que não podia desperdiçar a chance na seleção, queria mostrar que estava tão bem quanto antes. Confiante na sua atleta, Ênio começou a usá-la cada vez mais durante os jogos. Quando a seleção estreou no Mundial, Isabel ainda não começava jogando, mas era praticamente a sétima titular do time. O Brasil não fez feio: ficou em sétimo lugar entre 22 seleções. Mas não estava no mesmo nível das adversárias, principalmente da surpreendente seleção cubana, que sagrou-se campeã mundial, e das seleções asiáticas.

Em 1979, nos Jogos Pan-americanos de San Juan, Isabel já era titular. Na hora do aperto, era bola para a jovem do Flamengo resolver. E ela resolvia: na força ou no jeito, quase sempre conseguia passar pelos bloqueios adversários. O voleibol feminino do Brasil – após 16 anos de ausência – voltou ao pódio pan-americano. Além da medalha de bronze, Isabel ganhou uma vaga na seleção do campeonato, ao lado de três jogadoras de Cuba – novamente medalha de ouro –, uma do Peru, prata, e outra dos Estados Unidos.

As peruanas eram os carrascos das brasileiras no continente. Na década de 1970, estiveram sempre à frente da seleção. Já tinham conquistado quatro Campeonatos Sul-americanos consecutivos (1971, 1973, 1975 e 1977), deixando o Brasil em segundo lugar e fora dos Jogos Olímpicos – só as campeãs tinham direito à vaga. Mesmo com o reforço de Isabel, a história não foi diferente no Sul-americano de Buenos Aires, em 1979. Peru campeão, Brasil vice e, mais uma vez, o caminho da seleção feminina para Moscou estava interrompido. A última chance para a vaga era no Pré-Olímpico, disputado na Holanda, onde as brasileiras enfrentaram adversárias ainda mais difíceis.

Isabel, entretanto, não teve tempo de alimentar a frustração: logo depois, já estava com a cabeça em outro ponto da Europa. Ela participava com a seleção de um torneio amistoso em Paris, quando recebeu um telefonema do jogador Bernard, a quem conhecera no Rio. O brasileiro jogava em Modena, tradicional centro de voleibol na Itália, e o time feminino local queria contratar sua conterrânea. Isabel topava? "Eu vou, mas antes tenho que buscar minha filha no Rio." Essa foi a única ressalva da jogadora.

Já separada do marido, ela pegou a pequena Pilar, com pouco mais de 1 ano de idade, e mudou-se para a Itália. As perspectivas eram as melhores possíveis. Em Modena, o vôlei era realmente profissional, com a estrutura que Isabel sempre sonhara para sua carreira. E, pela primeira vez, ela teria um bom salário. Levava Pilar aos treinos, contratou uma *baby-sitter* e jogou uma feliz temporada na Itália, longe de qualquer expectativa sobre os Jogos Olímpicos.

Mas a guerra fria mudou tudo. Em dezembro de 1979, as tropas soviéticas invadiram o Afeganistão. Os Estados Unidos protestaram e ameaçaram boicotar os Jogos Olímpicos de Moscou. O presidente Jimmy Carter disse que esperaria até 20 de fevereiro pela retirada do Exército soviético ou os atletas não competiriam. As tropas não se moveram e Carter cumpriu a ameaça. Os Estados Unidos lideraram um boicote de mais de cinqüenta países aos Jogos Olímpicos de Moscou – que acabou tendo a participação de apenas oitenta nações, número inferior aos Jogos de Roma, disputados vinte anos antes. O anúncio da decisão formal dos americanos foi feito no fim de março e seus aliados no Ocidente aos poucos foram aderindo.

Faltavam menos de três meses para a cerimônia de abertura quando o Brasil ganhou de presente a vaga no torneio olímpico de voleibol. O técnico Figueiredo apostou em um elenco muito jovem – Isabel tinha 20 anos, a levantadora Jacqueline, 18, e a atacante adolescente Vera Mossa, só 15 anos de idade. Não havia mesmo tempo para uma preparação adequada.

Mas elas chegaram a Moscou fazendo história. Pela primeira vez, um time feminino brasileiro disputava os Jogos Olímpicos. Com as 12 jogadores de voleibol, o elenco feminino passou de três – Conceição Geremias, do atletismo, Cláudia Magalhães Costa, da ginástica, e Arci Zélia Kempner, do tiro com arco – para 15, o maior número de brasileiras nos Jogos até então. No total, a delegação do Brasil era formada por 109 atletas.

Jovens em sua maioria, as jogadoras eram tratadas como mascotes da delegação, paparicadas por atletas e dirigentes. Eram as "meninas do vôlei" – as garotas que iam enfrentar a força e a altura das seleções do Leste Europeu, favoritas às medalhas com o boicote das asiáticas. As meninas ficaram impressionadas com a Vila Olímpica – enorme e vazia com a ausência de cinqüenta países. Participaram, emocionadas, do desfile no Estádio Olímpico. Levaram um susto com o ginásio lotado.

Elas não estavam preparadas, mas deram algum trabalho às adversárias. Perderam de 3 a 2 para a Hungria na estréia. Depois foram derrotadas facilmente pela Bulgária por 3 a 0. Encerraram a primeira fase também vendendo caro a derrota – Romênia 3 a 2 – e ficaram fora da briga por medalha. Na disputa do quinto ao oitavo lugar, perderam para as cubanas e, na despedida, vingaram-se das romenas, ganhando por 3 a 0 e ficando com o sétimo lugar. As brasileiras comemoraram a vitória e assistiram, surpresas, à frieza da seleção da União Soviética ao derrotar a Alemanha Oriental e sagrar-se campeã olímpica de voleibol.

Os primeiros Jogos Olímpicos valeram, literalmente, para ganhar experiência. Isabel teve um curso intensivo de como enfrentar bloqueios altos e aprendeu que era necessário muito mais treino e estrutura para disputar o torneio olímpico. Mas ela voltou com boas recordações: passeou em Moscou, comemorou seu aniversário na Praça Vermelha, comprou presentes para a filha, que ficara no Rio de Janeiro.

O que a esperava no Brasil era um vôlei em ebulição. Desde que assumira a presidência da Confederação Brasileira de Voleibol, em 1975, o advogado Carlos Arthur Nuzman, atleta olímpico em Tóquio 1964 pela mesma modalidade, estava empenhado em profissionalizar o esporte. Acreditava que o caminho para o crescimento e a popularização estava na participação das empresas e no *marketing* esportivo. Mas o constante êxodo de jogadores brasileiros para o exterior impedia a criação de ídolos e a legislação barrava o investimento das empresas. Depois dos Jogos Olímpicos de Moscou, Nuzman conseguiu duas vitórias. O Conselho Nacional de Desportes autorizou o patrocínio nas camisas. E a própria CBV, com base em uma legislação federal, proibiu os atletas brasileiros de atuarem no exterior.

A proibição pegou Isabel a caminho de sua segunda temporada na Itália. Estava adaptada em Modena, feliz em morar numa cidade apaixonada por vôlei e encantada com as vantagens da vida na Europa. Ficou revoltada com a determinação da CBV, reclamou e botou lenha na fogueira da polêmica. Teve que voltar ao Flamengo, que, rapidamente, conseguiu um patrocínio para sua estrela repatriada que compensava – pelo menos em parte – o fim do contrato na Itália.

Anos depois, Isabel reconheceria que a decisão da CBV foi fundamental para o salto de qualidade do voleibol. Ainda em 1981, grandes empresas – lideradas pela Atlântica Boavista, no Rio, e Pirelli, em São Paulo – montaram seus times, com estrelas de primeira grandeza do voleibol brasileiro. Os principais jogadores – o atacante Bernard, da Atlântica, e o levantador William, da Pirelli – também haviam retornado de temporadas na Itália. Mas ainda não existiam novos times femininos em 1981: o Flamengo, com Isabel e Jacqueline, foi campeão Sul-americano de clubes. O Fluminense, de Célia e Heloísa Roese, foi novamente campeão brasileiro.

As atletas dos clubes rivais se encontraram na seleção para disputar o Campeonato Sul-americano de 1981, marcado para Santo André, em São Paulo. Havia um efetivo clima de disputa entre dois grupos – um liderado pela veterana levantadora Célia, outro formado pelas jovens do Flamengo. O técnico Ênio Figueiredo misturava as rivais no time, mas Isabel e Jacqueline – titulares absolutas em Moscou – reclamavam de jogar pouco. Em pleno Sul-americano, com o Brasil embalado após vencer as adversárias peruanas, as duas foram cortadas. A explicação da CBV à imprensa era de que elas não tinham "espírito de grupo".

O Brasil acabou mesmo conquistando o título Sul-americano, interrompendo a série de conquistas do Peru. Mas o afastamento de Isabel da seleção não durou muito. Logo em 1982, ela voltou a ser convocada: o time brasileiro ia disputar o Mundialito de Vôlei, um torneio em São Paulo reunindo potências do esporte como União Soviética, Japão e Coréia do Sul, que serviria como preparativo para o Campeonato Mundial, no Peru. Com transmissão ao vivo pela TV e um forte esquema de *marketing*, a competição, realizada no ginásio do Ibirapuera, fazia parte da estratégia de Nuzman para ampliar a visibilidade do voleibol feminino e trazer novos patrocinadores.

O Mundialito Feminino foi um estrondoso sucesso, repetindo o que já havia acontecido com a versão masculina no Rio. Mais de 15 mil pessoas lotaram o Ibirapuera todas as noites. Os jogos tiveram audiências recordes para os esportes olímpicos. A jovem seleção brasileira – Célia e outras veteranas não foram convocadas – parecia inspirada pelo público: Isabel, Vera Mossa e Heloísa Roese pareciam voar sobre os bloqueios para cortar as bolas levantadas por Jacqueline. A equipe brasileira ganhou das soviéticas, campeãs olímpicas, e das coreanas. Só perdeu a final para o Japão.

As meninas do Brasil ganharam as primeiras páginas dos jornais e longas reportagens na TV. A principal revista semanal do país estampou a foto de Isabel na capa, sob o título "A musa do vôlei". Elas não gostaram da badalação – sequer da classificação de musa que perseguiria Isabel e Vera pelo resto da carreira – mas o Mundialito multiplicou a visibilidade do voleibol feminino. Ainda em 1982, a Supergasbrás, no Rio, anunciou a formação de um time; a Pirelli também lançaria sua equipe feminina. No Campeonato Mundial, entretanto, as brasileiras ficaram apenas em oitavo lugar.

Para Isabel, tanto a badalação do Mundialito quanto a frustração do Mundial acabaram tendo pouca importância já que, ao voltar do Peru, ela descobriu que estava novamente grávida. E, dessa vez, a jogadora não perderia o gosto pelo esporte. Tinha desejo de jogar, sentia fome de bola. A barriga crescia e Isabel continuava na quadra. "Você não vai parar, não?", perguntavam até suas companheiras de time. "Eu estou me sentindo ótima. Vou parar por quê?", devolvia a atacante.

"Eu sempre tive uma ligação muito estreita com o vôlei. Mas não significava que estivesse fechada para outras coisas."

Isabel só parou de jogar com quase seis meses de gravidez, já aborrecida com a polêmica gerada por sua disposição para jogar. Desta vez, tinha até mais dúvidas sobre a sua volta. Não sabia se a recuperação seria igual: já não era mais adolescente, estava no segundo filho. Eram temores sem fundamento. Maria Clara nasceu em maio de 1983. Em junho, sua mãe estava de volta aos treinos e à seleção. Em julho, as duas estavam no Canadá, onde a maior parte da seleção feminina – inclusive Jacqueline e Vera Mossa – participou da Universíade, em Edmonton. Isabel levou a filha e a babá, a portuguesa Graciana. Ela treinava, amamentava Maria Clara e jogava (muito bem). O Brasil ganhou a medalha de ouro no vôlei feminino.

Em agosto, as brasileiras estavam em Caracas para os Jogos Pan-americanos, mas, daquela vez, a seleção ficou num modesto quarto lugar – desfalcada de Maria Clara, que ficara no Rio com a babá. Na volta, Isabel foi contratada pela Supergasbrás, que seria campeã brasileira naquele ano. A jogadora já tinha uma estrutura melhor para cuidar das duas filhas, treinar e jogar. Conciliava a vida de atleta e de mãe sem dificuldade.

Os problemas só voltaram a acontecer quando a seleção começou os treinamentos para os Jogos Olímpicos de Los Angeles 1984. Dessa vez, os preparativos começaram antes. Ainda no primeiro semestre daquele ano, a CBV concentrou as jogadoras no Centro Tecnológico da Aeronáutica, em São José dos Campos, no interior de São Paulo. Não havia como Isabel levar as filhas: Pilar já estava na escola. Ela e a irmã ficaram no Rio aos cuidados da avó e da babá. A jogadora morria de saudades. Nas folgas, vinha ao Rio. Quando a ausência começava a doer, mandava buscar as meninas para passarem juntas um fim de semana.

O sorteio das chaves no torneio olímpico não ajudou o Brasil, que ficou no grupo das chinesas, campeãs mundiais em 1982, e das anfitriãs norte-americanas. Mas as brasileiras chegaram em Los Angeles muito mais confiantes: estavam melhor preparadas, mais bem treinadas e tinham ganho experiência internacional. Isabel era agora a estrela do time, a jogadora a ser marcada pelas adversárias.

A estréia foi justamente contra a China. A seleção perdeu de 3 a 0, mas as parciais mostraram que não foi um jogo fácil: 13/15, 10/15, 11/15. A segunda partida, contra os Estados Unidos, era decisiva. Se vencessem, as brasileiras ficavam muito perto da vaga na semifinal – a Alemanha Ocidental, última adversária, era o adversário mais fraco do grupo. Em dia inspirado de Isabel e Jacqueline, o Brasil ganhou os dois primeiros *sets*: 15/12, 15/10. Mas o time entrou em pane. Perdeu dois *sets* por 5/15 e acabou derrotado – 12/15. Desanimadas, as brasileiras perderam o último jogo do grupo para a Alemanha. Terminaram os Jogos Olímpicos novamente em sétimo lugar – com uma única vitória sobre o Canadá.

O retorno da seleção ao Brasil foi sob muitas críticas – pouco importava o grupo difícil com as futuras campeãs olímpicas, as chinesas, e as futuras vice-campeãs, as americanas. O técnico Ênio Figueiredo, considerado muito amigo das jogadoras, perdeu o posto. O novo treinador, Jorge Barros, o Jorjão, assumiu com a missão de dar mais seriedade à seleção. Começava uma nova rodada de atritos.

"Para ficar na seleção, eu teria que ser o que não sou. Eu não estava a fim de pagar o preço da adaptação."

Isabel não teve muita paciência para a nova linha da seleção. Estava no Sul quando decidiu pedir dispensa. "É melhor ter uma separação amigável", pensava, com a experiência de dois casamentos desfeitos. Longe da seleção, ficou com mais tempo para as filhas e a vida particular – conheceu o cineasta Ruy Solberg e casou mais uma vez. Em 1985, estava novamente grávida: Pedro nasceu em março de 1986. Já não tinha qualquer receio de que a maternidade pudesse atrapalhar a carreira. Tanto que em agosto de 1987 nasceu Carolina.

Já tinha provado que podia ser atleta e mãe para todo mundo no Brasil. E até fora do Brasil. Antes mesmo de Carol nascer, recebeu um convite para jogar na Itália. A caçula era um bebê de menos de dois meses, quando Isabel viajou, levando também Pedro e uma babá. Pilar e Maria Clara viajaram no fim de 1987, com outra babá. O marido tinha compromissos no Brasil, mas ela não admitia ficar longe das crianças, que, depois, também levaria para temporadas no Japão.

"Com quatro filhos, suas prioridades mudam. E muda também a maneira de encarar a sua carreira."

Em 1988, uma renovada seleção brasileira conquistou, sem dificuldade, a vaga para o torneio feminino dos Jogos Olímpicos de Seul. Sua amiga Vera Mossa seguia para a terceira participação nos Jogos, mas o novo time tinha Ana Moser, Márcia Fu e Fernanda Venturini. Isabel acompanhou de longe: para ela, a seleção já era passado. Cuidava agora de sua carreira internacional e da educação de seus quatro filhos. Sem saber, cuidava também de uma parte do futuro do voleibol do Brasil.

luisa

Desde os 4 anos de idade, a realidade de Luisa já era a ginástica artística. Aos 11 foi campeã sul-americana na categoria infantil. Sua primeira participação nos Jogos Olímpicos ocorreu em 1984, em Los Angeles.

✻ luisa ....

⁜ Seul inaugurou uma nova fase na história dos Jogos Olímpicos. Depois dos boicotes de Moscou e Los Angeles em 1980 e 1984, respectivamente, os maiores atletas do mundo estavam, novamente, todos juntos para o maior evento esportivo do planeta. Estados Unidos e União Soviética mandaram equipes completas. O número de participantes – 8.465 – era recorde: 1.700 a mais do que em 1984. A equipe olímpica brasileira também crescera e a participação feminina dera um salto: dos 170 atletas, 35 eram mulheres, representando nove modalidades.

Caçula de toda a delegação, Luisa Parente Ribeiro desembarcou na Coréia do Sul deslumbrada com a oportunidade de estar entre os maiores atletas do mundo. Com 15 anos e menos de 1,50m de altura, posava para fotos com Oscar, Marcel e os heróis da conquista da medalha de ouro do basquete nos Jogos Pan-americanos de Indianápolis. As estrelas da geração de prata do voleibol – vice-campeã olímpica em Los Angeles – como Renan e Montanaro brincavam com a adolescente carioca, representante brasileira em uma modalidade que muitos duvidavam ser capaz de alcançar, sem boicote, vaga nos Jogos Olímpicos.

Mas os resultados de Luisa eram impressionantes desde as primeiras competições. Aos 4 anos, já acompanhava as aulas de ginástica artística do irmão Afonso no Flamengo, freqüentado pela família. Seus dois irmãos mais velhos também tinham treinado ginástica no clube da Gávea, perto de onde moravam. Seu avô, Nelson Parente Ribeiro, remou pelo clube e disputou os Jogos Olímpicos de Berlim 1936. A menina Luisa fazia balé, mas via os exercícios do irmão e ficava ansiosa para chegar aos 6 anos, idade mínima para começar as aulas.

Dois meses depois de começar a aprender os exercícios, passou para a equipe mirim de ginástica do Flamengo – o que significava treinar todos os dias, e não apenas duas vezes por semana. Em 1980, as meninas rebelaram-se e tiveram o apoio da maioria dos pais: achavam que os treinos estavam pesados demais. As crianças pararam de ir ao clube e a diretoria decidiu mudar de método. Contratou uma nova técnica, formada no rival Fluminense. De volta após temporada de estudos na França, a jovem Georgette Vidor assumiu o comando e foi procurar as ginastas-mirins para convencê-las a voltar a treinar no Flamengo. Prometia que as coisas melhorariam.

Luisa Parente tinha 7 anos e adorou os novos métodos. Os treinos continuavam puxados, mas Georgette, também com formação de balé, fazia as meninas aprenderem novos movimentos. Elas estavam evoluindo e gostavam disso. A pequena Luisa era o maior destaque da turma. Aos 8 anos, foi campeã estadual. Ganhou o campeonato brasileiro mirim com 10 anos. Em 1984, estava com 11 anos quando fez sua primeira viagem internacional: foi campeã sul-americana infantil em Lima, no Peru.

Era uma revelação, imbatível entre as meninas de sua idade. Ainda em 1984, conquistou o título individual geral – soma dos quatro aparelhos – no Campeonato Brasileiro Adulto. Deixou para trás Tatiana Figueiredo, ginasta brasileira classificada para os Jogos Olímpicos de Los Angeles. Para Luisa, foi a primeira vez que o torneio olímpico pareceu parte da realidade, e não apenas um sonho ou um programa especial de TV.

A rotina de ginasta campeã era diferente da de outras crianças de sua idade. Treinava duas horas de manhã no Flamengo, almoçava em casa, ia para a escola e, depois da aula, voltava para nova sessão de treinos no clube, que costumava terminar às 21h. Ainda aprendia a tocar piano. No Colégio Stella Maris, direção e professores eram compreensivos com as faltas. Os colegas copiavam as aulas para Luisa. Em 1985, foi convidada a acompanhar a equipe brasileira ao Campeonato Mundial de Ginástica, em Montreal, no Canadá. Não tinha a idade mínima para competir, mas era a aposta do esporte para o futuro.

No carnaval do ano seguinte, pela primeira vez, Luisa não acompanhou a família na viagem para Friburgo. Já bicampeã brasileira, tinha prometido a Georgette Vidor que estaria no clube para treinar na Quarta-Feira de Cinzas. A ginasta ainda precisava evoluir mais para disputar bem os Jogos Pan-americanos de Indianápolis e o Campeonato Mundial, em Roterdã, marcados para 1987. Os equipamentos do Flamengo, apesar de estarem ainda entre os melhores do país, eram remanescentes da Copa do Mundo de Ginástica, disputada em São Paulo, em 1978. Não havia tablado. O colchão para queda era chamado de queijo suíço, cheio de buracos.

Mas as dificuldades não impediam que Luisa Parente treinasse cada vez mais. Chegava no clube às 7h da manhã: fazia quarenta minutos de balé, quarenta minutos de musculação e três horas de treinamento. Almoço em casa, escola e mais uma sessão de treinos até a noite. O pai da ginasta – o oficial da Marinha Carlos Parente Ribeiro, também professor da UFRJ – preocupava-se com o excesso de exercícios. "Você está ficando musculosa demais, minha filha. Não tem tempo para mais nada", reclamava. Era convencido pela mulher, Belkiss, de que a menina tinha talento e estava feliz.

Se ainda havia dúvidas sobre o tamanho do talento de Luisa, elas terminariam nos Jogos Pan-americanos de Indianápolis, em agosto de 1987. A ginasta carioca, com apenas 14 anos, ganhou a medalha de bronze nas barras paralelas assimétricas – a primeira medalha individual do Brasil no esporte. A equipe feminina, treinada por Georgette, ficou em quarto lugar. As adolescentes da ginástica ficaram encantadas com a Vila: tiravam fotos, brincavam com o mascote do Pan.

Luisa nem teve tempo de saborear a conquista na volta ao Brasil. Pouco mais de um mês depois, a equipe brasileira viajou para Roterdã, Holanda, para a disputa do Campeonato Mundial. Como a Confederação Brasileira de Atletismo só tinha dinheiro para bancar as passagens, as ginastas ficaram hospedadas no albergue da juventude local, que pagavam do próprio bolso. O jovem time do Brasil ficou em 21º lugar na disputa por nações. Só os 12 primeiros colocados entre os países garantiam a vaga para a equipe completa (cinco atletas) nos Jogos Olímpicos de Seul 1988. As nove ginastas – dos outros países – mais bem classificadas também tinham direito a participar do torneio olímpico: Luisa Parente ficou em sexto lugar.

Mas ainda faltava um obstáculo para o sonho virar realidade. Mesmo com a vaga conquistada, o Comitê Olímpico Brasileiro exigia um índice para mandar a ginasta a Seul. Luisa e Georgette viam uma certa má vontade dos dirigentes com os esportes individuais em geral e com a ginástica em particular. O Brasil ganhara o direito de enviar representantes no esporte nos Jogos de Moscou e Los Angeles devido aos boicotes liderados pelos Estados Unidos em 1980 – que tirou americanos e seus aliados da disputa – e pela União Soviética, em 1984, quando a ginástica feminina ficou privada de suas maiores estrelas. Não havia boicote previsto aos Jogos Olímpicos de Seul; as melhores ginastas do mundo estariam lá. Na visão do COB, a exigência do índice evitaria um resultado muito aquém dos anteriores.

O índice era alto, mas Luisa Parente chegara perto no Mundial de 1987. Em março de 1988, ela disputou a American Cup, nos Estados Unidos, com algumas das melhores atletas do continente. Ficou entre as oito finalistas e alcançou o índice olímpico. Com a vaga assegurada, Georgette conseguiu uma temporada de treinos na Alemanha, um mês antes dos Jogos Olímpicos, para que sua atleta fizesse sua preparação final com equipamentos novos e adequados.

Elas temiam dificuldades em Seul já que Georgette Vidor estava viajando com uma credencial de pianista – os exercícios obrigatórios, que ainda existiam na época, podiam ser acompanhados ao piano. A única credencial de técnico destinada à ginástica ficara com o treinador Aureliano Borges, do ginasta Guilherme Saggese.

Luisa chegou em Seul alguns dias antes do começo dos Jogos. A Vila Olímpica ainda estava vazia. Caçula da equipe brasileira, dividiu o quarto com as duas atletas do tiro esportivo, as mais velhas da delegação. Sua mãe e seu irmão mais velho, Eduardo, viajaram para a Coréia e ficaram na Olympic Family, uma espécie de vila para os parentes. A ginasta podia encontrá-los quase todos os dias enquanto se preparava para a competição. A credencial de pianista não impedia que Georgette, que não sabia tocar uma nota, orientasse os treinamentos.

O desfile no Estádio Olímpico foi emocionante, mas Luisa ficou mesmo impressionada ao entrar no ginásio de competição. Nunca tinha visto tanta gente. O ginásio era enorme – muito maior que os de Indianápolis ou de Roterdã – e estava completamente lotado. Cada exibição era acompanhada por exclamações, aplausos e *flashes* das máquinas fotográficas. A participação olímpica da brasileira começou com uma segura exibição na trave, que garantiu uma boa nota. Se a disputa acabasse ali, estaria entre as 36 finalistas, a meta estabelecida pela ginasta e sua técnica.

Mas a prova eliminatória do torneio olímpico de ginástica é difícil de prever porque cada ginasta começa em um aparelho. Até a soma final, a pontuação pode dar falsa impressão, pois quem está logo à frente ou logo atrás pode ainda não ter feito o exercício de sua especialidade. Para Luisa, essa indefinição foi dramática. Não foi tão bem no solo e no salto sobre o cavalo; saiu da lista das 36 melhores. A decisão ficou para o último aparelho, as paralelas assimétricas, em que ganhara a medalha em Indianápolis. A exibição da brasileira foi muito aplaudida, mas não dava para saber se a nota seria suficiente para alcançar a final.

Luisa já estava na arquibancada com a mãe, o irmão e Georgette quando a classificação final começou a aparecer no placar eletrônico. Vinha em grupos de oito atletas – na primeira tela a aparecer estavam as estrelas dos Jogos Olímpicos, a soviética Elena Shushunova e as romenas Daniela Silivas e Aurelia Dobre. Como era esperado, o nome da brasileira não surgiu quando o placar mostrou do 8º ao 16º nem do 16º ao 24º. De mãos dadas com a mãe, Luisa esperou a nova virada do placar. Nada: seu nome também não aparecia até o 32º lugar. Faltavam agora só quatro vagas. Na última virada, houve vibração brasileira na arquibancada: Luisa ficara em 34º lugar e estava na final olímpica da ginástica.

Não teve muito tempo para festa. No dia seguinte, fez um treino leve. No próximo, já era a final. Praticamente repetiu o padrão de exibição da eliminatória. Foi um pouco melhor no salto, mas cometeu um erro na trave. Terminou os Jogos Olímpicos em 35º lugar, com uma sensação de vitória: alcançara sua meta, chegara à final. Era uma feliz adolescente de 15 anos ao passear com a mãe no Japão antes de retornar ao Brasil.

Na volta, a realidade a esperava. Os Jogos Olímpicos tornaram Luisa famosa no Brasil. Recebia convites e pedidos de autógrafo. Não foi possível, contudo, aproveitar muito o novo prestígio. Após dois meses de viagem, teve que fazer segunda chamada das provas de quase todas as matérias. Não tivera tempo para estudar. Ficou em recuperação pela primeira vez na vida. Reduziu sua carga de treinos para conseguir passar de ano.

"Depois de Seul, não pensei em outros Jogos Olímpicos: 19 anos era uma idade avançada para a ginástica na época."

Só voltou ao ritmo anterior no começo de 1989. Quase oito horas de treino por dia, de segunda a sábado. Georgette fazia planos para quatro anos – até os Jogos Olímpicos de Barcelona. Luisa não acreditava que chegaria tão longe: em 1992, estaria com 19 anos, idade em que as ginastas já estavam pensando em aposentadoria. O desgaste físico era enorme: havia séries obrigatórias e as atletas eram obrigadas a competir em todos os aparelhos. Preferia pensar só no presente: em 1989, ganhou o Campeonato Brasileiro pela quinta vez, mas uma lesão atrapalhou seu desempenho no Mundial, em Stuttgart, onde a equipe brasileira ficou em 22º lugar na competição por países.

No fim de 1990, um ano com poucos torneios, enfrentou o vestibular: passou para educação física na Universidade Gama Filho e para direito na Universidade Cândido Mendes. No primeiro período, fazendo o mínimo de créditos exigidos, ainda conseguiu conciliar treinos e competições com as duas faculdades. No segundo semestre, ficou mais difícil. Os Jogos Pan-americanos estavam marcados para agosto; o Campeonato Mundial de Ginástica, que novamente garantia vaga para os Jogos Olímpicos, era em setembro.

Luisa Parente ficou dois meses longe dos estudos, mas voltou consagrada. Deu um *show* nos Jogos Pan-americanos de Havana e ganhou duas medalhas de ouro – nas barras paralelas assimétricas e no salto, um resultado que ainda não foi superado na ginástica brasileira. Voltou a brilhar no Mundial. A vaga olímpica por equipes novamente não veio, mas Luisa ficou em terceiro entre as ginastas dos países não classificados. Carimbara o passaporte para Barcelona: desta vez, não havia índice estabelecido.

“Era tudo tão maravilhoso em Barcelona que era difícil se concentrar nos objetivos.”

A atleta adolescente vivia um momento especial. Tinha 18 anos e estava a caminho dos Jogos Olímpicos pela segunda vez. Era reconhecida nas ruas; desconhecidos garantiam que estavam torcendo por ela. Nos jornais e na TV, era chamada de “pequena notável”. Escolinhas de ginástica apareciam por toda parte. Em Santo André, a paulista Daniele Hypólito pediu a mãe para aprender ginástica depois de ver as provas em Seul. Também depois dos Jogos Olímpicos de 1988, os pais levaram a pequena Camila Comin para uma escolinha do esporte em Curitiba.

No Rio, a dupla vida universitária abria também um novo leque de interesses para Luisa Parente. Começou a namorar firme pela primeira vez. Mas quando 1992 chegou, foi novamente necessário apertar o ritmo de treinamento. Trancou a faculdade de direito e reduziu ao mínimo os créditos na educação física. Voltou a treinar oito horas por dia, de domingo a domingo.

"Na faculdade de educação física, os colegas mantinham distância porque eu era a Luisa Parente. Levei uns dois anos para ser só Luisa."

Os Jogos Olímpicos de Barcelona 1992 marcaram todos os atletas que estiveram lá. A ginasta brasileira ficou encantada com o conforto da Vila Olímpica, com a vista do mar, com os atrativos para os atletas. Era tudo tão bom que era difícil ficar concentrada. Agora uma adolescente de 19 anos, Luisa fugia ao controle de Georgette, gostava da companhia de outros jovens da delegação brasileira. As maravilhas de Barcelona seduziam Luisa, particularmente o sorvete Mega – chocolate com cobertura crocante de chocolate – que ela descobrira na Espanha.

"É difícil controlar o peso o tempo todo. O técnico acaba virando seu carrasco."

A ginasta disputou o torneio olímpico quase 2kg acima do peso. Logo no primeiro aparelho, caiu da trave. Ginásio lotado e as mais longas frações de segundo de sua vida. Retomou o exercício e não errou mais. Foi brilhante no salto e tirou uma de suas melhores notas nas assimétricas paralelas. No total, fez mais pontos do que em Seul. Mas ficou fora da final. Luisa Parente não chorou nem lamentou. Após dois Jogos Olímpicos, colocara seu nome na história da ginástica brasileira, tornara o esporte popular entre as meninas, abrira as portas para uma nova geração de campeãs. Estava pronta para outros desafios da vida.

soraia

Medalhista em diferentes edições dos Jogos Pan-americanos, a judoca Soraia André participou dos Jogos Olímpicos de Seul 1988 e Barcelona 1992. Foi campeã brasileira e sul-americana diversas vezes.

soraia

✻ Dois dias depois da apresentação de Luisa Parente em Barcelona, Soraia André caminhava a esmo pela Vila Olímpica. Era madrugada e, naquele mesmo dia, a judoca fora eliminada na primeira luta do torneio olímpico para os meios-pesados (-72kg). A derrota já era esperada – atletas asiáticas e européias estavam mesmo em nível superior – mas Soraia ficou abalada. Principalmente pela indiferença de técnicos e dirigentes do judô brasileiro. Ninguém a procurou após a eliminação. Ninguém quis saber como a judoca mais experiente da equipe brasileira se sentia. "Será que a medalha era a medida de seu valor?" – perguntava a si mesma na solidão da derrota.

A Vila Olímpica de Barcelona, um sonho para os atletas, era um cenário de pesadelo para a judoca paulista naquela madrugada. Quando começou a andar, deprimida, achava que eles estavam certos: que ela não tinha valor nem merecia atenção – mesmo com medalhas em três Jogos Pan-americanos, mesmo com dez títulos de campeã brasileira. Ao amanhecer, depois de caminhar a madrugada inteira pela vila, tinha outro espírito. Não estava disposta a todos os sacrifícios pela participação na equipe brasileira de judô; não ia mais ser cega, surda e muda, como achava necessário, para garantir sua vaga; tinha mais para conquistar além de medalhas.

Para quem nasceu num bairro pobre da Zona Norte da capital paulista, chegar a Barcelona para disputar os Jogos Olímpicos pela segunda vez era uma caminhada muito mais longa do que todos aqueles passos na madrugada na Vila. Filha de um ajudante de mecânico e de uma empregada doméstica, Soraia André era uma menina que gostava mesmo de brincar com as palavras. Pedia dois presentes de Natal e os pedidos sempre rimavam: quando tinha 11 anos, queria gravador e judô. Não sabia bem o que era o esporte, mas rimava com seu sonho de consumo musical.

O pai, Israel, tentara ser boxeador e cedeu aos apelos da filha, que passou alguns meses insistindo em aprender judô. Soraia era uma menina negra, alta, obesa e tímida quando o pai a levou pela primeira vez à Associação de Judô Imirim, no bairro da Casa Verde, perto de onde moravam. Os responsáveis pela academia lembravam que as outras alunas eram todas descendentes de japoneses. "Se a academia está fechada para quem não é oriental é melhor dizer logo", irritou-se Israel. Eles garantiram que não e Soraia André tornou-se a 13ª aluna da turma feminina.

No começo, as outras meninas estranharam. Mas a nova aluna estava encantada com o esporte, com sua filosofia bonita que falava de progresso e prosperidade mútua, de emprestar seu corpo para o outro progredir, de a luta do adversário ser também a sua luta. E queria ser aceita: aprendeu palavras em japonês, alisou o cabelo, cultivava com as colegas hábitos orientais. Em menos de um ano, já estava completamente enturmada.

As novas amigas a chamavam de "japonegra" e ela ficava contente: aos 13 anos, em 1977, o judô já estava no centro de sua vida. Treinava mais do que as outras, ia a Imirim quase todos os dias depois da escola, nem que fosse apenas para ver as lutas dos meninos. Só não podia ainda competir: em 1965, o governo militar regulamentara o decreto 3.199, do Estado Novo, que proibia às mulheres esportes considerados incompatíveis com as condições femininas como "luta de qualquer natureza, futebol de salão, futebol de praia, pólo, pólo aquático, halterofilismo e beisebol".

A proibição desestimulava as meninas a continuarem treinando. A maioria desistia do judô ao chegar à adolescência. Não foi diferente na Imirim. No final de 1978, Soraia André era a única remanescente da turma feminina. Os técnicos explicaram que ela passaria a treinar com os meninos se quisesse permanecer na associação. Com quase 1,70m e mais forte e pesada que as outras meninas de sua idade, a judoca concordou na hora. Nem a mãe reclamou: Neide André não gostara quando a filha começou a lutar judô – também achava que luta era coisa para homem – mas depois ficou satisfeita em ver a dedicação e a felicidade da jovem atleta.

Em 1979, a pressão pela revogação do decreto 3199 era grande. Três anos antes, a CPI da Mulher, criada no Congresso Nacional para investigar casos de discriminação e a condição feminina no país, debatera o tema. Professora catedrática da UFRJ, estudiosa do esporte com muitos artigos publicados, primeira mulher a ter assento no Conselho Nacional de Desportes, a pioneira Maria Lenk, primeira atleta olímpica do Brasil, foi ao Congresso dar seu depoimento e fazer a defesa veemente da revogação do decreto – o relatório da CPI faria a mesma recomendação. As competições femininas ganhavam espaço em outros países e a participação das mulheres nos Jogos Olímpicos também crescia.

Quando o decreto foi finalmente revogado, no fim de 1979, as competições femininas de judô começaram a ser rapidamente organizadas.

No começo do segundo semestre de 1980, foi disputado o primeiro campeonato paulista, que serviria de eliminatória para o Campeonato Brasileiro, logo em seguida. O torneio estava aberto a todas as judocas com mais de 15 anos. Soraia André estava com 16: tinha 1,75m e pesava pouco mais de 80kg. Enfrentou adversárias mais pesadas, mais velhas e mais experientes, mas não teve dificuldades em ganhar todas as suas lutas e conquistar o título paulista na categoria pesado.

Um mês depois, estava num ônibus a caminho do Rio de Janeiro para o Brasileiro: era a primeira vez que saía de São Paulo. No ginásio da Universidade Gama Filho, a judoca paulista foi o principal destaque. Soraia ganhou todas as suas lutas por *ippon* – o golpe perfeito do judô quando o adversário é levado a cair de costas ou fica imobilizado por 25 segundos – e conquistou os títulos brasileiros nas categorias pesado (+72kg) e absoluto (da qual qualquer judoca pode participar).

Em novembro, uma animada equipe brasileira viajou a Nova York para disputar o I Campeonato Mundial Feminino de Judô. Era tudo novo: primeiro passaporte, primeiro visto, primeiro vôo. As primeiras campeãs brasileiras nunca tinham entrando em um avião. Para completar a viagem dos sonhos, a competição estava marcada para o Madison Square Garden, um dos palcos mais famosos do mundo.

A realidade chegou dura no tatame. As brasileiras não conseguiram vencer uma luta sequer. As adversárias – principalmente do Leste Europeu e da Ásia – eram mais fortes, mais técnicas e mais bem preparadas. Já participavam de competições internacionais. Lutavam com a técnica dos homens. Foi uma decepção por dia: a derrotada chorava e as outras a consolavam. No fim, todas choraram. Na volta, ainda tiveram que ver as manchetes dos jornais esportivos: "Faltou força às brasileiras".

A liberação das competições, entretanto, animava as judocas. Soraia retomou os treinos, agora sempre diários, com os rapazes na Associação Imirim. Em 1982, o judô a ajudou a conseguir seu primeiro emprego na seção de microfilmagem do Banco Itaú, que queria apoiar atletas. Depois, ela foi transferida para o setor de esportes do banco. Os títulos também ajudaram a abrir as portas da Universidade Guarulhos, que ofereceu uma bolsa parcial a Soraia – o Itaú pagou o resto.

Agora, era preciso ser realmente atleta para enfrentar a rotina. Acordava às 5h30, começava a trabalhar no banco às 7h, saía às 13h para treinar na Imirim e, de lá, seguia para a faculdade de educação física, em Guarulhos. Chegava em casa perto da meia-noite. Esse cotidiano intenso não afetou o desempenho de Soraia. Já era tricampeã brasileira e paulista na categoria pesado (+72Kg) quando ficou sabendo que o judô feminino entrara no programa dos Jogos Pan-americanos de Caracas, marcado para agosto de 1983.

"As conquistas nunca têm o mesmo peso. Uma medalha feminina não tem o mesmo valor de uma masculina."

Na Venezuela, ficou evidente o favorecimento à equipe masculina do Brasil em detrimento da feminina. Eles tinham todas as atenções. E só podiam ajudar a equipe feminina a treinar depois de terem completado todo o seu treinamento. As judocas brasileiras ainda eram inexperientes em competições internacionais, mas não fizeram feio na estréia pan-americana. Soraia ganhou a medalha de bronze. Inês Nazareth conquistou a prata. Tânia Ishii e Carla Duarte também tiveram medalhas de bronze.

A judoca paulista percebeu que cubanas e venezuelanas tinham evoluído muito mais que as brasileiras desde o Mundial de 1980. Estavam mais fortes, disputavam competições no exterior, faziam intercâmbio. A diferença tendia a crescer já que a Confederação Brasileira de Judô decidiu não enviar equipe ao Mundial de 1984, na Áustria, por considerar que as brasileiras não tinham o nível necessário para a competição. Os dirigentes prometiam, contudo, preparar melhor as judocas do país para os próximos torneios.

Uma surpresa aguardava Soraia André antes da competição internacional seguinte – o Campeonato Pan-americano de Judô, em janeiro de 1985, em Cuba: 45 dias antes, a CBJ comunicou que ela deveria emagrecer 13kg, pois seria inscrita como meio-pesado (-78kg). Discussões não eram permitidas. A judoca passou um Natal com fome: comia pouquíssimo, só frutas e verduras, e corria pelo menos duas horas por dia, além de treinar judô. O regime também não prejudicou o desempenho: entrou no tatame em Havana com os 78kg estabelecidos como limite para a categoria e ficou com a medalha de prata dos meio-pesados. Ainda conquistou outra prata na categoria absoluto, em que cada país pode inscrever apenas um atleta.

As equipes brasileiras passavam agora mais tempo concentradas e treinavam juntas. Para seguir uma secular tradição japonesa, faziam no Sul do Brasil o *kangeiko*, treinamento de inverno que consistia em treinos de madrugada, com temperatura abaixo de zero, seguidos de banhos gelados. Tudo para "fortalecer o espírito". O treinamento de verão era no Rio de Janeiro: treinos por volta do meio-dia, com os atletas impedidos de beber água. Ninguém reclamava: a linha dura da CBJ não permitia contestações e lamentações.

Em 1987, a equipe brasileira de judô conseguiu seu melhor desempenho na história dos Jogos Pan-americanos: cinco medalhas de ouro, três de prata e quatro de bronze. Na lista dos novos campeões Pan-americanos, que incluía o paulista Aurélio Miguel, estavam duas brasileiras: Mônica Angelucci, na categoria médio (-48kg), e Soraia André. As judocas comemoraram muito, confiantes de que as medalhas trariam respeito e reconhecimento ao judô feminino.

Havia, entretanto, um motivo maior para comemorar que Soraia só ficaria sabendo no fim do ano, quando recebeu em casa um telegrama da CBJ informando que as campeãs pan-americanas estavam automaticamente classificadas para os Jogos Olímpicos de Seul 1988. Por iniciativa da própria Coréia do Sul e com o apoio da Federação Internacional, a competição feminina estrearia na programação como esporte de exibição – o torneio para homens fazia parte do programa olímpico desde Tóquio 1964.

"A Vila Olímpica é um desfile de perfeição, de corpos perfeitos, de atletas perfeitos."

Para Soraia André, os Jogos Olímpicos eram a recompensa para os sacrifícios e os momentos de tortura física e psicológica. A judoca ficou encantada com a recepção dos coreanos, recordistas em cuidados e gentilezas. Passeava pela Vila Olímpica observando aqueles atletas espetaculares, com corpos perfeitos. No Estádio Olímpico, enquanto esperava o momento de desfilar, as pernas tremiam. Parecia que ia desmaiar de emoção quando finalmente entrou no estádio para o desfile de abertura.

Nem tudo era perfeito. Soraia e Mônica treinavam sozinhas a maior parte do tempo. A técnica da equipe feminina, filha do presidente da Confederação, não aparecia nos treinos. Era o técnico da equipe masculina, Geraldo Bernardes, quem orientava as duas judocas depois de treinar os homens. Na competição, as coisas não foram melhores. Soraia perdeu suas duas lutas. Mônica ganhou uma e perdeu duas.

O judô brasileiro, entretanto, voltou consagrado de Seul. Aurélio Miguel conquistou a primeira medalha de ouro do esporte e a única do Brasil em 1988. Campeão olímpico, o judoca paulista assumiu sua responsabilidade com o esporte: aproveitou a fama para denunciar os desmandos na Confederação Brasileira de Judô, as perseguições a quem contestava ou reclamava, o nepotismo do presidente. Com todo o seu prestígio, foi punido e perseguido pelos dirigentes.

> "Para estar na seleção, o preço era ser cego, surdo e mudo. Paguei um preço muito alto para ir aos Jogos Olímpicos."

"Se fazem isso com Aurélio, que é campeão olímpico, o que não farão comigo." Era isso que Soraia pensava ao analisar o preço de ter a chance de disputar um novo Mundial e, principalmente, os Jogos Olímpicos de Barcelona. Era preciso continuar calada, obedecer às regras e agüentar as arbitrariedades. Vivia em permanente conflito. Na época, estava fazendo pós-graduação em psico-pedagogia: as temporadas na seleção brasileira contrariavam todas as teorias que aprendia na universidade.

Mas o judô brasileiro ganhava prestígio internacional. A equipe feminina passou a ser convidada para os torneios de Fukuoka, no Japão. Em 1990, Soraia estava na equipe que disputou o Mundial Universitário, na Bélgica, onde ganhou a medalha de prata. Em 1991, quase ficou fora dos Jogos Pan-americanos de Havana. Na seletiva, perdeu a vaga da categoria dos meio-pesados. Ficou na equipe para disputar a categoria absoluto em Cuba e acabou conquistando a medalha de bronze. A equipe feminina do Brasil ganhou medalhas em outras quatro categorias.

A surpresa na seletiva para Havana fez Soraia intensificar seus treinos. Morava em Santo André desde 1988 quando foi contratada pela Prefeitura para dar aulas de judô para jovens e também para competir pela cidade nos Jogos Abertos do Interior. Sua vida agora era dar aulas, treinar e competir. O Comitê Olímpico Internacional confirmou o torneio feminino de judô em Barcelona 1992. As brasileiras, em ascensão, garantiram o direito a disputar todas as categorias. Faltava escolher as representantes.

Para Soraia, os Jogos Olímpicos eram a concretização de seus sonhos. A classificação das brasileiras mostrava que o judô feminino estava consolidado no Brasil. As meninas tomavam os tatames: uma nova geração de boas judocas estava a caminho. Ela mesma tivera dificuldades com uma menina forte de 15 anos: Ednanci Silva. Para o objetivo estar completo, só faltava Soraia fazer a sua parte. A vaga para equipe olímpica acabou sendo muito mais fácil do que ela esperava. Suas adversárias simplesmente não apareceram na seletiva do Rio de Janeiro. Ao seu currículo de dez vezes campeã brasileira, acrescentava a segunda participação nos Jogos Olímpicos.

O clima em Barcelona era ainda mais deslumbrante. As melhores instalações, a mais avançada tecnologia, a beleza da Vila Olímpica perto do mar: os Jogos eram uma festa para os atletas. Na delegação brasileira de judô, porém, os problemas se repetiam. Como em Seul, todas as atenções estavam voltadas para a equipe masculina, candidata séria a medalhas. Como em Seul, uma filha – outra filha – do presidente da Confederação estava escalada como técnica, apesar de não aparecer nos treinos. Soraia, a mais experiente, orientava o treinamento das judocas brasileiras. Até a hora da luta, o clima olímpico parecia compensar tudo. Mas, depois, veio a derrota, o abandono, a desilusão, a depressão e aquela madrugada inteira caminhando pela Vila deserta em Barcelona.

Soraia voltou ao Brasil disposta a dar um basta na primeira oportunidade. E ela não demorou: em outubro de 1992, a mesma equipe de Barcelona seguiu para o Campeonato Internacional Feminino de Fukuoka, no Japão. Lá, ela descobriu o que já suspeitava, mas jamais investigara. A organização destinava uma verba para cada atleta, um prêmio pela participação. Não era uma fortuna, mas as judocas brasileiras nunca haviam recebido. Com mais de 12 anos de seleção, Soraia conhecia as atletas de outros países. Todas recebiam a verba pela participação. Confirmou com o comitê organizador que a CBJ recebera o dinheiro para os atletas e foi ao presidente da confederação exigir o prêmio. Ele negou, ela ameaçou levar a denúncia ao comitê organizador: o dinheiro para as atletas acabou aparecendo.

"No judô, não tinha discussão. Era 'ou cumpre ou sai'."

A retaliação dos dirigentes foi rápida, como a judoca imaginava. Antes do fim do ano, a CBJ baixou uma resolução estabelecendo limites de idade para a disputa da seletiva para o Campeonato Mundial de 1993, no Canadá: as atletas da equipe feminina tinham que ter menos de 28 anos, exatamente a idade de Soraia. Ela sabia, desde o Japão, que tinha tomado um caminho que não tinha mais volta; aquele ato era a maneira de expulsá-la da seleção da maneira mais discreta que conseguiram.

A judoca tinha consciência de que estava fora definitivamente da equipe brasileira, mas preparou-se para uma última luta. Em janeiro de 1993, os principais judocas brasileiros estavam no ginásio da AABB, no Rio de Janeiro, para a disputa da seletiva. A cobertura dos jornais e da TV comprovavam o prestígio crescente do judô, após duas medalhas de ouro olímpicas consecutivas: em Barcelona, Rogério Sampaio conquistara o título dos meio-leves (-65kg). As conquistas ajudavam a esconder as arbitrariedades.

Soraia também estava no ginásio da AABB. Enquanto os candidatos às vagas no Mundial se preparavam para entrar no tatame, ela apareceu na arquibancada. Estava vestida com um quimono todo pintado de preto e com medalhas conquistadas nos Jogos Pan-americanos e nos campeonatos brasileiros no pescoço. O protesto foi o assunto do dia na TV e ganhou a primeira página dos jornais. Como fizera tantas vezes no esporte, a judoca usou a força do adversário para derrubá-lo. Soraia André despediu-se da carreira com uma vitória por *ippon*.

rainhas da areia

Jackie
Mônica
Adriana
Sandra
Adriana Behar
Shelda

jackie

Jackie foi um dos destaques dos Jogos Olímpicos de Atlanta 1996 no vôlei de praia, modalidade que acabara de ser admitida na competição. Ao lado de Sandra, foi a primeira mulher a conquistar uma medalha de ouro olímpica para o Brasil.

1

*jackie

✻ A seleção brasileira feminina de voleibol treinava duro para a estréia nos Jogos Olímpicos de Los Angeles 1984. No calor do verão norte-americano, as jogadoras suavam a camisa no ginásio. Estavam mais preparadas do que quatro anos antes, mas tinham jogos difíceis pela frente. A estréia seria justamente contra as chinesas, campeãs mundiais. A jovem levantadora da seleção aproveitava as folgas para ir até a praia: acompanhava os treinos da equipe de vela do Brasil e assistia a partidas de vôlei na areia.

Para Jacqueline Louise Cruz Silva, veterana das quadras aos 22 anos, vôlei na praia parecia uma visão do paraíso. Era como a vida idealizada dos surfistas, que pareciam viver de sol e mar. "Fazer o que eu mais gosto no lugar que eu mais amo: seria o máximo", pensava a levantadora da seleção, com inveja dos norte-americanos, que, em 1984, já disputavam torneios profissionais na Califórnia.

Foi na areia mesmo que a própria Jacqueline começou a jogar voleibol, com menos de 10 anos, na praia de Copacabana, o *playground* da família. O pai jogava vôlei com amigos nas redes da Tia Leah – a maior incentivadora do esporte nas praias do Rio de Janeiro. Durante trinta anos, Leah Mendes de Moraes administrou as quadras de areia no Posto 5, por onde passaram Bernard, Badalhoca, Xandó e a maioria dos craques de voleibol da cidade. Ali, Jacqueline acompanhava os jogos e batia bola com adolescentes e adultos. Ela queria mais, queria jogar de verdade. No Colégio Notre Dame, em Ipanema, onde estudava, perturbou o técnico Ênio Figueiredo até ele lhe dar uma chance de treinar com as meninas mais velhas. Quando Ênio assumiu o voleibol do Flamengo, em 1973, levou suas melhores alunas da quadra, inclusive Jacqueline e sua amiga Isabel, quase dois anos mais velha.

Em pouco tempo, a pequena levantadora, ainda com 11 anos, jogava em quatro times ao mesmo tempo: no mirim, no infantil, no infanto-juvenil e no juvenil. Saía da escola, almoçava em casa e passava o resto do dia no Flamengo. Enquanto crescia, jogava três partidas no mesmo dia, de categorias diferentes. Vivia em atritos com a direção da escola, relegada ao segundo plano. Sofreu com a separação dos pais. A quadra de voleibol era o lugar onde se sentia melhor.

Com 14 anos, foi convocada pela primeira vez para a seleção brasileira. Juvenis e adultas iam ficar concentradas em Belo Horizonte para jogar duas competições. O Sul-americano adulto era em abril de 1977, no Peru. O Mundial Juvenil estava marcado para o Rio, em novembro. Em fevereiro, Jacqueline foi cortada após pedir para passar o aniversário de 15 anos perto da família. Acharam que ela era ainda muito imatura. Voltou em maio, quando ficaram apenas as juvenis. As meninas foram todas transferidas para uma escola na cidade. Pouco antes do Mundial, Jacqueline foi cortada. De novo com a mesma explicação: era jovem demais. Seis meses depois, foi a melhor jogadora do Campeonato Brasileiro Juvenil, conduzindo o Flamengo ao título.

Em 1978, com 16 anos, já era titular do time adulto – e a jovem equipe rubro-negra também foi campeã brasileira. Sua jogada principal era simples, mas quase infalível. De qualquer ponto da quadra, mesmo com um passe ruim, Jacqueline levantava a bola – alta, na ponta – para sua amiga Isabel voar e cortar sobre o bloqueio adversário. Em 1979, a levantadora de 17 anos era reserva na seleção brasileira que conquistou a medalha de bronze nos Jogos Pan-americanos.

"Quando eu tinha 14 anos, as garotas da minha idade queriam ir para a Disney e eu queria ir aos Jogos Olímpicos."

Foi o boicote dos Estados Unidos que abriu caminho para a primeira participação da seleção brasileira feminina nos Jogos Olímpicos de Moscou 1980. Para as jovens jogadoras, era emoção e diversão: o Estádio Olímpico, o desfile, a Vila, a organização, a segurança, a atenção, o ursinho Misha. Para Jacqueline, os Jogos Olímpicos eram praticamente a Disneylândia, um sonho de consumo adolescente. Sem preparação adequada, a seleção brasileira perdeu quatro jogos e só ganhou o último, contra a Romênia, resultado que deixou o time em sétimo lugar.

"Eu e a Isabel éramos garotas demais quando começamos na seleção. A gente aprontava mesmo."

O gosto de disputar os Jogos Olímpicos com a camisa da seleção ficou na boca de Jacqueline. Mas as relações da levantadora com a direção do voleibol brasileiro eram tensas. Foi cortada duas vezes por indisciplina em 1981 – sempre em companhia da amiga Isabel. Com 20 anos, matrícula trancada na faculdade de história, ganhando o suficiente apenas para pagar as contas, Jacqueline se angustiava com o futuro. Às vezes, dizia para Isabel: "Isso não vai dar certo".

Em 1982, porém, elas estavam de volta para disputar o Mundialito, que impulsionou o voleibol feminino. Viraram estrelas, atraíram empresas e público para o esporte. Jacqueline recebeu uma proposta da Supergasbrás. Viveu um breve momento de paz com a camisa do Brasil: ficou em quinto lugar no Pan de 1983, foi campeã na Universíade no mesmo ano. Chegou a Los Angeles, teve suas visões do paraíso na praia e foi enfrentar a pedreira da chave do Brasil nos Jogos Olímpicos de 1984.

A derrota para a China, na estréia, era esperada. Para conquistar a vaga na semifinal, era preciso então derrotar os Estados Unidos – em ascensão e jogando diante da torcida – e a Coréia. As brasileiras venceram os dois primeiros *sets* contra as norte-americanas e deixaram as adversárias empatarem em 2 a 2. Abriram 12/9 no *set* decisivo e, novamente, permitiram a virada. Jacqueline saiu da quadra irritada e frustrada. Achava que faltara atitude, concentração, compromisso com a vitória. A seleção feminina terminou o torneio olímpico novamente em sétimo lugar.

A jovem levantadora voltou ao Brasil, contudo, com elogios em sua bagagem. Sua velocidade e precisão impressionaram os treinadores adversários. Estava decidida a ter seu talento recompensado. Pediu alto – e em voz alta – para acertar com os clubes brasileiros. Ao ser convocada para a seleção brasileira em 1985, foi ao presidente da CBV, Carlos Arthur Nuzman, pedir uma ajuda financeira, já que estava sem time e sem salário. Ela argumentou que o time masculino recebia do patrocinador. Ele contra-argumentou que não podia abrir exceções no time feminino. Ela reclamou com a imprensa. Ele criticou a atitude.

Nesse clima, a seleção feminina – concentrada no Clube Floresta, no Rio, para o Sul-americano da Venezuela e para a Copa do Mundo do Japão – recebeu o novo guarda-roupa do fornecedor do material esportivo da CBV.

Jacqueline apareceu no treino com o agasalho virado do avesso para esconder a marca do patrocinador, para satisfação dos fotógrafos. Foi retirada do treino. De noite, Nuzman apareceu no Floresta para conversar com Jacqueline. "Esse não é o jeito de reivindicar. Você está prejudicando a seleção", disse o dirigente ao anunciar seu afastamento.

A levantadora armou o contra-ataque. Botou a boca no trombone contra técnicos e dirigentes pelos jornais, escreveu um livro contando as mazelas dos atletas, vendeu camisetas e, finalmente, rifou sua Vespa – uma motoneta italiana que era seu maior patrimônio. Fez tudo isso para desabafar, mas também para concluir seu novo plano. Buscar em outro país seu lugar ao sol – literalmente. No começo de 1986, Jacqueline desembarcou na Califórnia. Foi morar na casa de Paul Gross, um apaixonado por vôlei que ajudava brasileiros na América do Norte. Precisava, agora, de um técnico e uma parceira para começar sua aventura na areia. Mas sabia que, mesmo nos Estados Unidos, as mulheres ainda não conseguiam viver apenas de jogar vôlei na praia.

As praias da Califórnia – consideradas o berço do esporte – eram dominadas por torneios para homens, que começaram na década de 1960 e, desde 1975, distribuíam prêmios para os jogadores. No começo, as quantias eram pequenas, mas, a partir da criação da AVP (Association of Volleyball Professionals, Associação de Profissionais de Voleibol, em português) em 1983, as premiações deram um salto. Naquele ano, o circuito americano, patrocinado pela cerveja Miller, teve 12 torneios com premiação de 137 mil dólares. No ano seguinte, a AVP assumiu a organização do circuito.

Em 1986, quando Jacqueline chegou, a premiação do circuito masculino passava de 250 mil dólares, mas havia ainda poucos torneios femininos, todos na Califórnia e com baixa premiação. Ela encontrou um técnico – Pat Zartman, ex-treinador da seleção norte-americana feminina na quadra – e jogou com várias parceiras na primeira temporada. Enturmada, participou da criação da WPVA (Women Professionals Volleyball Association, Associação de Mulheres Profissionais de Voleibol, em português). Ainda jogou o primeiro torneio de exibição de vôlei de praia em Copacabana, com Isabel, Vera Mossa, Regina Uchoa, Bernard, Renan, Montanaro.

Quando o verão norte-americano acabou, a levantadora brasileira foi jogar na Itália: recebera uma proposta do Civ & Civ, time de Modena, onde receberia o melhor salário de sua carreira. A temporada nas quadras italianas serviria para bancar sua aposta na praia: o dinheiro da Vespa já acabara, as premiações não cobriam as despesas. Ganhou o prêmio de melhor jogadora estrangeira da temporada italiana, mas ficou louca de saudades do vôlei de praia. E o novo circuito norte-americano prometia mais organização e melhores prêmios.

Já era Jackie Silva quando entrou na arena montada na praia de Newport, em 16 de maio, para o primeiro torneio organizado pela WPVA. Sua parceira era Linda Chisholm, 1,90m, atacante da seleção americana que ganhara medalha de prata em Los Angeles 1984. Foram campeãs invictas em Newport. Ganharam oito dos nove torneios nas praias da Califórnia – o outro resultado foi um terceiro lugar – e tornaram-se as primeiras campeãs da WPVA. A premiação não era muita. Jackie, já morando sozinha, ainda vivia da temporada italiana. Repetiu a programação no segundo semestre de 1987: foi jogar em Bari, na costa do Adriático, sua segunda temporada na Itália.

"O vôlei é a minha essência;
é o que me faz ser quem eu sou."

Sentia, entretanto, que a hora do vôlei de praia estava chegando. Em 1987, depois de reconhecer a nova modalidade, a Federação Internacional de Voleibol organizou seu primeiro campeonato na praia de Ipanema, no Rio. Os vencedores foram os californianos Smith e Stoklos, também campeões do circuito da AVP, cuja premiação já chegava a 700 mil dólares. Toda essa agitação na areia fazia que Jackie achasse a rotina da quadra ainda mais chata. Rompeu o contrato no meio da temporada e voltou para a Califórnia para se preparar para a temporada seguinte.

A carreira na areia deslanchou. Com Linda Chisholm, foi campeã novamente em 1988 – ganhando oito dos nove torneios do circuito. Não precisou mais voltar para a Itália. O circuito da WPVA de 1989 prometia novas etapas e uma premiação três vezes maior. Jackie estreou uma nova parceira – Patty Dodd. Elas venceram 12 dos 15 torneios, foram vice-campeãs em outros dois; o mau resultado foi um quarto lugar. Sempre dirigida por Zartman, a brasileira, na praia, aprendera a atacar, aperfeiçoara o saque e continuava defendendo e levantando tão bem quanto na quadra. Em 1990, Jackie venceu

12 dos 16 torneios – parte com Janice Harper, parte com Karolyn Kirby – e foi tetracampeã do circuito.

Enquanto Jackie Silva era coroada rainha da praia na Califórnia, a areia fervia com o novo esporte em todo o mundo. Em setembro de 1990, a FIVB constituiu o Conselho Mundial de Vôlei de Praia para preparar o programa do esporte e suas regras oficiais, além de organizar o circuito masculino, que começara no ano anterior. O presidente do novo conselho era exatamente o maior entusiasta do novo esporte na FIVB: Carlos Arthur Nuzman, presidente da CBV, velho conhecido de Jackie.

Mas, aos 28 anos, a brasileira não era mais uma jovem rebelde. Desembarcou no Rio no fim de 1990 para disputar, na quadra, o Campeonato Brasileiro pela Atlantictur. Durante sua temporada no Rio, procurou Nuzman como representante da WPVA, para pedir que a FIVB também organizasse torneios para mulheres. O dirigente elogiou sua carreira nos Estados Unidos, disse que o Brasil ia promover campeonatos femininos e que contava com sua presença para divulgar o esporte. Cinco anos depois do corte de Jacqueline da seleção, a paz estava selada para o sucesso do vôlei de praia.

O ano de 1991, entretanto, foi horrível para Jackie Silva. Uma lesão no ombro a incomodava, a recuperação era difícil, e as novas parceiras, na temporada americana, instáveis. Só jogou nove dos 17 torneios da WPVA e não ganhou nenhum. O técnico Pat Zartman ensinava que era preciso aprender também com as derrotas. E lembrava à brasileira que o sucesso internacional do vôlei de praia estava abrindo o caminho do esporte para os Jogos Olímpicos.

Nas areias da Califórnia, Jackie tinha esquecido os Jogos Olímpicos. Nem sequer acompanhara Seul 1988, dividida entre a carreira nas praias norte-americanas e as temporadas nas quadras italianas. Sua vida mudara completamente após cinco anos nos Estados Unidos: sua casa, seus amigos, seus patrocinadores – tudo estava na Califórnia. O sonho olímpico significava voltar ao Brasil. Seria muito complicado. Mas era um desafio e ela gostava disso. Tinha sentimentos contraditórios.

Foi uma Jacqueline dividida que voltou para a praia em busca da melhor forma em 1992. No circuito da WPVA, jogou 15 torneios, ganhou dois – um com Cammy Ciarelli, outro com Angela Rock – e chegou ao pódio em outros sete. Havia mais a conquistar. Como prometera Nuzman, o Brasil teria um circuito com cinco etapas femininas. Antes disso, estava marcado um campeonato mundial olímpico – masculino e feminino – em Almeria, na Espanha, como parte de uma programação paralela aos Jogos Olímpicos de Barcelona 1992. De volta ao Rio, Jackie chamou sua amiga Isabel para reviver os tempos da quadra e tentar a classificação para o Mundial em Almeria. Um torneio internacional em Niterói serviu como seletiva: as amigas do Flamengo derrotaram Rose e Roseli na final.

Na Espanha, as coisas não foram tão bem. As duplas americanas barraram as brasileiras nas semifinais. Na decisão, Karolyn Kirby e Nancy Reno foram campeãs, batendo as ex-parceiras de Jackie: Linda Chisholm e Angela Rock. Na disputa do terceiro lugar, Rose e Roseli vingaram-se da derrota na seletiva. Jacqueline e Isabel decidiram jogar, juntas, o primeiro circuito brasileiro e foram campeãs. Mesmo assim, a dupla não durou: Jacqueline tinha ainda a carreira nos Estados Unidos; Isabel seguia jogando na quadra.

Em fevereiro de 1993, Jackie apareceu com uma nova parceira para jogar o histórico torneio na praia de Copacabana. Nuzman estava empenhado em transformar o vôlei de praia em esporte olímpico. Trouxe ao Rio de Janeiro o presidente do Comitê Olímpico Internacional, Juan Antonio Samaranch, e o presidente do Comitê Organizador de Atlanta 1996, Billy Payne. Além da etapa do Circuito Mundial masculino, preparou um torneio feminino. Para tudo ser perfeito, só faltou uma vitória brasileira. Na semifinal, Adriana e Mônica derrotaram Jacqueline e sua nova parceira Karina, mas perderam a decisão para Kirby e Reno.

O sucesso, entretanto, foi estrondoso; a organização, impecável. E a torcida brasileira deu um *show*: quase 150 mil pessoas estiveram na arena montada em Copacabana. Jackie voltou aos Estados Unidos certa de que os Jogos Olímpicos seriam o próximo passo do vôlei de praia. Precisava planejar, encontrar a parceira certa, fazer a preparação adequada. Em 1993, jogou sua última temporada nos EUA só com parceiras norte-americanas. Em setembro, o COI aprovou a inclusão do vôlei de praia no programa olímpico para Atlanta 1996. No mês seguinte, ela estava no Brasil para cumprir a primeira parte de seu plano: encontrar uma nova parceira e levá-la para os Estados Unidos.

"Eu quero formar um time para ganhar a medalha de ouro nos Jogos Olímpicos", disse Jackie a Sandra Pires, uma jovem de 21 anos a quem vira jogar algumas vezes e de quem tinha ótimas referências. Era ágil, rápida, determinada. Jogava com raça e não gostava de perder. Se concordasse com o plano de largar tudo para morar e jogar na Califórnia, mostraria que tinha coragem e atitude. Sandra tinha. Elas embarcaram juntas para a temporada americana de 1994. Ganharam três dos 14 torneios que disputaram e foram ao pódio em mais cinco. Aos 32 anos, a veterana achava sua parceira um pouco teimosa, mas percebia sua evolução física e técnica.

Não era fácil treinar, jogar e morar juntas. Discussões na areia criavam mal estar em casa. Mas era uma etapa do plano e, quando acabou, Jacqueline e Sandra voltaram ao Brasil para buscar a vaga para os Jogos Olímpicos. Para participar dos circuitos brasileiro e mundial, tinham que desistir das competições nos Estados Unidos. Era doloroso para Jackie, mas a medalha olímpica já se tornara uma obsessão. Família e amigos lembraram que sua vida estava na Califórnia. Mas a cabeça e o coração da jogadora estavam em Atlanta, na conquista da primeira medalha feminina da história olímpica do Brasil.

Do começo da temporada 1995 aos Jogos Olímpicos, Jacqueline e Sandra ganharam quase tudo. Foram campeãs brasileiras e mundiais naquele ano. Quando 1996 chegou, a veterana resolveu que elas priorizariam os torneios internacionais para conhecer as adversárias de Atlanta: ganharam as cinco competições anteriores aos Jogos. Na quadra, Sandra reclamava, brigava e fechava a cara. Fora dela, seguia o plano da parceira.

Jackie não queria que nada ficasse em seu caminho para a medalha. Nem os próprios Jogos Olímpicos. Como a arena do vôlei de praia era longe da Vila, alugou uma casa, onde pudesse ficar apenas com Sandra, o técnico Wantuil Coelho e o preparador físico Rolando. "Isso vai tirar a pressão dos nossos ombros para ficarmos concentradas só no nosso objetivo", disse à parceira, vetando também a participação no desfile de abertura. Conseguiu ainda uma outra casa para treinar, onde havia espaço para quadra de areia. Acabou tendo que ceder esta segunda área para treinos de outras duplas, inclusive das rivais brasileiras, Adriana Samuel e Mônica Rodrigues.

O que Jacqueline mais temia, em Atlanta, era um oba-oba em torno da dupla, considerada favorita para a medalha de ouro. As duas duplas norte-americanas eram ameaças reais; Adriana e Mônica, já com títulos dos circuitos brasileiro e mundial, não podiam ser desprezadas. Aos 34 anos, a ex-levantadora da seleção sentia-se no auge. Os jogos confirmavam seu sentimento. As adversárias sacavam em Jackie – mais velha e mais baixa (1,70m) – para tirá-la do levantamento, sua especialidade, e diminuir a potência do ataque. Era inútil: ela passava por bloqueios de todos os tamanhos e ainda fazia as defesas que a haviam consagrado na Califórnia.

As brasileiras venceram Timmy e Etta, da Indonésia por 15/2, derrotaram as australianas Fenwick e Spring por 15/13 e atropelaram Mônica e Adriana com um 15/4. Na semifinal, passaram, sem dificuldade (15/8), pelas americanas Fontana e Hanley, que haviam eliminado as favoritas McPeak e Reno. Com a medalha garantida, souberam que a final seria totalmente brasileira. A chefia da delegação pediu que a dupla passasse a véspera da final na Vila Olímpica.

Jacqueline achou desnecessário deixar o conforto da casa para o aperto das instalações na Vila. Detestou ter que ficar no mesmo apartamento que Mônica e Adriana – gostava delas, eram brasileiras, mas, naquele momento, não passavam de adversárias. As duplas mal se viram. Jackie e Sandra acordaram bem cedo naquele 27 de julho de 1996. Tinham deixado suas mochilas prontas com as roupas para o dia. Saíram logo para a arena do vôlei de praia, antes mesmo de as rivais saírem do quarto.

O jogo foi difícil. Mônica e Adriana surpreenderam sacando em Sandra o tempo todo. A caçula brasileira demorou a se adaptar à nova situação, mas, com a parceira Jacqueline inspirada, elas ganharam o primeiro *set* por um apertado 12/11. No segundo *set*, Sandra estava mais preparada, acertou o passe e a dupla voltou a ser irresistível como havia sido o resto do ano: 12/6.

"Na vida, você conquista muita coisa, vence muitos desafios, passa por muitas barreiras. Mas não tem pódio nem medalha depois. Só o esporte te dá essa felicidade."

Jackie não acreditava: tinha dado tudo certo. A medalha de ouro olímpica – a primeira, a histórica medalha de ouro para o esporte feminino do

Brasil – era dela. Abraçou Sandra: "Nós conseguimos". A parceira devolveu: "Você jogou demais". A veterana parecia uma criança: correu, pulou, brincou com a bandeira brasileira, puxou uma volta olímpica. "Às vezes, o bem vence", pensava no alto do pódio. Olhou para o lado, viu Adriana e Mônica embrulhadas na bandeira, e pensou que aquelas quatro medalhas deviam ser dedicadas a todas as mulheres brasileiras.

Naquele pódio, todo em verde-e-amarelo, sentia-se na última cena de um filme perfeito, um filme com final feliz. Via sua carreira, as confusões, as dificuldades nos Estados Unidos, a volta ao Brasil, o plano olímpico, o encontro com Sandra. Estava com aquela sensação de felicidade única que o só esporte proporciona. Acariciava a medalha – a confirmação concreta, real, palpável da conquista. E a medalha de ouro parecia olhar para Jacqueline e dizer: "Olha aqui, Jackie. Você merece. Você conseguiu".

2
BRASIL

mônica

Medalha de prata no vôlei de praia dos Jogos Olímpicos de Atlanta 1996, Mônica disputa uma bola em plena final. A jogadora começou a carreira nas quadras, no início da década de 1980.

monica

❊ Um degrau abaixo de Jacqueline, Mônica Rodrigues tinha finalmente seu sorriso largo iluminando o rosto quando subiu ao pódio em Atlanta 1996. Nunca gostara de perder e levou alguns minutos até entender que aquela era uma derrota diferente. Ainda estava inconformada com o primeiro *set* perdido e o seu último erro no jogo – um dois toques que encerrara a final olímpica – que nem percebia a festa à sua volta. "Tem que comemorar, Mônica! Você ganhou uma medalha olímpica!" – um brasileiro gritou da platéia. Só então, ela e a parceira Adriana finalmente se abraçaram e começaram a reconhecer, entre si, o valor daquela conquista, resultado de tanto treino e sacrifício.

Medalha de prata no centenário dos Jogos Olímpicos: Mônica Rodrigues jamais poderia prever que sua carreira esportiva poderia ir tão longe quando, com quase 16 anos de idade, foi levada para treinar voleibol na quadra do Fluminense, em 1983. Adorava esporte: na Escola Americana, onde estudou durante toda a infância, jogou beisebol, basquete e vôlei e ainda participava de provas de salto e corrida. Quando mudou de colégio, uma professora ficou impressionada com sua impulsão e altura e a indicou para fazer testes no Fluminense.

A adolescente adorou a novidade. Quando o técnico Jorge Barros, da equipe adulta tricolor, disse que ela precisava treinar muito, mas muito mesmo para entrar na seleção carioca infanto-juvenil e garantir seu espaço no voleibol, Mônica não vacilou. Saía do colégio ao meio-dia, passava em casa para almoçar e ficava o resto do dia no Fluminense. Chegava às 14h e batia bola contra a parede enquanto as mirins treinavam. Participava do seu treino com time infanto-juvenil, emendava com o do juvenil e acabava a maratona ajudando a equipe adulta. Começou pegando bolas e ajudando no aquecimento; logo passou a fazer parte do time. A levantadora Célia, ex-titular da seleção brasileira, e as atacantes Heloísa Roese e Dulce davam dicas e conselhos. Mônica saía do Fluminense depois das 22h, chegava em casa exausta, jantava e dormia para acordar no dia seguinte, às 6h, e começar tudo novamente.

Os pais ficaram impressionados com aquela paixão adolescente e não se opuseram à nova rotina da filha, desde que não atrapalhasse os estudos. Ela conseguiu chegar àquela primeira seleção carioca, depois à seleção brasileira infanto-juvenil e à seleção juvenil do Rio, sem ficar sequer em recuperação.

Em 1984, o Fluminense acabou com o time adulto. A recém-formada equipe do Bradesco levou as principais jogadoras e algumas juvenis – inclusive Mônica. Comandado por Heloísa e Dulce, o Bradesco venceu o Brasileiro daquele ano, derrotando na final a Supergasbrás, no Maracanãzinho lotado – uma experiência inesquecível mesmo para as adolescentes que apenas completavam o time.

No ano seguinte, Mônica, ainda com idade de juvenil, mas com 1,80m de altura, já participava de todos os jogos do time adulto do Bradesco. Ganhava uma ajuda de custo que lhe permitia guardar algum dinheiro. Ainda morava com pais. Quando completou 18 anos, em setembro, sabia que seu futuro era no voleibol. Mesmo assim, como prometera aos pais, continuava levando os estudos a sério. No fim do ano, fez vestibular e passou em sétimo lugar para educação física, na UFRJ.

As economias iniciais da carreira de atleta foram gastas na compra do primeiro carro, fundamental para quem tinha aulas no campus da Ilha do Fundão – perto da Ilha do Governador, na Zona Norte do Rio. Mônica morava em Ipanema, na Zona Sul, e precisava sair de casa cedo para chegar na UFRJ às 7h. Assistia a duas aulas e, às 9h, pegava o carro em direção ao Rio Comprido – meia-hora de viagem até o ginásio do Bradesco. Voltava para o Fundão ao meio-dia, almoçava a comida que a mãe colocava em um pote de plástico e ficava lá até 16h, quando ia novamente para o treino vespertino.

Os estudos foram bem até o Bradesco decidir acabar com o time de voleibol no segundo semestre de 1986. As principais jogadoras foram para o recém-formado time da Lufkin, mas Mônica não foi chamada. Treinava no Fluminense e jogava vôlei de praia com amigas em Ipanema – desde o começo da adolescência freqüentava as redes montadas na areia. Esse período sem compromisso não durou muito. Ela recebeu o convite para jogar em Piracicaba – no XV de Novembro/Dedini, uma das novas equipes do forte voleibol paulista. Tinha 21 anos e não podia recusar a proposta, que abria um novo mercado. Trancou a matrícula na faculdade e seguiu seu sonho de ser atleta.

O time não fazia feio, mas não alcançou grandes conquistas. Tinha jogadoras de qualidade, como a própria Mônica, Gisele Gávio (irmã do futuro bicampeão olímpico Giovane) e Ana Lucia Mesquita – nenhuma delas, entretanto, craques de seleção. Mônica Rodrigues jogou duas temporadas em Piracicaba. Morava com outras três jogadoras em uma casa perto do clube. Sempre que tinha uma folga maior, pegava um ônibus e viajava oito horas até o Rio para ver a família e o namorado. E o mar: a carioca de Ipanema sentia falta da praia.

"Eu sempre quis ter um filho, o que sempre adiei por causa do vôlei."

Mas era em São Paulo que o voleibol ganhava força. Em 1989, Mônica e Gisele trocaram o XV/Dedini pela Pirelli; Piracicaba por Santo André. O time era melhor, mas não chegou a títulos importantes. Santo André era mais perto de São Paulo – e também do Rio já o que a carioca queria mesmo era uma chance de voltar a jogar em casa. Jogou duas temporadas pela Pirelli, até que o técnico Marco Aurélio Motta a chamou para o time que estava formando para a Rio Forte, uma empresa de segurança que decidira investir no voleibol.

No calor da primavera carioca, na segunda metade de 1991, Mônica Rodrigues voltou a treinar no Rio de Janeiro. Eram dois períodos de treinamento por dia em um ginásio abafado, perto da praia da Urca, de onde ela saía para a praia de Copacabana. No Posto 5, na já tradicional rede da Tia Leah, participava de alguns jogos de duplas na areia. Craques e ex-craques das quadras de voleibol como Bernard e Badalhoca apareciam por lá, bem como jovens sonhando com o futuro em um novo esporte, vislumbrado pelas competições internacionais que, desde 1986, a Confederação Brasileira de Voleibol promovia nas praias do Rio.

Esse sonho também embalava Mônica Rodrigues enquanto, após um mergulho, seguia para o apartamento da avó em Laranjeiras – seu pouso no Rio depois que a mãe se mudara para Niterói – para almoçar, descansar um pouco e voltar para a segunda etapa de treinos na Urca. O técnico Marco Aurélio não se importava com a participação de sua atleta nos jogos na praia desde que não atrapalhasse os treinos e as partidas do time. A equipe da Rio Forte tinha jogadoras com passagens pela seleção brasileira como Adriana e Denise e fez um bom campeonato brasileiro.

"Eu ficava incomodada em treinar no ginásio, naquele calor sufocante, com a praia ali ao lado."

Mônica, entretanto, tinha decidido tomar o rumo da areia. Em 1991, jogara seu primeiro torneio, uma competição organizada pela Fundação Rio Esporte, da Prefeitura do Rio, na rede da Tia Leah. Ela e a parceira Débora – uma amiga da rede do Posto 10, em Ipanema – ganharam o título, derrotando na final a dupla Rose e Roseli, uma das que apostava no futuro do vôlei de praia. Os prêmios foram um troféu e uma camiseta. Parecia muito pouco para quem ganhava salário na Rio Forte. Mesmo assim, em abril de 1992, Mônica deixou a equipe e as quadras fechadas para começar sua caminhada ao sol.

Não era a única a largar a segurança dos ginásios pela aventura na praia. O movimento internacional pelo vôlei de praia crescia. Os torneios ganhavam importância e atraíam um público cada vez maior. A Federação Internacional de Voleibol se preparava para oficializar o esporte. A CBV, que organizara o primeiro circuito masculino em 1991, organizava o segundo com o patrocínio firme do Banco do Brasil. Pequenas competições pipocavam nas praias, criando um novo mercado, ainda sem dinheiro.

A primeira parceira de Mônica saiu da própria Rio Forte: Claudia Lupion recebera um convite para jogar um campeonato Sul-americano de vôlei de praia no Chile e precisava de uma companheira alta e que conhecesse a areia. Viajaram às próprias custas. Os amigos do restaurante Gula-Gula, em Ipanema, foram os únicos patrocinadores. Mas Mônica e Claudia ganharam as duas etapas e a premiação pagou as despesas.

O segundo patrocínio de Mônica foi, na verdade, uma parceria. A loja Wooloko, de moda-praia, cedia roupas em consignação para a jogadora vender. Como uma verdadeira sacoleira, ela levava biquínis, *shorts* e camisetas para as quadras de voleibol para oferecer às atletas. Fazia o mesmo na rede da Tia Leah e onde houvesse torneios de vôlei na praia. Era com esse dinheiro que vivia, enquanto não encontrava uma parceira fixa e conseguia patrocínio para disputar as etapas do primeiro circuito feminino da CBV.

Na verdade, a atleta-sacoleira já tinha uma parceira em vista. Adriana Samuel tinha sido sua colega na Rio Forte, era uma ótima jogadora e elas se entendiam bem dentro e fora do ginásio. O difícil era convencê-la a jogar na praia, onde Mônica agora chegava cedo e passava quase o dia inteiro. Elas fizeram sucesso no primeiro torneio juntas: na praia da Barra, sem terem treinado, perderam apenas para Rose e Roseli, que já disputavam o primeiro Circuito Banco do Brasil feminino, em 1992. Foram apenas cinco etapas: Jacqueline, que veio dos Estados Unidos para a disputa, e Isabel, que jogava na quadra, formaram a dupla campeã.

Adriana também relutava em trocar a quadra pela areia, mas sabia que a Rio Forte não tinha futuro. Mônica arrastava a amiga para a praia (jogavam juntas uma partida atrás da outra) e tentava convencê-la de que o futuro das duas estava na areia. Adriana acabou topando e elas foram atrás de patrocínio para jogar a temporada seguinte do Circuito Banco do Brasil.

Antes, entretanto, em fevereiro de 1993, o Rio de Janeiro sediou a etapa brasileira do Circuito Mundial de Vôlei de Praia, criado em 1990. O presidente da CBV, Carlos Arthur Nuzman, preparou um evento espetacular para impressionar o presidente do COI, o espanhol Juan Antonio Samaranch, e ganhar seu apoio para tornar o vôlei de praia um esporte olímpico. Como o dirigente, Mônica ficou impressionada com a multidão gritando "Brasil, Brasil" nas arquibancas. Era de arrepiar.

Mônica Rodrigues e Adriana Samuel foram as surpresas da competição, que encerrava o Circuito Mundial 1992/1993. Eliminaram Jacqueline e sua parceira Karina, conquistaram um lugar na final contra as norte-americanas Caroline Kirby e Nancy Reno. No primeiro *set*, não viram a bola – quase literalmente. Simplesmente não conseguiam defender o saque viagem (como se fosse uma cortada) da dupla adversária. Foram para o intervalo sem saber o que tinha se passado, gritaram um pouco uma com a outra e fizeram um jogo duro no segundo *set*. Mas Kirby e Reno marcaram 12/10. Mônica não sabia muito bem perder e saiu irritada da praia. Mas as brasileiras, além de cinco mil dólares de prêmio pelo vice-campeonato, ganharam um patrocínio para a nova temporada, que incluía o segundo Circuito Brasileiro e o primeiro Circuito Mundial, com apenas quatro etapas.

O ano era mesmo especial para a nova dupla do Brasil. A torcida geralmente preferia torcer pelas favoritas Isabel e Roseli, mas Mônica e Adriana ganharam um torneio atrás do outro nas areias brasileiras. Foram campeãs do circuito. Não tiveram o mesmo brilho ao enfrentar as duplas de fora: não venceram nenhuma das quatro etapas do Mundial 93/94. Mesmo assim, ficaram em terceiro lugar no circuito. Em setembro de 1993, a assembléia do Comitê Olímpico Internacional aprovou a inclusão do vôlei de praia como esporte olímpico.

Para quem não jogava na seleção brasileira desde o infanto-juvenil, disputar os Jogos Olímpicos era uma oportunidade que não podia ser desperdiçada. Mônica colocou o esporte totalmente em primeiro plano. Ela e Adriana decidiram dedicar-se ao Circuito Mundial para ganhar experiência internacional enfrentando as melhores do mundo. Começaram a temporada 94/95 com a medalha de prata no Goodwill Games, em São Petersburgo, na Rússia, que fazia parte do circuito. Foram campeãs em Santos, ficaram em segundo lugar no Rio e acabaram campeãs mundiais, apesar de não terem ido tão bem nas etapas do Japão e do Chile.

Em 1995, o Mundial começava a contar para a classificação aos Jogos Olímpicos de Atlanta. O circuito 95/96 tinha nove etapas. Jacqueline e Sandra tinham voltado ao Brasil para conseguir a vaga. Isabel buscava a melhor parceira a fim de tentar a classificação para Atlanta. Mônica e Adriana fizeram uma temporada sem brilho: ficaram cinco vezes em quinto lugar. Só em Porto Rico chegaram à semifinal. E acabaram o Circuito Mundial na quarta posição. Mônica estava irritadíssima com os quintos lugares. "Não agüento mais chegar em quinto. Prefiro perder antes", reclamava com Adriana, pensando que, naquela batida, perderiam a vaga olímpica. A situação não era tão grave. Mesmo sem grandes resultados, elas terminaram a temporada como vice-campeãs – atrás apenas de Jackie e Sandra.

"A gente treinava tanto em Atlanta que nem sentia a expectativa, o assédio. Não sentimos o peso dos Jogos Olímpicos."

Mas Mônica e Adriana não estavam dispostas a fazer figuração em Atlanta. No começo de 1996, passaram a treinar quatro horas de manhã e quatro à tarde para se preparar para as primeiras etapas do circuito mundial de 1996 e para os Jogos Olímpicos. Mônica mal tinha tempo para ver seu marido Jorjão, o técnico Jorge Barros de seu começo de carreira no Flu e agora treinador de uma equipe de São Paulo. Ela e Adriana chegaram à final nas três primeiras etapas do Mundial – duas no Brasil e uma na Califórnia. Perderam as três para Jacqueline e Sandra. As outras adversárias iam ficando para trás.

Mônica chegou a Atlanta totalmente concentrada na competição, nas adversárias, em como vencer as favoritas. Antes de dormir, pensava em táticas de jogo, variações de ataque. O desfile da cerimônia de abertura foi o único momento em que a atmosfera olímpica tomou conta da jogadora. Afinal, estava ali, vivendo o sonho de todo atleta. Mas ela queria ir além de competir. Mônica e Adriana treinavam o tempo todo – parte na arena dos jogos, longe do centro de Atlanta; parte na casa cedida por um admirador do esporte. Chegavam só à noite na Vila Olímpica, cansadas demais para sentirem a expectativa que envolvia o vôlei de praia.

O começo não foi fácil. Logo no primeiro jogo, passaram sufoco com a dupla italiana Turetta/Solazzi, de quem nunca tinham perdido. O jogo terminou em 17/15. Depois, elas venceram as americanas Fontana e Hanley por 15/10. Na terceira partida, as duplas brasileiras ficaram frente a frente. Adriana e Mônica foram atropeladas: 12/4 para Jacqueline e Sandra. Mas elas pareceram ter acordado com o choque. Ganharam os jogos seguintes com tranqüilidade para alcançar a semifinal contra as australianas Kerry Pottharst e Natalie Cook, também fortes candidatas ao título olímpico. As brasileiras fizeram um jogo espetacular. Nada erraram. Deu tudo tão certo que Mônica e Adriana venceram com um fulminante 12/3.

> "Eu adoro a Adriana. Quando ela decidiu acabar com a dupla, fiquei muito chocada, perdi o chão. Por mim, nossa parceria seria eterna."

A areia virou um pandemônio. Brasileiros – à frente o chefe da missão olímpica, Ary Graça, e o ex-jogador Bernard – invadiram a quadra: elas acabavam de entrar para a História, eram as primeiras mulheres brasileiras a garantirem medalhas olímpicas. O jogo de Jacqueline e Sandra ainda não tinha acabado: Mônica e Adriana puderam ver a partida das rivais, que também conquistaram a vaga na final, a primeira totalmente verde-e-amarela na história dos Jogos Olímpicos.

Ainda não era hora de deixar a ficha cair. Faltava um jogo. Na véspera da final, as quatro dormiram no mesmo apartamento – cada dupla num quarto – na Vila Olímpica. Mônica amanheceu com o plano de mudar a tática e sacar sempre em cima de Sandra – a maioria das adversárias da outra dupla brasileira preferia sacar em Jacqueline: mais baixa, mais velha e com menos impulsão. Nada disso parecia incomodar Jackie em Atlanta: atacava de todas as formas, vencia qualquer bloqueio. Adriana e o técnico Marcos ficaram em dúvida; Mônica insistiu. A tática funcionou, elas passaram quase todo o primeiro *set* à frente do marcador e só perderam no fim: 12/11. Mônica pressentiu que não teriam outra chance; a medalha de ouro escapara ali.

O segundo *set* confirmou o mau pressentimento: as adversárias foram muito superiores até o fim, quando ela errou o toque. Depois, vieram o choque, o pódio, a emoção. As quatro brasileiras deram a volta olímpica juntas, cobertas por bandeiras do Brasil. Mônica Rodrigues só sentiu a ficha cair mesmo quando chegou ao Rio: entrevistas, desfile do Corpo de Bombeiros, papel picado jogado do alto dos edifícios, seguranças para conter torcedores que queriam autógrafos, lembranças e até pedaços de roupa das jogadoras. Tinha agora a noção exata da consagração, do peso da medalha de prata, do passo enorme dado em Atlanta pelas mulheres brasileiras na história olímpica.

adriana

Medalha de prata em Atlanta 1996 ao lado de Mônica e de bronze nos Jogos Olímpicos de Sidney 2000 com Sandra, Adriana integrou a seleção feminina de voleibol que disputou os Jogos Pan-americanos de Havana, em 1991, levando o vice-campeonato.

* adriana ....

✻ A jovem atacante já previa o desfecho daquela conversa desde que fora chamada ao quarto do técnico no hotel onde a seleção brasileira estava concentrada. Não imaginava, entretanto, que as palavras fossem doer tanto. "Você é sete em tudo. Mas não é dez em nada. E a gente precisa de alguém que possa fazer diferença num bloqueio, numa passagem de rede", disse o treinador Jorge Barros, o Jorjão, ao anunciar o último corte na equipe feminina de voleibol para os Jogos Olímpicos de Seul 1988. Adriana Ramos Samuel, que jogava exatamente com a camisa sete, julgava-se preparada para o corte, mas não daquele jeito. Estava fora dos Jogos Olímpicos – não ia poder sentir as emoções que imaginava, pelo menos desde 1984, quando chorou ao ver a seleção masculina subir ao pódio olímpico em Los Angeles.

Tinha 22 anos ao ser cortada. Começara a jogar voleibol ainda criança, na Vila Militar, em Resende, no interior do estado do Rio, onde morava com os pais. Álvares jogara na seleção do Exército. Os três filhos herdaram a boa estatura do oficial, e a única menina jogava partidas de duplas com os garotos. Em 1975, a família veio para o Rio para morar na Vila Militar, na Zona Norte; depois, eles se mudaram para a Praia Vermelha. Adriana, com 12 anos, entrou na escolinha feminina de voleibol do Círculo Militar, clube vizinho ao prédio onde morava. As aulas para as meninas eram apenas às terças e quintas, no fim da tarde. Muito pouco para Adriana, já totalmente apaixonada pelo esporte. Ela estudava de manhã e, depois do almoço, já estava no clube para disputar partidas de duplas com os garotos.

"As pessoas se esquecem de que tudo tem início. E a vida de atleta, no início, é muito difícil."

Em 1979, o time da escolinha do Círculo Militar foi disputar um torneio no Botafogo. Perdeu a maioria dos jogos, mas o técnico do clube anfitrião ficou impressionado com Adriana, que, aos 13 anos, já media 1,70m, tinha ótima impulsão e parecia conhecer os fundamentos do esporte. Marco Aurélio Motta convidou-a para jogar na equipe do Botafogo. Ela topou, mas não levou muito a sério. O time treinava três vezes por semana e nem sempre a nova jogadora aparecia para treinar. Preferia jogar "peladas" de duplas com os meninos no Círculo Militar até depois de anoitecer. Às vezes, a mãe, Maíse, era obrigada a chamá-la no clube para jantar.

As faltas nos treinos aborreciam Marco Aurélio, mas ele garantia que, no dia dos jogos, o Botafogo buscaria Adriana para jogar. O treinador tinha razão para fazer questão da menina de Resende no time. A equipe deslanchou e foi campeã estadual mirim: Adriana chegou em casa feliz com a medalha e foi mostrar aos pais, que consideravam o esporte apenas uma brincadeira de adolescente. Após o primeiro título, ela começou a levar o voleibol a sério, deixou de faltar os treinos e, no infantil, já estava mais rápida e mais forte.

A carreira promissora sofreu um desvio quando o pai foi transferido para Manaus. Não parou de jogar, mas o voleibol no Amazonas não era como no Rio. Assim que chegou, recebeu um convite do time da Sharp e, logo, tornou-se destaque absoluto das competições no estado. Jogava pelos times infanto-juvenil, juvenil e adulto. Disputou até um campeonato brasileiro pela seleção do Amazonas.

Adriana voltou para o Rio de Janeiro com 17 anos. O técnico Marco Aurélio estava à espera: convidou a jogadora para retornar ao Botafogo e, em seguida, convocou-a para a seleção brasileira juvenil. Os pais já não estavam indiferentes ao vôlei: além da camisa azul da seleção da filha do meio, o caçula Alexandre, a quem chamavam de Tande, também começara a jogar em Manaus e, no Rio, a irmã o levara para treinar no Botafogo. Álvaro e Maíse só temiam que os filhos deixassem a escola em segundo plano. Ficavam preocupados, principalmente, com Tande, que nunca fora bom aluno. Mas o esporte não atrapalhava os estudos de Adriana, que passara no vestibular e ia estudar educação física na Universidade Santa Úrsula.

Em 1984, Marco Aurélio assumiu o time feminino do Bradesco, banco que começara a investir no esporte, e levou muitas jogadoras da seleção juvenil – Adriana, Denise, Ana Richa – para a nova equipe, que herdara também jogadoras, adultas e juvenis, do Fluminense. Adriana treinava em dois períodos – de manhã e no fim da tarde – e, entre eles, corria para assistir a algumas aulas. No começo, seu meio de transporte era ônibus, mas logo comprou o primeiro carro assim que fez 18 anos, com o salário que o Bradesco pagava.

O time, mesmo com oito juvenis entre as 12 jogadoras, foi campeão brasileiro de 1984 – e Adriana entrava, muitas vezes, como titular. Logo em seguida, estava no grupo, convocada por Marco Aurélio para disputar o Campeonato Mundial Juvenil, marcado para a Itália. No começo de 1985, já se concentrava no Clube Floresta, no Alto da Boa Vista – Adriana costumava levar as amigas em seu carro. Ficavam no clube de segunda a sábado, só tinham folga no domingo. Eram adolescentes comuns, que, às vezes, driblavam as regras para poder sair e dançar. Contudo, mesmo nas pequenas transgressões, todas se cuidavam e evitavam excessos. O voleibol era a prioridade: as jogadoras da jovem seleção treinavam, concentradas, enquanto a maioria das amigas ia assistir ao primeiro e histórico *Rock in Rio*.

A seleção brasileira conseguiu chegar às semifinais do Mundial Juvenil, mas acabou em quarto lugar. Adriana e suas companheiras Ana Richa e Denise, da seleção juvenil e do Bradesco, continuaram treinando para disputar o Sul-americano Adulto, na Venezuela. O técnico Jorge Barros, que substituíra Ênio Figueiredo após os Jogos Olímpicos de Los Angeles 1984, promovia um processo de renovação da equipe. Ainda assim, a seleção perdeu o título novamente para as peruanas.

Quando o Bradesco acabou com sua equipe de voleibol, Marco Aurélio Motta levou Adriana e outras jogadoras para remontar a estrutura na Lufkin – o novo time foi campeão brasileiro em 1987 e vice em 1988. A jovem atacante também esteve na seleção brasileira que ficou em sexto lugar no Mundial de 1986, na antiga Tchecoslováquia. O time renovado também não chegou a brilhar nos torneios continentais: em 1987, ficou em quarto lugar nos Jogos Pan-americanos de Indianápolis e novamente em segundo no Sul-americano. Nos Jogos Olímpicos de Seul 1988, a seleção brasileira – já sem Adriana, cortada – não passou do sexto lugar.

“É uma vida de sacrifício. O atleta abre mão de um monte de coisas. Mas não me arrependo.”

Para a jogadora, o impacto do “sete em tudo” não foi suficiente para abalar sua carreira. Quando a Lufkin acabou, em 1989, jogou uma temporada no Armazém das Fábricas. Marco Aurélio a chamou de volta ao montar, em meados de 1990, o time da Rio Forte para disputar o Brasileiro.

Na nova equipe, reencontrou companheiras do tempo do Bradesco, como a amiga Mônica Rodrigues, que passara três anos jogando em São Paulo.

Em 1991, Adriana foi convocada pelo técnico Wadson Lima para a seleção brasileira que ia disputar os Jogos Pan-americanos, em Havana. Voltou com a medalha de prata, mas sem ilusões de novas convocações. Sabia que seu ciclo estava terminando, com o surgimento de uma nova geração com Ana Moser, Fernanda Venturini e Márcia Fu. Para piorar, o voleibol no Rio de Janeiro rateava. A equipe da Rio Forte classificou-se para a Liga Nacional 91/92, mas não conseguia competir com os times paulistas. Em meados de 1992, já corria forte o boato de que o time ia acabar – Adriana estava praticamente desempregada. Tinha convites de São Paulo, mas queria ficar no Rio.

"Vem para cá bater uma bola" – o convite do outro lado da linha era de sua amiga Mônica, ex-companheira na Rio Forte, que largara a equipe para jogar na areia. O "cá" era a praia de Copacabana, na rede da Tia Leah, bem perto de onde Adriana então morava com os pais. Mesmo assim, ela resistia. Aparecia, disputava algumas partidas e sumia. "Essa Mônica é uma rata de praia; eu nunca vou me acostumar com isso", pensava, incomodada com o sol e a areia. Mas ficava uns dias sem aparecer, e a amiga insistia: "Vem aqui, que eu estou precisando de uma parceira".

Com tanta insistência, Adriana acabou concordando em disputar a Copa Itaú, uma entre tantas pequenas competições organizadas na praia. Jogou bem com Mônica e a nova dupla acabou vice-campeã. Ela começou a tomar gosto, passou a freqüentar a praia de Copacabana todos os dias e a pensar em seguir carreira na modalidade. Começaram a se preparar para o Circuito Brasileiro de 1993, mas precisavam de patrocínio.

Em fevereiro de 1993, a etapa do Rio de Janeiro fechava o Circuito Mundial. Adriana e Mônica negociavam o patrocínio da Texaco para a temporada 93/94. Mas a negociação caminhava devagar. A etapa internacional, na maior arena já montada em Copacabana e com transmissão pela TV, ia começar. "Vamos jogar de Texaco de qualquer jeito", disse Adriana a Mônica. Mesmo sem acerto, elas copiaram a logomarca da empresa nos biquínis e bonés e jogaram – muito bem. Chegaram à final, perderam para as americanas Kirby e Reno, mas deixaram a marca da empresa exposta durante preciosas horas na TV. Estavam patrocinadas e prontas para a próxima temporada.

Adriana e Mônica foram campeãs brasileiras em 1993 e conquistaram o título do Circuito Mundial em 1994. Ganharam a medalha de prata no Goodwill Games, na Rússia. Durante dois anos, formaram a melhor dupla do Brasil até Jacqueline e Sandra desembarcarem dos Estados Unidos em 1995 e passarem a ganhar tudo. Subitamente, Adriana e Mônica foram deixadas de lado; no Brasil, as apostas para os Jogos Olímpicos de Atlanta 1996 eram todas em Jackie e Sandra contra as duplas americanas.

Nos Estados Unidos, a revista *Sports Ilustrated* previu as quatro brasileiras no pódio. Também confiante na conquista de uma medalha, Adriana desembarcou em Atlanta. Foi emocionada ao desfile de abertura que perdera com o corte em 1988.

Aproveitou o clima da Vila Olímpica, curtiu a animação da delegação brasileira. Tinha certeza que a medalha viria, mesmo após a derrota para as rivais brasileiras na segunda partida.

Jogaram bem todas as outras partidas e só não conseguiram vencer mesmo a final – as campeãs olímpicas foram impecáveis.

Após o último ponto, os sentimentos foram os mesmos de Mônica: primeiro a tristeza da derrota, depois um certo atordoamento e finalmente a comemoração pela medalha de prata. Há dois anos, elas estavam praticamente desempregadas e agora eram vice-campeãs olímpicas. No pódio, Adriana lembrou das emoções com a geração de prata que viu ganhar pela TV em 1984 e ao ver seu irmão Tande receber a medalha de ouro em 1992. Chorou e sorriu, também sem ter a dimensão da conquista.

Após os Jogos Olímpicos, Adriana e Mônica chegaram a uma encruzilhada: casadas recentemente, as duas planejavam ter filhos. O primeiro ano do ciclo olímpico poderia ser um bom momento para a maternidade, mas foi a própria Adriana quem convenceu a parceira de que o momento era de aproveitar os frutos da medalha: as premiações iam subir, novos patrocinadores apareceriam.

Em 1997, entretanto, uma nova dupla brasileira surgiu para disputar o pódio. Shelda e Adriana Behar foram campeãs do Circuito Mundial e também do Circuito Banco do Brasil. No total, sobraram quatro etapas para vitórias de Adriana e Mônica. No fim da temporada, enquanto negociava com patrocinadores, parte do trabalho que gostava de fazer, Adriana pensava se não estava na hora da separação. Só que não via alternativa alguma no horizonte.

Em março, contudo, o telefone tocou. Era a campeã olímpica Sandra Pires. "Estou terminando a parceria com a Jackie e quero saber se você quer jogar comigo" – ela foi direto ao ponto. Adriana queria. Mas acabara de acertar um patrocínio com a Ourocap para a temporada inteira e não queria deixar Mônica completamente na mão. Disse a Sandra que aceitava, mas precisava de um tempo para negociar uma saída.

"Foram dias horríveis. Passei sete noites sem dormir pensando em como ia dizer para a Mônica."

Levou um mês na negociação. A Ourocap concordou em manter patrocínios individuais para as futuras ex-parceiras. Sandra, no começo, jogaria só pelas premiações. Faltava agora o mais difícil: contar a Mônica. E não podia demorar. Durante um mês, evitara a intimidade criada durante seis anos juntas, procurava mostrar um distanciamento, fugia de conversas sobre planos para a temporada. Passou sete dias sem dormir até contar a Mônica, que pareceu surpresa e abalada. Adriana tirou um peso dos ombros e voltou a treinar com a mesma intensidade de antes, já com a nova parceira.

Adriana Samuel e Sandra Pires ganharam logo a primeira etapa do circuito mundial que disputaram juntas, em Toronto. Na temporada de estréia, em 1998, foram campeãs do Circuito Banco do Brasil e vice-campeãs no circuito mundial. Adriana começou a pensar novamente nos Jogos Olímpicos – Sidney estava perto. Ela e Sandra só ficaram atrás de Shelda e Adriana Behar nos dois circuitos em 1999, quando começava a disputa das vagas olímpicas. Chegaram a 2000 com uma ótima vantagem sobre a dupla da ex-parceira Mônica, que agora jogava com Ana Paula, medalha de bronze na quadra em 1996.

Alta (1,83m) e talentosa, a nova estrela das areias brasileiras começou a ser considerada a parceira ideal para Sandra. No começo de 2000, Adriana ouviu a ex-jogadora Dulce Thompson dizer na TV que Ana Paula e Sandra eram a dupla perfeita para o Brasil chegar ao bicampeonato olímpico. "Como você se sente aos 34 anos?" – a pergunta passou a ser comum nos primeiros torneios da temporada. Adriana sentia-se bem até a etapa de Berlim do Circuito Mundial. Na segunda partida, sofreu uma distensão na panturrilha. Faltavam dois meses, exatamente 62 dias, para a estréia nos Jogos Olímpicos de Sidney 2000.

A dor era forte, parecia que o músculo rasgara. Já de volta ao Brasil, os médicos tranqüilizaram a dupla: a lesão não era tão grave, e Adriana poderia voltar a jogar em pouco mais de um mês. Tempo, porém, passava a ser um problema. Qualquer atraso na recuperação podia tirar a dupla dos Jogos Olímpicos. E Mônica e Ana Paula ainda tinham três etapas pela frente para tentar a vaga em Sidney.

Foi o pior mês da carreira de atleta de Adriana Samuel, que nunca havia sofrido uma contusão. Os primeiros dias foram de descanso absoluto, com a perna direita imobilizada. Depois, passou para a fisioterapia. Caminhava na piscina, repetindo mentalmente "eu vou ficar boa, eu vou voltar". De novo, passou a ouvir comentários sobre sua idade e as dificuldades de recuperação; sabia que, no meio do voleibol, havia quem lamentava a "má escolha" da parceira. A própria Sandra se angustiava, treinando sozinha na praia. "Será que ela vai voltar bem?", perguntava ao técnico Marcos Freitas.

Finalmente, quase um mês após a contusão, Adriana foi liberada para as primeiras caminhadas na areia da praia. Via a parceira batendo bola na rede, atacando e defendendo com a comissão técnica e caminhava disciplinadamente sob o sol. "Eu vou em frente, eu vou para os Jogos Olímpicos", falava para si mesma na praia. Enquanto ela se recuperava, Sandra cuidava de "secar" as adversárias acompanhando cada jogada do circuito pela internet. Mônica e Ana Paula ficaram em terceiro na França e passaram a precisar do título nas duas etapas seguintes para ficar com a vaga olímpica. Foi a parceira quem avisou Adriana da derrota das brasileiras nas quartas-de-final da etapa de Portugal: os passaportes para a Austrália estavam definitivamente carimbados.

Quarenta dias depois da contusão, Adriana voltou a disputar um torneio – a etapa de Aracaju do Circuito Banco do Brasil. Não chegou a jogar bem, sofreu um pouco com a falta de ritmo, mas não sentiu dor alguma. Ela e

Sandra ganharam cinco partidas e só perderam a final. Faltavam, agora, menos de três semanas para a estréia em Sidney. Adriana viajou certa de que estava recuperada da contusão e pronta para sepultar as críticas e as dúvidas.

O clima no hotel de Bondi Beach, onde ficava a arena olímpica do vôlei de praia, parecia o do circuito mundial. Longe dos outros atletas e da Vila, as duplas circulavam, se encontravam, davam entrevistas. As duplas brasileiras – ambas entre as favoritas – treinavam longe uma da outra: o sorteio permitia outra final olímpica totalmente brasileira. Das quatro, só Sandra, porta-bandeira do Brasil, participou do desfile de abertura: o torneio na praia começava no dia seguinte.

"A medalha em Sidney foi uma vitória pessoal. Eu parecia uma criança pulando de alegria no pódio."

Adriana e Sandra atropelaram as primeiras adversárias: ganharam das cubanas por 15/4 e das portuguesas por 15/6. Entre um jogo e outro, tiveram tempo para passear em Sidney, ver jogos de voleibol na quadra, acompanhar as partidas do torneio masculino na praia. Adriana nem lembrava da lesão: jogava alegre e sem dor. O jogo das quartas-de-final era uma pedreira: as adversárias eram a consagrada Holly McPeak, já uma lenda das praias norte-americanas, e a jovem Misty May – futura campeã olímpica em 2004. As brasileiras fizeram uma partida impecável na defesa e no ataque e venceram por 16/14.

Menos de 24 horas depois, a dupla estava de volta à quadra para a semifinal com as australianas Pottharst e Cook. A torcida empurrrava as duas, que pareciam inspiradas pelos deuses do esporte. Tudo funcionava para elas; as brasileiras sentiam o esforço do jogo contra as adversárias. Ficaram fora da final, mas a medalha de bronze ainda estava ao alcance. Na disputa do terceiro lugar, as japonesas Yukiko Takahashi e Mika Saiki forçaram o saque em Adriana, inutilmente: sua recepção foi sempre perfeita e os ataques, indefensáveis. As japonesas sequer tiveram tempo de se arrepender: em pouco mais de meia hora de jogo, as brasileiras ganharam por 12/4 e 12/6.

No pódio, em Sidney, Adriana Samuel parecia mais feliz até do que as australianas, novas campeãs olímpicas. Não parava quieta, pulava, beijava a medalha. Vencera as críticas, as desconfianças, a lesão na panturrilha. Mostrara, mais uma vez, seu talento. Tinha agora duas medalhas olímpicas – a de bronze parecia de ouro, parecia valer até mais que a de prata. Não tinha mais nada a provar. Na praia do vôlei, era dez em tudo.

sandra

Durante a abertura dos Jogos Olímpicos de Sidney 2000, Sandra carrega a bandeira do Brasil. Quatro anos antes, seria a primeira mulher brasileira a conquistar uma medalha olímpica.

O B
ASIL

*sandra ....

* No começo, as pernas, sempre tão firmes mesmo na areia mais fofa, tremiam um pouco. Nunca confiara tão pouco em suas mãos, parceiras de tantas conquistas. Os acordes familiares de *Aquarela do Brasil* trouxeram um misto de emoção e responsabilidade. Cada simples passo ali, no Estádio Olímpico de Sidney, parecia mais difícil do que vencer o bloqueio de jogadoras mais altas. Ouviu os atletas cantarem, atrás de si, um hino das arquibancadas do futebol: "Sou brasileiro, com muito orgulho, com muito amor". Sentiu um arrepio e achou que ia chorar. Mas olhou para a bandeira em suas mãos: tinha de ficar concentrada na missão, no objetivo principal de abrir caminho para a delegação brasileira nos Jogos Olímpicos. Sorriu e seguiu em frente.

Sandra Pires tinha só 27 anos ao participar do desfile de abertura em Sidney 2000 e estava fazendo história pela segunda vez antes mesmo de estrear na arena olímpica do vôlei de praia. Em Atlanta, quatro anos antes, fora, ao lado da parceira Jacqueline, a primeira mulher brasileira a conquistar uma medalha olímpica – uma medalha de ouro na inédita final entre atletas do Brasil. Agora, em Sidney, era a primeira mulher a ter a honra de levar a bandeira do país no desfile de abertura dos Jogos Olímpicos. Na delegação brasileira de 205 atletas havia 94 mulheres – 46% da equipe olímpica, um recorde até aquele momento, a prova da ascensão feminina no esporte.

Elegante no *tailleur* amarelo, com uma *echarpe* branca com a logomarca do COB em volta do pescoço, um chapéu panamá na cabeça e a bandeira nas mãos, Sandra abriu seu melhor sorriso enquanto lembrava de sua ascensão até chegar àquele desfile. Só começara a encarar o voleibol como uma possibilidade de carreira menos de dez anos antes, apesar de gostar de praticar esportes desde criança. Era uma menina hiperativa, não parava quieta. Os professores incentivavam sua inclinação para os esportes: disputava provas de atletismo no Colégio Lemos Cunha, na Ilha do Governador, Zona Norte do Rio, onde morava desde os 6 anos.

Foi no colégio que, aos 11 anos, começou a jogar voleibol e teve uma súbita paixão pela bola. Jogava no time do colégio e, quando voltava para casa, levava a bola para a rua para disputar partidas com garotos e garotas: amarravam barbante nos postes para servir de rede. A mãe, Norma, ficava preocupada porque a filha nem comia direito, esquecia a hora do jantar.

Chegava a levar vitamina para Sandra, que jogava em todos os torneios possíveis e começou a chamar a atenção de clubes maiores.

No entanto, a jovem Sandra, embora apaixonada pelo voleibol, demorou a investir na carreira. Aos 14 anos, foi chamada para fazer um teste na Supergasbrás, um dos principais times de voleibol do Rio. Treinou apenas uma semana. Não gostou do clima, não gostou do tratamento que o time adulto dispensava às meninas mais novas. Não voltou na segunda semana nem para dar explicações, nem para pegar o par de brincos que esquecera no ginásio. No ano seguinte, recebeu um convite do Flamengo, mas não apareceu na Gávea. Era muito longe de casa. Continuava jogando na escola e no time do Jequiá, pequeno clube da Ilha do Governador. Já estava no segundo grau, tinha de escolher uma profissão e ainda não imaginava uma trajetória no voleibol.

"É muito difícil conciliar o estudo com o esporte. O voleibol, qualquer esporte, exige muito de você."

Foi após um torneio disputado pelo Jequiá que veio o convite para jogar no time juvenil da Rio Forte. Dessa vez, Sandra, com 17 anos, topou: saía cedo de casa na Ilha, pegava dois ônibus para chegar até a Urca – do outro lado da cidade –, pois a equipe da Rio Forte treinava nas dependências da fortaleza do Exército. Depois do treino com o time juvenil, ia até o Centro da cidade, onde estudava – era ano de vestibular. Depois das aulas, voltava para a Urca e treinava com time adulto.

Passou para educação física, para nutrição e para administração. Contudo, o voleibol, com suas competições e viagens, já exigia a maior parte do tempo de Sandra. "Ou eu continuo estudando ou eu fico no vôlei. Não dá para fazer as duas coisas bem. E eu quero jogar", disse aos pais. Impressionados com a seriedade da filha em relação ao esporte, Arnaldo e Norma deram sua bênção. Ela era jovem, não precisava tomar decisões definitivas.

Sandra adorava o voleibol, mas começou a sentir que a altura seria uma grande dificuldade a ser superada. Tinha 1,73m e jogava de atacante: as jogadoras da mesma posição tinham, pelo menos, 5cm a mais. E ela, na verdade, ainda era uma iniciante. Muitas colegas vinham disputando campeonatos estaduais desde o mirim. No fim da primeira temporada na Rio Forte, questionava seu futuro no esporte.

A vida de Sandra começou a mudar quando Jaquito, auxiliar-técnico do time, perguntou se não gostaria de jogar na praia, com Karina, jogadora que largara a equipe para se aventurar na areia. A agilidade e a velocidade compensariam a altura no jogo de duplas. Sandra aceitou a proposta, mas não largou o time. Sua rotina em 1993 era pesada. Incluía treino do time adulto de manhã na quadra; treino na praia da Urca até duas horas da tarde; breve refeição e treino do time juvenil até o anoitecer. Dois ônibus depois, chegava exausta em casa para jantar e dormir.

Nesse mesmo ano, começou a disputar torneios de voleibol de praia com Karina. Logo no segundo torneio, chegaram em terceiro lugar. Fizeram mais duas finais em etapas do Circuito Banco do Brasil. A adolescente da Ilha já tinha trocado definitivamente as quadras pela areia, quando a Rio Forte anunciou o fim do time. Aos 20 anos, já era um dos destaques do segundo circuito brasileiro de vôlei de praia. No fim do ano, Sandra e Karina disputaram a etapa de Santos do Circuito Mundial. Nas quartas-de-final, surpreenderam Adriana e Mônica. Perderam a semifinal para as americanas Carolyn Kirby e Liz Masakayan, campeãs do torneio, e a disputa do terceiro lugar para Adriana Behar e Magda. Mas estavam satisfeitas: o quarto lugar na etapa do Circuito Mundial anunciava um ano muito melhor em 1994.

"Jacqueline? Que Jacqueline? Eu não conheço nenhuma Jacqueline" – foi a reação de Sandra Pires ao chegar em casa, na Ilha do Governador, e receber o recado. No telefonema seguinte, atendeu e descobriu que a voz do outro lado era de Jackie Silva, ex-craque da seleção brasileira de voleibol e já uma estrela do vôlei de praia na Califórnia. Queria marcar um encontro porque tinha uma proposta a fazer. "Eu quero formar um time para ganhar a medalha de ouro nos Jogos Olímpicos", disse com a objetividade e a confiança que nenhuma outra Jacqueline tem.

"Medalha? Jogos Olímpicos?" – para Sandra aquele plano parecia mirabolante. Nunca passara pela sua cabeça disputar os Jogos Olímpicos: o vôlei de praia acabara de ser admitido no programa de Atlanta 1996. Tinha mais: Jacqueline queria que elas passassem um ano jogando nos Estados Unidos para só depois voltar ao Brasil e disputar a vaga. Mas não havia dúvida de que ela falava sério. Bastava ver a determinação nos olhos da rainha das praias. Era dezembro de 1993: a temporada americana começava em cinco meses e tinha que responder já. "Você vem?", perguntou Jackie. Sandra se despediu da família, vendeu o carro e foi.

"Quem pensa em relaxar não pode ser atleta de alto nível."

Chegaram em Los Angeles em março. Sandra não sabia uma palavra de inglês, nunca passara uma temporada fora do Brasil. Foi morar na casa de Jacqueline, dirigia o carro da parceira, saía com ela para tirar os documentos necessários para viver nos Estados Unidos. Ainda estava frio, e elas só começavam a treinar pouco depois do meio-dia. Passavam o dia inteiro na praia, ensaiando jogadas, treinando combinações, aprendendo a lidar uma com a outra. Quando o frio do começo da primavera tornava impossível o treino na areia, elas iam para a academia fazer musculação e trabalhos específicos.

Jacqueline era meio mãe, meio irmã, meio técnica, meio agente. Mas também era exigente e durona com a jovem parceira. Cobrava empenho, atitude, seriedade. Sandra correspondia: treinava até cansar, nunca reclamava do esforço, aprendia rápido. Jogar com a estrela das praias da Califórnia abria o caminho para os primeiros patrocínios das mesmas empresas que já associavam suas marcas a Jackie.

Nos Estados Unidos, jogaram 14 etapas do circuito organizado pelos próprios atletas e venceram três. Melhoravam o jogo a cada dia, ganhavam entrosamento, aprendiam a superar adversárias mais altas e mais fortes. E discutiam. Não gostavam de perder. Uma reclamava, a outra se irritava. Voltar para a mesma casa depois de um atrito na quadra era a pior parte da vida. No final do ano, voltaram ao Brasil para a segunda parte do plano de Jacqueline: disputar os circuitos brasileiro e mundial e assegurar a vaga olímpica.

Ganharam as duas últimas etapas do circuito mundial 94/95, foram campeãs do circuito brasileiro e do circuito mundial. Chegaram em 1996 como favoritas, já que pareciam não ter mais adversárias. Antes de desembarcar em Atlanta, tinham vencido 12 torneios consecutivos. Os planos de Jackie para os Jogos Olímpicos incluíam uma casa alugada para morar longe da Vila, distante da expectativa da mídia e da concentração.

Na arena do vôlei de praia, entretanto, eram tratadas como favoritas por brasileiros e americanos. E confirmavam o favoritismo a cada jogo: derrotaram a dupla da Indonésia em 22 minutos, sofreram um pouco para vencer as australianas e atropelaram Adriana e Mônica em uma partida em que Sandra fez cinco pontos de saque. Era a mais jovem das brasileiras no torneio, mas sentia-se confiante e concentrada. Na semifinal, ela e Jackie passaram, sem maiores dificuldades, pelas americanas Fontana e Hanley.

Após a comemoração, ficaram sabendo que disputariam a final contra as brasileiras Adriana e Mônica. Chefe da delegação do Brasil em Atlanta, Ary Graça, já presidente eleito da CBV, pediu que se mudassem para a Vila Olímpica antes da decisão da medalha. Falou do momento histórico para o Brasil, da importância da final para o esporte feminino no país: Sandra achou tudo meio exagerado.

Na disputa da medalha de ouro, Adriana e Mônica fugiram de Jacqueline. Sacaram o tempo todo em cima de Sandra, que demorou um pouco até acertar a recepção e o ataque. Ela e Jackie venceram o primeiro *set* com dificuldade e o segundo sem problemas: eram campeãs olímpicas. A parceira a envolveu no abraço mais forte de dois anos de títulos, agarrou uma bandeira brasileira, vibrou como nunca. Sandra ouviu o hino nacional com emoção e um sorriso nos lábios – mas não tinha a dimensão da conquista. Só compreendeu realmente que fazia parte da história depois, com as entrevistas às dúzias, o desfile em carro aberto do Corpo de Bombeiros pelas ruas do Rio, os programas de TV, as homenagens. Com 23 anos, Sandra Pires já fazia parte da história olímpica do Brasil.

Entretanto, ela queria mais, e o ano de 1997 foi de frustração. As campeãs olímpicas ficaram em quarto lugar no Circuito Mundial: ganharam apenas duas etapas. As discussões, na quadra, pioravam. Algumas vezes, mal conversavam até no treino. Nas folgas, passavam dias sem se falar mesmo sendo vizinhas – após a volta ao Brasil, Sandra alugara um apartamento no mesmo prédio e no mesmo andar de Jackie.

A jovem campeã olímpica começou a amadurecer a idéia de pôr fim à parceria. Achava que Jacqueline continuava a tratá-la como a adolescente que levara para os Estados Unidos. Agora, tinha uma medalha de ouro olímpica e experiência internacional. Merecia outro tratamento. Em abril de 1998, foi ela quem ligou para Adriana Samuel para propor a nova dupla. Queria uma jogadora mais alta, mas com experiência na areia. O convite foi aceito, mas havia coisas a acertar antes de anunciar o fim.

O Circuito Banco do Brasil já começara. Em maio, Sandra e Jackie derrotaram Adriana e Mônica na final da etapa de Fortaleza. Não trocaram uma palavra durante a partida, mal se olharam no pódio. A hora da separação chegou na volta ao Rio. Nervosa, Sandra teve dois dias de febre antes de conversar com Jacqueline. A conversa foi seca. A parceira disse que entendia, que a separação fazia parte da carreira na praia. Mas estava evidentemente aborrecida. E as campeãs olímpicas ficaram dois anos sem se falar.

Com Adriana, Sandra redescobriu o caminho do sucesso. Juntas, foram campeãs brasileiras e vice-campeãs mundiais ainda em 1998. No ano seguinte, foram vice no Brasil e terceiras do mundo. Os Jogos Olímpicos se aproximavam, e Sandra agora já sabia a emoção que o evento trazia, o impacto na vida dos atletas. Apesar do susto com a lesão de Adriana, elas conquistaram a vaga. Não chegaram em Sidney como favoritas: Shelda e Adriana Behar eram tricampeãs mundiais, as australianas jogavam em casa, a veterana Holly McPeak e a jovem Misty May formavam a dupla sensação das praias da Califórnia.

"No caminho para os Jogos Olímpicos o namorado vai para o quinto plano."

Sandra adorou respirar os ares olímpicos de Sidney 2000. Para quem tinha ficado completamente isolada em Atlanta, o hotel em Bondi Beach era o paraíso. Atletas do vôlei de praia de um lado para o outro, visita de amigos e dos parentes de Adriana, imprensa com acesso fácil. E tudo isso sem a obsessão de Jacqueline e a pressão do favoritismo. Já tinha dito a Adriana que, dessa vez, queria desfilar, quando recebeu o convite do presidente do Comitê Olímpico Brasileiro, Carlos Arthur Nuzman, para carregar a bandeira brasileira na solenidade de abertura.

Foi uma noite de orgulho e emoção: não aproveitou tanto o desfile quanto imaginava, mas, agora, tinha a consciência de que seu lugar na história incluía responsabilidades como aquela, de carregar a bandeira. Estava novamente feliz e relaxada ao pisar na areia no dia seguinte, mesmo sem dormir o suficiente. Sandra e Adriana ganharam as duas primeiras partidas sem dificuldade e deram um *show* ao derrotar McPeak e May nas quartas-de-final. O sonho do bicampeonato acabou nas mãos inspiradas das australianas Pottharst e Cook. Mas Sandra comemorou a medalha de bronze como se fosse de ouro. Era uma medalha com o gosto especial da superação e, ao mesmo tempo, com aquele sabor de história: dois Jogos Olímpicos, duas medalhas. Sandra voltou para o Brasil já imaginando como seria Atenas 2004.

Certeza mesmo, só tinha uma: era preciso procurar uma nova parceira. Mal descera do pódio, Adriana anunciou que sua carreira estava no fim. As duas jogaram juntas só até o final do circuito. Sandra começou 2001 com uma nova parceira, Tatiana Minello, mas já preparava uma dupla com Leila, musa das quadras que precisava de adaptação na areia. O ano com Tatiana foi ótimo: foram vice-campeãs mundiais. Mas a dupla com Leila não vingou. Com problemas de saúde na família, a craque das quadras enfrentava dificuldades na areia.

Ao mesmo tempo, começava a surgir no voleibol brasileiro um verdadeiro movimento pela união de Sandra Pires e Ana Paula – outra ex-musa das quadras, já totalmente adaptada ao jogo na praia. Antes de Sidney, as especulações sobre a nova dupla haviam irritado Adriana Samuel. No caminho de Atenas, dirigentes, patrocinadores e jornalistas pareciam achar que elas formariam a dupla ideal para recuperar o lugar do Brasil no alto do pódio. Havia dificuldades: cada uma tinha seu técnico predileto, seus compromissos com patrocínios. Mas era um mesmo um movimento: todos os obstáculos foram removidos para juntar Sandra e Ana Paula, as brasileiras que podiam vencer as americanas Kerri Walsh e Misty May, campeãs mundiais em 2002.

As competições indicaram que o movimento estava certo. A nova dupla conquistou o título do Circuito Mundial de 2003, ganhando quatro etapas. Foram também vice-campeãs brasileiras. A altura de Ana Paula – de 1,83m – e suas habilidades no bloqueio e no ataque combinavam com a agilidade e velocidade da Sandra, cada vez melhor na defesa desde o curso intensivo com a professora Jacqueline. A campanha de 2003 deu à dupla uma boa vantagem na disputa pela vaga olímpica.

Elas precisaram dessa vantagem. No fim de 2003, Ana Paula sofreu uma fratura por *stress*. Passou mais de um mês em recuperação. Quando estava pronta para voltar, Sandra sofreu uma distensão na panturrilha esquerda. Foi a primeira lesão mais séria em toda a sua carreira. Estava acostumada a sentir dor, a cuidar de articulações e músculos mal tratados pelo esforço do esporte. Levou um susto com a lesão, mas não demorou a retornar. Foram 15 dias só de exercícios na piscina e reforço muscular até a retomada dos treinos. Sentiam a falta de ritmo pelo tempo perdido. Continuavam, entretanto, sendo a aposta brasileira para Atenas 2004.

Sandra Pires chegou à Grécia para disputar os Jogos Olímpicos pela terceira vez com o objetivo de fazer história novamente. Podia ser a primeira brasileira a ganhar três medalhas ou a única jogadora de vôlei de praia a ganhar três consecutivas. Em Atenas, aproveitou o que as circunstâncias impediram da outra vez. Desfilou relaxada e descontraída, sem ter de se preocupar com a bandeira. Finalmente, pôde conhecer o clima da Vila Olímpica, apesar do incômodo de ter de dividir o mesmo apartamento com as rivais Adriana Behar e Shelda. Só faltava a medalha para completar o quadro.

Os primeiros jogos seguiram o roteiro imaginado por todos aqueles que trabalharam para juntar Sandra e Ana Paula. Elas ganharam das norueguesas Ingrid Torlen e Nila Hakedal (21/19 e 21/17) e das gregas Vassiliki Arvaniti e Efthalia § (21/13 e 21/14). Com duas vitórias, estavam classificadas no Grupo C; Adriana e Shelda, também invictas, lideravam o Grupo B. Se as duplas brasileiras fossem as primeiras colocadas em seus grupos, o Brasil podia repetir o feito de 1996 e 2000, com quatro brasileiras no pódio.

Foi quando as coisas começaram a desandar: na última rodada, Sandra e Ana Paula perderam, de virada, para as alemãs Susanne Lahme e Danja Müsh (18/21, 21/15, 15/11). Para azar brasileiro, o sorteio entre as segundas colocadas pôs as brasileiras na mesma chave de Adriana Behar e Shelda. Acabara o sonho verde-e-amarelo. A dupla não se abalou. "A gente vacilou, mas não vai mais vacilar", garantiu Sandra após a derrota. No dia seguinte, ela e Ana Paula estavam de volta à praia para derrotar as gregas Efi Sfiry e Vassiliki Karadassiou: 21/16, 21/19.

O cruzamento colocou as duplas brasileiras frente a frente. Sandra e Ana Paula ganharam um dia a mais de descanso, mas temiam a falta de ritmo em um ano de contusões. Mas, com ótimo saque e o bloqueio funcionando, elas ganharam o primeiro *set* por 21/15. No segundo *set*, foi o saque das adversárias que fez a diferença: Shelda acertou a mão. Sandra via a terceira medalha escapando. As rivais estavam melhor fisicamente e o entrosamento de nove anos juntas fazia diferença no momento de decisão. Adriana Behar e Shelda ganharam o segundo *set* (21/13) e sepultaram o sonho olímpico de Sandra no terceiro (15/13).

"Há dias em que você perde e quer abrir um buraco na areia e desaparecer."

A derrota doeu. A campeã olímpica de 1996 saiu da quadra sem falar com as adversárias. Não voltou para o apartamento na Vila Olímpica. Circulou na cidade. Queria ir embora e rápido. Providenciou a antecipação da passagem de volta. No dia seguinte, deixou Atenas para voltar ao Brasil. Jogou o resto do ano só pelo compromisso com os patrocinadores, mas ainda ganhou dois torneios. Até o fim de 2004, passou todas as horas de folga concentrada em montar seu apartamento com uma bela vista da Lagoa Rodrigo de Freitas, na Zona Sul do Rio. Acompanhou o prédio subir, cuidou de cada detalhe da decoração. Queria deixar o voleibol um pouco de lado. Só um pouco: no fim de 2004, Sandra estava atrás de nova parceira, novamente com planos para futuro, olhando para os Jogos Olímpicos de Pequim 2008 como mais uma chance de fazer história.

adriana behar

Adriana Behar durante treino na praia do Leme, no Rio de Janeiro. Parceira de Shelda, foi medalha de prata no vôlei de praia nos Jogos Olímpicos de Sidney 2000 e Atenas 2004.

Cebion

adriana behar

* Oito anos na quadra, três na areia. Mesmo assim, aos 25 anos, ela não sabia se tinha futuro no voleibol. Sua parceria de quase três anos estava prestes a terminar. Era hora de refletir: será que valia a pena seguir em frente? Será que não era a hora de enfrentar suas limitações e desistir do esporte? Adriana Brandão Behar tinha muito mais perguntas do que respostas em outubro de 1995. As dúvidas eram as mesmas que a perseguiam desde o juvenil no Flamengo: quando seria a hora de parar?

"Eu acho que você é craque de bola, e a nossa parceria vai dar o maior pé. O que você acha?" – a proposta de Shelda Bedê, um talento das quadras de vôlei de praia, olhada sempre com um pouco de desconfiança por causa de seus 1,65m de altura, a pegou de surpresa. Pediu uma semana para pensar. A parceria com Magda estava mesmo no fim. No entanto, com dez anos de voleibol, ela não acreditava que o esporte lhe reservasse algo especial. As palavras de Shelda, porém, não saíam de sua cabeça. Craque? Adriana Behar nunca pensara assim de si mesma. Talvez a nova dupla merecesse uma chance, a última chance. Disse sim: "Vamos jogar essas duas últimas etapas do Brasileiro e, depois, a gente volta a conversar e avaliar".

A nova dupla jogou e chegou ao pódio nos dois torneios. Não voltaram a se reunir para avaliar a parceria. Quando Adriana Behar, Shelda e a técnica Letícia Pessoa se encontraram no começo de 1996, o objetivo já era planejar a temporada. Não havia razão para discutir o passado. A dupla era uma promessa de sucesso: só precisava dar novos passos para melhorar o desempenho e treinar cada vez mais. Os Jogos Olímpicos de Atlanta 1996 não podiam ser considerados uma meta possível – a disputa da vaga começara quase um ano antes. Shelda queria ser campeã brasileira – no mínimo, ficar entre as três melhores.

Campeãs do circuito brasileiro? E Jackie e Sandra? E Adriana e Mônica? Adriana Behar olhava com admiração para a jovem parceira cearense, para quem nada parecia impossível. Para a carioca, com experiência na quadra e na areia, estabelecer uma meta assim era demais, mas ficou animada com a maneira como Shelda e a técnica Letícia Pessoa planejavam o futuro – uma maneira profissional com a qual sempre sonhara. Adriana Behar deixou de lado a insegurança e resolveu apostar no novo caminho. Sempre deixara que o voleibol guiasse seus passos. Não havia razão para ter medo agora:

o máximo que podia acontecer era não dar certo e ser obrigada a deixar o esporte de lado.

Desde que começou a jogar voleibol, aos 15 anos, Adriana Behar achava que o final da carreira era iminente. Entrara muito tarde na quadra. Na infância no Rio, aprendera a nadar, praticar esportes com bola, correr e pular com o pai, Israel, instrutor de educação física do Exército. Com 10 anos, por influência das irmãs, começara a praticar patinação artística no Flamengo. A quadra da patinação era ao lado do ginásio onde as equipes de voleibol treinavam. Muitas vezes, ainda com os patins nos pés, Adriana deslizava até o ginásio para ver moças e rapazes jogarem.

Aos 14 anos, foi chamada para fazer um teste para o time de voleibol e passou. Mas a mãe, Odaysa, não gostou da idéia: os times de voleibol treinavam duas horas por dia. Temia que o novo esporte prejudicasse a filha, que ia tão bem na escola. No ano seguinte, entretanto, o Flamengo acabou com a escolinha de patinação. Adriana Behar fez outro teste e ganhou um lugar na equipe infantil de voleibol. Dessa vez, Odaysa não se opôs: sabia que a caçula – eram três irmãs – estava apaixonada pelo esporte e permanecia uma boa aluna, preocupada com o vestibular. Ia com a filha para o clube e assistia pacientemente aos treinos, esperando a hora de levá-la para casa.

Adriana jogou o campeonato infantil pelo Flamengo, foi convocada para a seleção carioca e, em seguida, cortada. Foi a primeira vez que pensou em largar o esporte. Contudo, adorava jogar voleibol e adorava o clube. Foi novamente convocada para as seleções infanto-juvenil e juvenil do Rio de Janeiro, mas não chegou a brilhar. Em 1986, com 17 anos, Adriana Behar foi contratada pela Supergasbrás, que precisava dela tanto no time juvenil quanto no adulto. A vida não ficava mais fácil: ela acabara de passar no vestibular para educação física na Universidade Estadual do Rio de Janeiro.

A solução era conciliar as duas atividades. Não via futuro no voleibol: o importante era estudar e se formar. Adriana Behar se virava para permanecer na quadra e na sala de aula. Com 18 anos, chegava às 7h na faculdade, assistia a uma ou duas aulas, pegava o carro emprestado pela mãe e rumava para treinar com o time adulto da Supergasbrás. Voltava para a faculdade, comia uma refeição preparada pela mãe, assistia a mais duas ou três aulas e, no fim da tarde, estava de volta ao ginásio para o treino da equipe juvenil. Eram mais de 22h quando chegava em casa: só dava tempo de jantar e dormir.

Dividir o tempo não a incomodava. Quando tinha problemas na quadra, achava ótimo encontrar novas pessoas, com novas conversas e novos interesses na faculdade. Além do mais, tinha certeza de que sua carreira no esporte não seria longa. Não era lembrada para a seleção adulta. Teve realmente uma surpresa quando, em meados de 1989, foi chamada para jogar em Portugal, no time da Ilha de Açores. "Não tenho nada a perder. Vou. Se não gostar, eu volto", pensou Adriana Behar ao embarcar para sua primeira temporada na Europa.

Gostou do lugar, mas a adaptação foi difícil. A jovem brasileira, ainda com 19 anos, chorava de saudades da família. O time português só treinava duas horas por dia. Sobrava tempo suficiente para Adriana fazer seu último trabalho para a faculdade e até dar aulas de natação em um clube local. Voltou ao Brasil, em 1990, de férias, e foi surpreendida por um convite para jogar na cidade italiana de Reggio Calábria.

O salário também era muito melhor e atraía outras brasileiras, como a levantadora Denise e as atacantes Virna e Filó. A carioca pensava em economizar para comprar um carro e dar entrada em um apartamento – já que não imaginava que a carreira pudesse durar muito mais. Após a primeira temporada na Itália, encontrou o voleibol brasileiro com um pé na areia. Adriana Behar morava com os pais em Copacabana, no Posto 6 – bem perto das redes da Tia Leah. Ia à praia e encontrava Mônica Rodrigues, Karina, Rose, Roseli e muitos outros jogadores e jogadoras apaixonadas pelo jogo na areia.

Adriana ficou balançada. Em 1991, jogou e ganhou um torneio na areia de Copacabana com Margareth, na época jovem levantadora nas quadras de voleibol. Continuou disputando torneios nas praias cariocas durante as férias da temporada italiana e ficou sabendo que a CBV lançaria um circuito feminino de vôlei de praia ainda em 1992. Quando sentiu que o novo circuito estava dando certo e que o patrocinador não ia desistir como temeu no início, ela nem esperou vencer com o time italiano. Gastou parte das economias para romper o compromisso e voltou ao Brasil.

Tinha muitas razões para retornar. Estava com saudades da família e do Rio. Achava que a carreira na quadra não iria mesmo muito longe. O vôlei de praia era uma possibilidade de continuar no esporte com mais prazer e melhor qualidade de vida. Queria agora achar uma parceira e disputar o circuito brasileiro em 1993. Foi lá mesmo, nas redes da Tia Leah, que encontrou Ana Richa, ex-levantadora da seleção. Jogaram dois torneios juntas, antes de Adriana viajar para disputar a Macabíada, evento que reúne atletas de origem judaica do mundo inteiro em Israel.

Quando voltou a disputar o circuito, tinha uma nova parceira: Magda. Jogaram juntas algumas etapas em 1993 e todo o circuito Banco do Brasil de 1994. Alcançaram algumas semifinais, chegaram quatro ou cinco vezes em terceiro lugar. Adriana gostava de jogar, do clima do circuito, e até das viagens, mas, ao entrar na terceira temporada, achava frustrante nunca alcançar a final. Conversava com a irmã psicóloga. "O que será que eu preciso fazer para ser campeã? Será que eu tenho algum bloqueio?" – eram essas as perguntas que ela se fazia em 1995, quando a dupla com Magda parecia realmente não evoluir. As dificuldades afetavam o relacionamento. Concordaram que era melhor buscar outros caminhos.

Era outubro de 1995 quando Shelda telefonou. A nova dupla entrou logo em quadra, após alguns treinos em Ipanema. Depois das etapas finais do circuito, treinaram duro todo o verão para disputar a temporada 96. Em março, Adriana Behar e Shelda disputaram, no Rio, a última etapa do Circuito Mundial 95/96. Foram a surpresa do torneio: chegaram às semifinais, quando perderam para as futuras campeãs olímpicas Jacqueline e Sandra, e conquistaram o terceiro lugar ao derrotarem as norte-americanas McPeak e Reno, também favoritas.

Um mês depois, estavam novamente no pódio – de novo em terceiro lugar – na primeira etapa do Circuito Mundial, disputada em Maceió, atrás de Jacqueline e Sandra e de Mônica e Adriana. Na segunda etapa em Recife, elas chegaram na mesma colocação. Com a nova parceira, entretanto, os resultados não a angustiavam. Sentia o jogo da dupla evoluir, percebia a melhora de seu desempenho no saque e no ataque. Em maio, Shelda e Behar chegaram à final e perderam para Jackie e Sandra, na primeira etapa do Circuito Brasileiro, em João Pessoa.

Elas investiam na parceria – além da técnica Letícia Pessoa, tinham preparadores físicos e auxiliares. Só não tinham patrocínio. A combinação na equipe era simples: se elas ganhassem, eles recebiam parte da premiação; se não ganhassem, não tinham salário.

Ninguém deixou de receber em 1996. Adriana Behar e Shelda foram ao pódio em todas as etapas do circuito brasileiro antes da interrupção na temporada para a disputa dos Jogos Olímpicos. Com os prêmios, decidiram disputar também algumas etapas do Circuito Mundial. Ficaram em terceiro lugar em Portugal, em terceiro na Bélgica e ganharam a etapa de Porto Rico – fazendo as campeãs olímpicas Jackie e Sandra sofrerem a primeira derrota do ano. A dupla revelação ganhou também as etapas do brasileiro em Niterói (RJ) e em Torres (RS). No fim do ano, já tinham 12 pessoas trabalhando com elas – inclusive um fisioterapeuta, um psicólogo e uma nutricionista. Foram campeãs do circuito brasileiro e vice-campeãs do circuito mundial.

Para Adriana, teria sido um ano perfeito se não fosse a morte do pai, Israel, enquanto estava fora do Rio, disputando uma etapa do Mundial. No esporte, tudo não podia estar melhor. Ela e Shelda se entendiam bem dentro e fora da quadra, treinavam com a mesma determinação e o mesmo compromisso. Com a parceira, Adriana Behar ganhara confiança, arriscava mais jogadas, tentava novas combinações. Aprendera a acreditar em sim mesma, a confiar na vitória, a vencer.

E Shelda era insaciável. "Este ano, eu quero ganhar tudo", disse a cearense durante o planejamento da segunda temporada. E ganharam: foram campeãs brasileiras e mundiais em 1997. O jogo de Adriana Behar melhorava: foi eleita a jogadora de melhor saque e de melhor bloqueio do Circuito Brasileiro em 1998, cujo título ficou com Sandra e Adriana. Mas elas foram novamente campeãs mundiais e brasileiras em 1999 –, e Behar foi considerada o melhor saque, o melhor ataque e o melhor bloqueio do Brasil.

Os Jogos Olímpicos de Sidney 2000 já estavam no horizonte, e a dupla sonhava com a medalha e com a sensação de jogar representando o Brasil. Em 1998, foram campeãs do Goodwill Games, disputado em Nova York. Em 1999, ganharam a medalha de ouro nos Jogos Pan-americanos de Winnipeg. Garantiram também a vaga em Sidney com as conquistas nos circuitos brasileiro e mundial.

Tantas vitórias, que prosseguiram no ano 2000, tornaram a dupla favorita para os Jogos Olímpicos de Sidney. Nas etapas do circuito brasileiro, elas nunca foram tão assediadas. "Vamos torcer por vocês"; "Tragam uma medalha de ouro para o Brasil" – eram palavras de incentivo e esperança que Adriana e Shelda ouviam por todo lado. Em Sidney, no hotel da praia de Bondi Beach, onde as duplas do voleibol ficaram, o assédio não era menor: jornalistas, torcedores e brasileiros em geral falavam sobre a medalha esperada.

A distância da Vila Olímpica fazia com que o torneio em Sidney se assemelhace a uma etapa do Circuito Mundial. "Nem parece que a gente faz parte disso", pensava Adriana Behar enquanto via as competições pela TV. No entanto, havia uma expectativa única, diferente de qualquer competição do circuito. De repente, parecia que o Brasil inteiro tinha descoberto que elas eram tricampeãs mundiais. A estréia nos Jogos Olímpicos era no dia seguinte à cerimônia de abertura; Adriana e Shelda não puderam desfilar. Na tarde seguinte, derrotaram sem dificuldades as irmãs búlgaras Petia e Tzvetelina Yanchulova por 15/3.

Jogaram como sempre, mas sentiam a pressão. Adriana Behar ia para cada jogo como se fosse uma guerra. A batalha seguinte foi contra as alemãs Danja Musch e Maike Friedrichsen – ela e Shelda ganharam: 15/9. A derrota de favoritos brasileiros – como o tenista Gustavo Küerten – aumentava a badalação sobre a dupla. "Um jogo, uma derrota e depois só daqui a quatro anos", pensava Adriana, ao ver Emanuel e Loyola, favoritos ao ouro no torneio masculino, serem eliminados antes das quartas-de-final. A carga parecia só aumentar.

Conforme a competição avançava, ela comia menos e dormia menos. Mas continuava jogando muito. Seu saque ajudou a desequilibrar as australianas Tania Gooley e Pauline Manser, na vitória por 15/7, que garantiu as brasileiras na semifinal. Seu bloqueio foi decisivo para bater as japonesas Yukiko Takahashi e Mika Saiki por 15/10: Adriana Behar e Shelda estavam na final, a um passo da medalha de ouro e do sonho brasileiro do bicampeonato olímpico feminino na praia.

A decisão foi um jogo longo e nervoso. As australianas Kerri-Ann Pottharst e Natalie Cook sacaram quase sempre em cima de Adriana Behar. As brasileiras chegaram a fazer 11 a 8, mas as adversárias reagiram e, inspiradas pela torcida barulhenta, venceram o primeiro *set* por 12/11. O segundo *set* repetiu o equilíbrio do primeiro. As duplas chegaram empatadas em 10 a 10, mas as australianas fecharam em 12/10. No último ponto, o saque de Natalie Cook bateu na rede e caiu mansamente do lado das brasileiras.

"Depois da derrota, eu chorei sem parar durante três dias. Parecia que tinha morrido alguém da minha família."

De uma hora para outra, o sonho virou pesadelo. Adriana começou a chorar ainda na quadra, pediu desculpas a Shelda pelos erros no ataque, continuou a chorar no pódio. Em lágrimas, nem pareciam ter conquistado a medalha de prata. Uma hora depois, ainda choravam durante a entrevista coletiva. Adriana Behar sentia uma dor profunda, inexplicável. De volta ao hotel, foi para o quarto e chorou ainda mais no colo da mãe. Passou mais dois dias assim: dormia mal, acordava chorando e passava a maior parte do tempo deitada, em prantos. Parecia que alguém tinha morrido, que tinha perdido novamente o pai.

Felizmente, a rotina do circuito fez a dupla retomar os treinos. Adriana e Shelda continuaram jogando tão bem quanto antes. Foram tetracampeãs do Circuito Brasileiro, ganhando sete das nove etapas. Venceram o Circuito Mundial pela quarta vez consecutiva. Mas não conseguiam deixar de pensar na derrota em Sidney. "Será que isso é uma penitência que a gente tem que pagar?", Adriana Behar se perguntava. Não conseguia imaginar os próximos Jogos Olímpicos. Quatro anos é muito tempo. Não dava para saber se teriam outra chance.

A frustração em Sidney aproximara ainda mais a dupla. Foram mais parceiras do que nunca após aquela derrota. Os Jogos Olímpicos abriam portas: ficaram mais conhecidos em todo o Brasil, surgiram novas oportunidades de patrocínio. Adriana Behar e Shelda, entretanto, não mudaram. Tinham uma rotina de trabalho e de vida da qual não abriam mão. Não aceitavam patrocinadores que exigissem badalações, presença em festas, criação de eventos especiais para a mídia. As premiações continuaram sendo a principal fonte de renda.

Em 2001, foram campeãs mundiais e brasileiras pela quinta vez. Em 2002, conquistaram o sexto título brasileiro. Mas as campeãs do Circuito

Mundial foram as americanas Kerri Walsh e Misty May – uma dupla alta, jovem, talentosa e, a partir dali, favorita para a medalha de ouro em Atenas. No começo de 2003, os Jogos Olímpicos estavam novamente na ordem do dia no esporte. Era hora de começar a disputar a vaga. Adriana Behar prometera a si mesma que nunca mais ia sofrer como em Sidney. A dor tinha sido grande demais. "Como era possível comparar uma derrota com a perda do pai?" – era o que ela se perguntava ao refletir sobre o sofrimento após a final olímpica.

Adriana e Shelda não queriam relembrar 2000, mas voltar aos Jogos Olímpicos era a prioridade do planejamento de 2003. Fingiram não perceber o verdadeiro movimento, envolvendo dirigentes e patrocinadores, que resultou na dupla Ana Paula e Sandra – a nova parceria era a esperança do Brasil em Atenas; as hexacampeãs brasileiras foram colocadas em segundo plano. A dupla formada pela musa das quadras e a ex-campeã olímpica das areias funcionava: Ana Paula e Sandra ganharam o Circuito Mundial em 2003 e uma das vagas para Atenas. A mais longa parceria do circuito funcionava também: Adriana Behar e Shelda venceram o Circuito Brasileiro pela sétima vez e ficaram com a outra vaga olímpica do Brasil.

Dessa vez, as duplas do voleibol ficaram na Vila Olímpica. Adriana adorou estar no meio de atletas de todas as modalidades, de todas as partes do mundo. Ficava feliz em almoçar no refeitório com os brasileiros do atletismo, do ciclismo, do voleibol de quadra. As conversas sobre esporte, as trocas de experiência, as mensagens carinhosas pela internet: tudo ajudava a amenizar a tensão. Agora, quando acordava no meio da madrugada ou perdia a fome, Adriana ria. Era um riso nervoso, mas era melhor que sofrer.

"Depois de ver a Vila Olímpica em Atenas, achei muito ruim ter ficado longe em Sidney."

Na arena de vôlei de praia de Atenas, Adriana Behar e Shelda jogavam o seu voleibol de sempre. Ganharam de sul-africanas, italianas e cubanas para sair em primeiro lugar no seu grupo. Ana Paula e Sandra, depois de vencerem nas duas primeiras rodadas, perderam para as alemãs e se classificaram em segundo lugar. A técnica Letícia Pessoa ficou acordada até tarde para acompanhar o sorteio que definiria as chaves e deu a notícia às atletas pela manhã. Se as duplas brasileiras vencessem nas oitavas-de-final, se enfrentariam nas quartas-de-final. "Você está de sacanagem", foi a reação de Adriana, lamentando que as duas duplas femininas não poderiam estar de novo juntas no pódio como em 1996 e 2000.

O confronto brasileiro veio realmente nas quartas-de-final, depois que Adriana Behar e Shelda venceram as búlgaras e Ana Paula e Sandra passaram pelas gregas. Era um jogo sem favoritas. Depois da derrota para as alemãs, a dupla formada especialmente para Atenas já não parecia tão superior. "Independentemente do que acontecer, a gente não vai chorar", disse Shelda a Adriana antes de o jogo começar. As adversárias saíram na frente, ganharam o primeiro *set* por 21/16.

Elas não desanimaram. "Eu estou muito feliz de estar aqui com você. A gente vai ganhar", disse Adriana Behar à parceira antes do segundo *set*. Shelda voltou mais determinada: acertou três *aces*, fez defesas espetaculares, não errou um contra-ataque. Ganharam por 21/13. O *tie-break* foi equilibrado até 12 a 12. De novo, o saque de Shelda fez diferença: dois *aces* seguidos e 14/12. As rivais acertaram um ataque: 14/13.

"Sinto dor no pé, no joelho, na coluna. Todos os dias. Só consigo dormir em uma posição. Mas você aprende a viver com a dor."

Enquanto a campeã olímpica Sandra Pires preparava o saque, Adriana Behar teve uma espécie de premonição: "Ou essa bola vai fora ou vem para mim". O saque foi em cima dela. Parecia em câmera lenta – como também pareceu seu passe para Shelda, o levantamento da parceira bem alto e o leve toque de Adriana sobre o bloqueio de Ana Paula. Era o fim do jogo. O filme voltou ao movimento normal, Adriana e Shelda se abraçaram longamente prontas para a semifinal.

Como em Sidney, a cada jogo, a tensão aumentava, e Adriana Behar comia e dormia cada vez menos. Já estava acostumada. Na semifinal, brilhou com ataques e bloqueios perfeitos na vitória sobre as australianas Cook, campeã olímpica de 2000, e Sanderson. Chegou à decisão muito mais tranqüila do que quatro anos antes. As favoritas eram as outras. Kerri Walsh e Misty May não perdiam um jogo há quase um ano; não haviam perdido um *set* sequer nos Jogos Olímpicos. "Eu não vou sofrer", dizia Adriana para si mesma. A dupla americana jogou uma partida impecável e derrotou as brasileiras.

O longo abraço das brasileiras após a derrota era a repetição da marca registrada dos nove anos juntas. No pódio, as poucas lágrimas foram de emoção. Adriana olhava para a segunda medalha de prata com outros olhos; como uma marca da superação de tantas inseguranças, tanto sacrifício, tanta dor. Para quem achava que não sabia vencer, era uma alegria imensa estar no pódio olímpico pela segunda vez consecutiva, depois de ser pentacampeã mundial e heptacampeã brasileira. Para quem pensara tantas vezes que a hora de parar era iminente, Adriana Behar chegava aos 35 anos ainda com capacidade de fazer planos para o futuro.

shelda

Shelda vibra durante a disputa da medalha de ouro nos Jogos Olímpicos de Atenas 2004. Assim como em Sidney 2000, levou a medalha de prata ao lado da parceira Adriana Behar.

shelda

❋ No pódio olímpico, daquela vez, tudo parecia quase perfeito. Ela preferia, é claro, estar um degrau acima. Mas sabia que o lugar mais alto pertencia à melhor dupla de vôlei de praia do mundo em 2004. Estava feliz com sua medalha de prata, ao lado da parceira de nove anos, com quem tinha enfrentado e superado tantos obstáculos. Para completar o momento, o terceiro degrau era ocupado por outra amiga – a melhor que fizera nas viagens pelo mundo –, que duas vezes chegara como favorita às medalhas olímpicas e saíra com as mãos vazias.

Quando a bandeira brasileira subiu entre duas bandeiras americanas, Shelda Kelly Bruno Bedê sentiu as lágrimas brotarem nos olhos. Não queria chorar. Tinha chorado muito em Sidney 2000, quando ela e a parceira Adriana Behar perderam a medalha de ouro para a dupla australiana. Agora, o momento era de alegria. Abraçadas e sorridentes, as seis medalhistas posaram juntas para fotos ainda no pódio em Atenas. As novas campeãs olímpicas, Kerri Walsh e Misty May, elogiaram as brasileiras, a quem sempre tiveram como exemplo e inspiração. Shelda abraçou a amiga Holly McPeak – sete vezes campeã do circuito americano que só então conseguia sua primeira medalha olímpica, de bronze.

Para Shelda, que desde menina sempre queria vencer, a segunda medalha de prata ganhava um sabor especial. Em Atenas, viu que ela e Adriana tinham suas conquistas reconhecidas; seus títulos – sete vezes campeãs brasileiras, cinco vezes campeãs mundiais – eram valorizados por atletas do Brasil e de outras partes do mundo, exatamente por aqueles que sabiam como era difícil alcançar o topo no esporte e como era difícil se manter lá.

> "Eu não tinha outra opção a não ser ganhar para poder ajudar a família. Era ganhar ou ganhar. Isso me dava força."

Ela, realmente, sonhava com aquele momento desde menina. Com 11 anos, acompanhara pela TV os Jogos Olímpicos de Los Angeles 1984. "Mãe, um dia, eu vou estar lá." Praticava esportes desde os 5 anos de idade: passou da natação para a patinação artística. Também fez três anos de balé clássico. Logo descobriu que gostava mesmo era de bola. Enquanto

Bernard e Renan ganhavam a medalha de prata em 1984, Shelda dava seus primeiros passos no voleibol e no basquete da escola onde estudava, em Fortaleza.

Logo estava treinando e jogando – os dois esportes – no BNB, clube da capital cearense, onde a irmã mais velha, Shirley, jogava voleibol. Até os 14 anos, ficou entre as cestas e as cortadas, mas tinha inveja da irmã, que sempre viajava para disputar campeonatos com a seleção cearense. Começou a achar que o voleibol era mais interessante e passou a tratar o esporte como prioridade em sua vida. Estudava de manhã, almoçava em casa e passava o resto do dia no clube. Chegava às 14h para jogar com o time infantil, emendava no treino do infanto-juvenil e pegava bolas para a equipe juvenil. De vez em quando, o técnico dava uma colher de chá e deixava Shelda bater bola com as meninas mais velhas.

Era uma adolescente agitada, a segunda de cinco irmãos, que não conseguia ficar quieta nas aulas. Só pensava em sair dali para poder jogar voleibol. Os pais se preocupavam. O agrônomo Wellington Bedê queria ver todos os filhos formados; de preferência, em medicina. A pedagoga Tânia incentivava a filha, mas pedia que não descuidasse dos estudos. Com 15 anos, depois de jogar o campeonato brasileiro pela seleção cearense, Shelda foi convocada para a seleção brasileira infanto-juvenil.

As meninas iam se apresentar ao técnico Wadson Lima, em Belo Horizonte. Wellington não gostou da idéia. Mas era a seleção brasileira, e a filha estava numa felicidade só. Shelda passou um mês em Belo Horizonte e acabou cortada. Pela primeira vez, sentiu que sua altura seria uma limitação. E também voltou com a certeza de que o voleibol era sua maior paixão, que seu futuro estava no esporte. No fim do ano, entretanto, foi obrigada a tirar férias da bola. Ficou em recuperação na escola, e o pai não perdoou. Shelda ia ter o pior castigo: deixar de jogar voleibol durante mais de um mês. Só voltou a treinar e jogar após passar de ano.

A cearense já chamava a atenção de quem a via jogar pelo clube ou pela seleção do estado. Em 1989, recebeu convites da Atlantictur e do Botafogo para jogar no Rio de Janeiro. Wellington vetou: a filha era muito nova, tinha só 16 anos, sequer havia completado o segundo grau. Shelda implorou e esperneou. O pai não cedeu. Já não tinha ilusões de que ela se formaria em medicina, mas queria que cursasse uma faculdade. O voleibol era uma aposta de risco – ainda mais para uma jovem de apenas 1,65m.

Shelda sabia que a altura era um problema. Tinha consciência de que a estatura pesara no seu corte da seleção. No entanto, não desanimou: treinava muito e achava formas de compensar a limitação. No ano do vestibular, não reduziu o ritmo. Ao contrário. Viajou para jogar em clubes de Natal, Recife e Maceió, aos quais o BNB costumava ceder jogadoras para torneios locais. Também começou a jogar vôlei na praia – uma mania que tomava conta inclusive das praias do Nordeste, após o sucesso de duplas do Ceará (Franco e Roberto Lopes), de Pernambuco (Moreira e Garrido), e da Bahia (Paulão e Paulo Emílio) nos torneios internacionais disputados no Rio.

> "O esporte de alto nível leva o corpo para além dos limites. Isso não pode fazer bem."

No fim de 1990, passou no vestibular para educação física, mas não chegou a ser universitária em Fortaleza. Transferiu a matrícula para Maceió: recebera um convite para jogar no CRB. Antes de começar a temporada no clube, entretanto, Shelda sofreu um acidente no Carnaval de 1991. Brincava com amigos nas ruas de Fortaleza quando, no meio de uma confusão, o vidro de um carro arrebentou e atingiu sua mão direita. Os cortes foram profundos, atingiram os tendões. A dor era horrível. As previsões dos médicos, sombrias: os movimentos da mão poderiam ficar prejudicados; ela deveria permanecer seis meses em tratamento, longe do voleibol.

A paciência não era uma virtude de Shelda. Menos de dois meses depois da cirurgia na mão, já estava deprimida em fazer apenas fisioterapia. Queria voltar a treinar logo. Os médicos desaconselharam. A jogadora ignorou os avisos. Passou a fazer uma bandagem na mão; fazia uma luva de esparadrapo até o punho. Ficava batendo na bola com a mão machucada. Cada toque era uma pontada de dor, como se fosse um choque atrás do outro. Repetia os movimentos até ficar acostumada a sentir dor.

Três meses depois do carnaval, voltou a jogar voleibol nas quadras e nas praias de Maceió. O esporte na areia tinha vantagens para Shelda. Era mais fácil compensar a altura no jogo de duplas. Para passar pelo bloqueio, era preciso mais jeito do que força. Com menos impacto, a mão direita também doía menos: a nova modalidade do vôlei era mesmo a sua praia. Quando foi anunciado o primeiro Circuito Brasileiro, em 1992, ela formou dupla com a conterrânea Magda, também companheira de BNB e CRB, para disputar as cinco etapas. Não ganharam títulos, mas Shelda sentiu que ali estava sua chance de vencer no esporte.

Era hora de planejar. "Vou para o Rio e achar uma parceira alta para começar a ganhar", decidiu Shelda. A mãe, como sempre, a incentivou no novo desafio. O pai, agora separado da família, já não se opunha à carreira. A cearense trancou a matrícula na faculdade e veio para o Rio, onde dividia um apartamento com amigas. Teve duas ou três parceiras até encontrar Gerusa, com quem jogou toda a temporada de 1994. Chegaram a conquistar uma etapa do circuito, mas a altura – a nova parceira tinha 1,72m – impedia vôos maiores para a dupla.

Após três temporadas, Shelda já era destaque no circuito. Na defesa, parecia chegar em todas as bolas, era capaz de transformar um ponto adversário dado como certo em um contra-ataque. Na rede, não tinha dificuldade em, com seu 1,65m, passar pelos bloqueios de jogadoras com dez ou 15cm a mais. Usava as duas mãos no ataque e não era por causa da lesão. No saque, enfiava a pancada com a mão direita mesmo – já estava acostumada à dor.

Passava férias em Fortaleza com a família, quando recebeu o convite de Isabel para disputar a temporada 95/96. A estrela das quadras, já adaptada ao esporte na praia, acabara de deixar Roseli – sua parceira por dois anos, com quem fora vice-campeã do circuito mundial 94/95 – e queria formar uma nova dupla para tentar a vaga nos Jogos Olímpicos de Atlanta. Shelda sabia que era difícil, mas ficou entusiasmada: disputar os Jogos Olímpicos era a realização do sonho de infância; participar da estréia da sua modalidade tornava o sonho mais espetacular.

A nova dupla não chegou a brilhar. Jackie e Sandra haviam voltado dos Estados Unidos e eram favoritas para a vaga. As campeãs brasileiras Adriana e Mônica estavam em forma. Shelda e Isabel não tiveram chance: chegaram ao pódio em algumas etapas no Brasil, mas fracassaram no circuito mundial. Em outubro, Isabel disse a Shelda que voltaria jogar com Roseli, levando também o técnico.

A cearense ficou sem parceira e sem treinador. Pensou em estudar e jogar nos Estados Unidos. Ainda não decidira o que fazer quando foi procurada pela técnica Letícia Pessoa, que trabalhava com Roseli e agora estava sem time para treinar. "Por que você não chama a Adriana Behar? Eu ia gostar de treinar vocês", sugeriu Letícia a Shelda. A jogadora ficou em dúvida. Adriana já tinha uma parceira. Ligou mesmo assim, fez elogios e a proposta. O sim veio uma semana depois.

Nos últimos torneios da temporada, saíram do *qualifying* para chegar, pelo menos, às semifinais. Quando se reuniram para discutir, já era para fazer planos e estabelecer metas para a próxima temporada. Shelda gostava de estabelecer metas desde a adolescência. "Este ano, a gente tem que ficar, pelo menos, entre as três melhores do Brasileiro e entrar no *ranking* mundial" – a cearense sentiu que Adriana levara um susto com o plano para 1996. A treinadora Letícia, entusiasmada com a dupla, acreditava. As metas foram facilmente alcançadas: ganharam o circuito brasileiro, foram vice-campeãs mundiais, mesmo sem dinheiro para disputar três etapas na Ásia.

"Eu achava a Adriana craque de bola. Acho que só ela não acreditava nisso."

Quando Shelda disse que queria ganhar tudo no começo de 1997, notou que a parceira não levara o mesmo assunto de um ano antes. No próprio jogo, sentia Adriana evoluir, confiar nas suas habilidades no ataque e no bloqueio. Jogaram duas ótimas temporadas juntas. O time agora contava com médico, fisioterapeuta, nutricionista e quatro auxiliares de treino. Eram seis a oito horas por dia de treino. A maior parte do tempo, na praia, sob o sol. O patrocínio era pouco. Os prêmios sustentavam a equipe. Do dinheiro que sobrava, Shelda mandava a maior parte para a família no Ceará, para ajudar a mãe e os três irmãos ainda estudantes. Comprou um apartamento para a avó e, depois, outro para a mãe no mesmo prédio, em Fortaleza.

As bicampeãs brasileiras (96/97) e mundiais (97/98) chegaram a 1999 com desafios pela frente. No circuito mundial, começava a ser disputada a vaga para os Jogos Olímpicos de Sidney. E era o ano da estréia do vôlei de praia nos Jogos Pan-americanos. "Vocês sabem que eu gosto desse negócio de primeira vez. Vamos buscar essa medalha", disse Shelda, no planejamento do ano. Era mais difícil do que parecia. As datas do Pan de Winnipeg coincidiam com a de duas etapas do circuito mundial, uma delas – no Japão – com premiação e pontos dobrados, pontos preciosos para quem disputava uma vaga para Sidney 2000.

Os apelos às entidades esportivas foram inúteis. Elas explicaram as dificuldades a Eurico Miranda, presidente do Vasco, principal patrocinador da dupla. "Vamos dar um jeito. Nem que eu tenha que fretar um avião", disse Eurico, a quem interessava ver Shelda e Adriana no pódio em Winnipeg – os Jogos Pan-americanos tinham mais repercussão no Brasil do que o Circuito Mundial. O jeito era mesmo fretar um avião para levar as brasileiras do Canadá para o Japão, imediatamente após a entrega das medalhas.

Foi uma louca maratona. Shelda e Adriana conquistaram a Copa do Mundo de vôlei de praia na Áustria e embarcaram, em um avião de carreira, para o Canadá. Chegaram em Winnipeg na véspera da estréia. Nem viram o desfile de abertura. Ganharam todos os jogos e conquistaram a medalha de ouro pan-americana. Tinham de partir rapidamente, mas Shelda fora sorteada para o *antidoping*. Estava nervosa; o xixi não saía. Os minutos pareciam uma eternidade. Quando finalmente conseguiu produzir material para o exame, saiu em disparada pela arena. Já havia um carro com o motor ligado à sua espera. Ela e Adriana foram levadas até a pista do aeroporto, onde o avião também estava com o motor ligado.

Era uma corrida contra o tempo. "Isso tudo é muito louco. Eu não vou conseguir dormir", disse Shelda à Adriana a caminho do Japão. Dormiram um pouco no avião. Chegaram de madrugada, deram mais um cochilo e, de tarde, estrearam na etapa do circuito mundial em Osaka. Repetiram o desempenho de Winnipeg. Foram campeãs da etapa. A maratona valera a pena. A vitória no Japão compensava a etapa perdida para a disputa do Pan.

Foram tricampeãs brasileiras e mundiais em 1999 e chegaram em Sidney como favoritas – já estavam a caminho dos títulos dos dois circuitos em 2000. Shelda tinha certeza de que voltaria ao Brasil pelo menos com uma medalha. O ouro era uma possibilidade real. Os Jogos Olímpicos não se comparavam a qualquer outro evento esportivo. Ela e Adriana eram paradas na rua por torcedores. Amigos e parentes levaram a dupla ao aeroporto. Em Bondi Beach, davam entrevistas todos os dias para jornalistas brasileiros e estrangeiros.

A cada rodada, o favoritismo das brasileiras aumentava. Passaram sem dificuldade pelas irmãs Yanchulova, pelas alemãs Musch e Friedrichsen e pelas australianas Gooley e Manser. As duplas americanas ficaram no caminho. Jordan e Davis, terceiras do *ranking*, foram eliminadas pela jovem dupla japonesa. Shelda viu a amiga Holly McPeak e sua jovem parceira Misty May perderem para Sandra Pires e Adriana Samuel. Confiante, chegou a imaginar a repetição da final brasileira de Atlanta 1996.

Nas semifinais, entretanto, as brasileiras, desgastadas pelo jogo difícil com as norte-americanas, perderam para as australianas Natalie Cook e Kerri-Ann Pottharst. Shelda e Adriana sofreram mais do que imaginavam com as japonesas Takahashi e Saiki, que chegaram a abrir 6 a 0. "Quem são essas mulheres, Adriana?", perguntou Shelda, antes de acertar a mão no saque e abrir o caminho para a reação. Os bloqueios da parceira fizeram o resto: estavam na final olímpica.

As brasileiras não esperavam tanto das australianas. Eram medalhistas de bronze em Atlanta, estavam em quinto lugar no *ranking*, mas vinham sofrendo em Sidney. Nas quartas-de-final, passaram com dificuldades pelas italianas Solazzi e Bruschini, sem qualquer título no circuito. Mas Natalie Cook e Kerri Pottharst estavam inspiradas naquela tarde. Jogaram muito. Deu tudo certo. Os *sets* foram disputados e, no fim, o saque de Cook bateu na rede e a bola caiu mansamente do lado brasileiro. Shelda ainda chegou a tentar a defesa, mas ficou na areia.

> "Sidney eram os nossos Jogos Olímpicos, a nossa chance de ouro. Eu tive pesadelos com aquela derrota por um ano."

Demorou a levantar. O mundo parecia ter caído sobre seus ombros. Viu Adriana já em lágrimas e abraçou a parceira. Choravam quando subiram ao pódio. Não queria ir à entrevista coletiva para os medalhistas, mas sabia que era obrigatória. O que dizer? Como explicar? "Peço desculpas por não ter ganho. Peço desculpas por ter feito todo mundo ficar acordado no Brasil", disse Shelda aos jornalistas antes de cair em prantos no ombro de Adriana.

Durante mais de um ano, teve pesadelos com aquele jogo. Sonhava com o contra-ataque perdido que teria fechado o primeiro *set* para as brasileiras. Lembrava daquela última bola, batendo na fita da rede e caindo na quadra. Às vezes, acordava chorando. Foi um tempo difícil fora da quadra. Tempo de escutar jornalistas comentando que elas foram traídas pelos nervos, que tinha faltado tranqüilidade e confiança na hora decisiva. Pior. Tempo de ouvir ofensas. "Amarelonas!" – era o grito desferido pelos torcedores mais exaltados, que, de vez em quando apareciam nas etapas do circuito brasileiro. Dentro da quadra, a situação pouco mudou. As críticas tornaram Shelda e Adriana mais próximas, mais amigas, mais cúmplices. Juntas, ganharam os dois circuitos – brasileiro e mundial – em 2000 e 2001.

As metas ficavam mais difíceis de alcançar. Shelda e Adriana foram novamente campeãs brasileiras em 2002, mas perderam o título do circuito mundial para as americanas Kerri Walsh e Misty May, mais jovens e mais altas. Em 2003, tinham a vaga garantida para os Jogos Pan-americanos de Santo Domingo, mas não puderam disputar: dessa vez, perderiam duas etapas com pontuação dobrada e não havia jatinho à disposição. Era preciso priorizar a passagem para os Jogos Olímpicos. Garantiram a vaga para Atenas 2004 e o sétimo título brasileiro, mas as campeãs do Circuito Mundial foram Sandra e Ana Paula, agora a dupla favorita do Brasil.

Quando Shelda chegou à Grécia, sabia que a disputa seria mais difícil. Se tinha certeza do pódio em Sidney, agora via as adversárias mais fortes e mais altas. Walsh (1,90m) e May (1,82m) não haviam sofrido uma derrota sequer no ano. Sua amiga Holly McPeak trouxera uma nova parceira, Elaine Youngs, de 1,82m. Sandra, atrás de sua terceira medalha olímpica, juntara-se a Ana Paula, de 1,83m. Em busca da mesma façanha, Natalie Cook, de 1,81m, arranjara uma parceira mais jovem e com 1,82m, Nicole Sanderson. Mas a meta a alcançar em 2004 era voltar ao pódio olímpico, e as heptacampeãs brasileiras treinavam sete horas por dia na areia da praia do Leme e ainda faziam ioga e exercícios especiais – para reforçar a musculação e ganhar elasticidade.

Tudo era mesmo diferente em Atenas. Shelda e Adriana Behar ficaram na Vila Olímpica, cercadas pela admiração dos atletas brasileiros. Eram jovens que queriam a fórmula do sucesso para ganhar cinco títulos mundiais e sete brasileiros. Eram colegas de delegação interessados na experiência de Sidney, que valorizavam a conquista da medalha de prata. Fizeram novos amigos, conversavam com atletas de todas as modalidades, viveram a emoção de participar do desfile de abertura com a equipe brasileira.

Shelda e Adriana não eram mais favoritas, mas jogaram a estréia como se fossem, derrotando facilmente as africanas Naidoo e Wiland por 21/7 e 21/10. As italianas Perrota e Gatelli deram mais trabalho, mas as brasileiras mostraram o talento de sempre e fôlego renovado para marcar um duplo 21/17. Terminaram invictas na primeira fase com a vitória sobre as cubanas Peraza e Grasset (21/14, 21/19). A derrota de Ana Paula e Sandra surpreendeu Shelda. Ela e Holly viram as brasileiras ganharem facilmente o primeiro *set* da dupla alemã. Acharam que o jogo seria fácil e foram embora. Ana Paula e Sandra perderam o primeiro lugar no grupo e, com o sorteio, o confronto verde-e-amarelo foi antecipado para as quartas-de-final.

Mais do que com o encontro antecipado, Shelda ficou irritada com o calendário dos jogos. A outra dupla brasileira jogava o jogo das oitavas e tinha um dia de folga antes das quartas. Ela e Adriana jogariam à noite contra as búlgaras e, se vencessem, estariam de volta na quadra às 15h do dia seguinte. Ela se queixou com a parceira. "Parece que as coisas sempre são mais difíceis para a gente".

As irmãs Petia e Tzvetelina Yanchulova também não facilitaram a vida das brasileiras. Venceram bem o primeiro *set*, acertaram lances incríveis, jogavam beijos para a platéia. "O que deu nessas meninas? Elas não são assim", comentou Adriana, temendo a repetição do pesadelo de Sidney. Entretanto, as brasileiras viraram o jogo (18/21, 21/16 e 15/11), que terminou quase à meia-noite. Chegaram à Vila às duas da manhã, dormiram e, no dia seguinte, tiveram tempo apenas para tomar café e assistir a um vídeo com suas partidas contra Sandra e Ana Paula.

Novamente, Shelda e Adriana perderam o primeiro *set*. Mas permaneciam confiantes na vitória, se abraçavam como sempre, davam confiança uma à outra. Shelda desequilibrou o segundo *set*. Fez três *aces*, defendeu bolas que pareciam impossíveis, virou todos os ataques. No *set* decisivo, novamente foi seu saque que estabeleceu a vantagem quando o jogo estava em 12 a 12.

Estava de novo na semifinal olímpica. Deu um longo abraço em Adriana e, depois, recebeu o abraço de Ana Paula. "Vamos lá, baixinha, vamos ganhar", incentivou a adversária.

Eram palavras assim que emocionavam Shelda em Atenas. Antes, a dupla revelação da China, Tian Jia e Wang Fei, aposta do país para Pequim 2008, contara às brasileiras que tinham todos os seus jogos gravados; que desenvolviam seu vôlei de praia assistindo aos movimentos de Shelda e Adriana Behar. Depois, Natalie Cook diria aos jornalistas que as brasileiras eram um exemplo para todas no circuito. A australiana e a parceira Sanderson foram derrotadas na semifinal; 21/17, 21/16. Shelda e Adriana estavam na segunda final olímpica consecutiva.

Dessa vez, sabiam que tinham de jogar como nunca para derrotar as favoritas. Não tiveram nem chance. Nem Kerri Walsh e Misty May erraram, nem as brasileiras acertaram tudo. As americanas venceram por 21/17, 21/11. Dessa vez, a tristeza de Shelda não durou mais que alguns segundos. Abraçou a parceira, pegou a bandeira do Brasil e deu uma volta olímpica. A torcida aplaudia. Ela ouvia gritos de "é campeã" e "vocês são de ouro". As brasileiras ainda receberiam mais uma homenagem. "Elas são nossas professoras; nós aprendemos vendo Adriana e Shelda jogarem", contou a campeã olímpica Kerri Walsh.

Era em todo esse reconhecimento que Shelda Kelly Bruno Bedê pensava, de volta ao pódio, embrulhada na bandeira do Brasil, ao lado da parceira de tantos anos. Fazia parte da história de seu esporte, jogava desde a primeira etapa do primeiro ano do circuito brasileiro. Tinha sete títulos nacionais e estava a caminho do oitavo. Tinha cinco títulos do Circuito Mundial e estava a caminho do sexto. Não queria chorar, mas algumas lágrimas apareceram: genuínas lágrimas de emoção e felicidade. Estava pronta para traçar novas metas.

conquistas coletivas

Paula
Janeth
Leila
Virna
Pretinha
Marta

paula

Paula em ação durante partida contra a seleção da Itália nos Jogos Olímpicos de Atlanta 1996. Naquele ano, a seleção feminina de basquete conquistou a inédita medalha de prata, ficando atrás apenas dos Estados Unidos.

8
BRASIL

✻ paula ....

✳ "Para você, eu não entrego a medalha". Comandante da Revolução Cubana, presidente do país e apaixonado por basquete, Fidel Castro brincava com a brasileira que acabara de liderar a seleção na vitória sobre Cuba, bem debaixo de suas barbas. Pediu que a jogadora virasse de costas. "Você é a número oito, não? Você fica sem medalha. É uma bruxa. Acabou com o time de Cuba", brincava Fidel, que pessoalmente comandara os aplausos para as brasileiras que derrotaram a seleção cubana na decisão do basquete nos Jogos Pan-americanos de Havana.

Em 1991, aquela medalha significava a maior conquista da carreira de Maria Paula Gonçalves da Silva, a número oito, armadora titular da seleção brasileira desde os 15 anos de idade. Na espetacular vitória do Brasil sobre Cuba, ninguém impressionara mais a Fidel. Paula armou o jogo, deu passes (sem olhar) que desnortearam a defesa cubana e marcou 24 pontos. Foi ela quem desequilibrou o jogo na primeira metade do segundo tempo, marcando quatro cestas de três pontos. O primeiro tempo terminara empatado. Inspirado pelas cestas de Paula, o Brasil abriu 15 pontos e acabou vencendo por 97 a 76.

Aos 29 anos, ela colecionava mais frustrações do que vitórias com a seleção. Já disputara três torneios seletivos sem conseguir a vaga para Jogos Olímpicos. Nunca subira ao pódio após quatro campeonatos mundiais. Parecia que os deuses do esporte trabalhavam contra Paula e sua companheira de geração Hortência Marcari. Cestinha da decisão do Pan de 1991 com 32 pontos e de quase todos os torneios de que participou, a lateral Hortência tinha dois anos a mais que a armadora e o mesmo currículo de insucessos na seleção. No Coliseu de Havana, abraçadas após a vitória e depois posando para fotos junto a Fidel, começavam a sonhar com os Jogos Olímpicos de Barcelona 1992.

Desde que fora chamada pela primeira vez para a seleção brasileira, com apenas 14 anos, Paula passou a imaginar a emoção dos Jogos Olímpicos. Tivera uma carreira, até ali, meteórica. Adorava esportes desde pequena: praticou natação, atletismo, tênis de mesa e xadrez em Osvaldo Cruz, uma pequena cidade com pouco mais de vinte mil habitantes no interior de São Paulo. Aos 10 anos, conseguiu uma vaga no time de basquete da cidade onde jogava sua irmã, Cíntia, seis anos mais velha. A pequena Paula foi uma revelação: tinha um incrível controle de bola e uma pontaria certeira nos arremessos. Virou uma atração dos torneios da região.

"Com 12 anos, eu não entendia por que tinha que brincar de basquete longe da minha casa e da minha família."

Era uma criança de 12 anos ainda quando, no começo de 1974, saiu de perto dos pais para morar no município vizinho de Assis e jogar basquete na equipe local. Foi morar com o técnico da equipe, sua mulher e as duas filhas, que também eram do time. Paula não entendia por que tinha de ficar longe de casa e da família, mas eram os próprios pais – Eberard, conhecido como Beto, e Ilda, chamada por todos de Dona Neca – que acreditavam que o futuro da filha estava no esporte, e ela precisava mudar de cidade para progredir. Em Osvaldo Cruz, vizinhos e parentes achavam um absurdo mandar uma menina para outro município só para jogar basquete.

Durante a semana, Paula sofria com saudades da família. Só encontrava os pais e as irmãs nos fins de semana: ou ela ia até Osvaldo Cruz, ou a família toda ia vê-la jogar. Em Assis, passava a manhã na escola e o resto do dia no clube, treinando basquete em times de todas as faixas de idade. Estrela de torneios mirins, infantis e infanto-juvenis no interior de São Paulo, recebeu convite para jogar em Jundiaí, no time do Colégio Divino Salvador. Para os pais, a boa fama do colégio religioso como instituição de ensino pesou tanto na decisão de aceitar o convite quanto a tradição do Divino no esporte.

Aos 14 anos, Paula morava ainda mais longe de casa – Jundiaí fica a mais de 300km de Osvaldo Cruz. Passou por uma pensão para estudantes até ser abrigada pela família de colegas do time. Em 1976, foi convocada, pela primeira vez, para a seleção brasileira, que passava por um violento processo de renovação. Após o fracasso do Brasil no Mundial e nos Jogos Pan-americanos de 1975, foram aposentadas as veteranas Norminha, Nilza, Heleninha e Laís – responsáveis, até ali, pelos melhores resultados do basquete brasileiro.

O novo treinador, Antônio Carlos Barbosa, convocara um punhado de adolescentes para a disputa do Sul-americano de 1977, no Peru. A caçula,

Paula, tinha só 15 anos. Promessa de cestas, Hortência ainda não completara 18. A jovem equipe foi vice-campeã, perdendo apenas uma partida. Hortência foi a cestinha da seleção. Paula jogou pouco: apesar de competir como lateral nos clubes, estreou na seleção como armadora. Na lateral, ficava mais livre para arremessar, mas Barbosa preferiu usar seu controle de bola e visão de jogo na nova posição, que assumiria definitivamente na seleção brasileira.

"É comum, no esporte, o atleta não ter opinião. O dirigente, em geral, prefere quem não tem consciência, quem não enxerga."

Paula, aos 16 anos, já armava o time titular do Brasil que entrou em quadra na Bolívia, no Sul-americano seguinte, em 1978. As brasileiras foram campeãs – ganharam todos os jogos com mais de trinta pontos de vantagem. Outras duas adolescentes, Hortência e Vânia Teixeira, foram as cestinhas da competição. As jovens brasileiras impressionavam pela habilidade e a precisão nos arremessos, mas ainda sofriam com adversárias mais altas e fortes. Em 1979, a seleção ficou em quarto lugar – atrás de Cuba, Estados Unidos e Canadá – nos Jogos Pan-americanos. Terminou em nono, no Campeonato Mundial, na Coréia.

Para a adolescente Paula, a seleção era o máximo, uma oportunidade única de conhecer novos lugares e novas pessoas. Já não podia se imaginar longe da quadra de basquete. Em 1980, após quatro anos em Jundiaí, recebeu um convite para jogar no time da Universidade Metodista de Piracicaba (Unimep). A equipe era dirigida pela ex-jogadora Maria Helena Cardoso e oferecia, além de bolsa de estudos na universidade, um ótimo salário e um carro (um Fiat 147) para Paula.

Em maio daquele ano, a seleção viajou para disputar o Torneio Pré-Olímpico, na Bulgária, que classificaria cinco equipes para os Jogos Olímpicos de Moscou, três meses depois. O Brasil não passou da primeira fase – ganhou da Irlanda e perdeu para Tchecoslováquia e França. Na classificação geral, ficou em 15º lugar entre 22 equipes. Uma frustração para o time de Paula e Hortência, que esperava pelo menos brigar pela vaga.

A década começava com o basquete brasileiro dividido entre suas novas estrelas do interior de São Paulo. Hortência foi campeã paulista duas vezes, pelo Higienópolis, de Catanduva. Em 1981, a Unimep de Paula quebrou a série do time rival. Hortência mudou-se para Presidente Prudente e foi campeã paulista em 1982 e 1983 com a Prudentina. A Unimep retomou o título estadual em 1984. A rivalidade entre Paula e Hortência crescia a cada final disputada, a cada título em jogo. Quando chegavam à seleção, cada uma tinha seu grupo – as jogadoras da Prudentina e da Unimep eram maioria na equipe brasileira. Se não eram amigas, as principais estrelas da seleção também não brigavam. E jogavam cada vez melhor. Parecia que ambas treinavam cada vez mais para superar a rival. Em 1983, o Brasil voltou ao pódio nos Jogos Pan-americanos, ganhando a medalha de bronze em Caracas. Era hora de voltar a sonhar com os Jogos Olímpicos. No entanto, o Pré-Olímpico de Havana, em 1984, reservava novas decepções: o Brasil perdeu os três jogos e voltou em 15º.

"Acho que nunca vou disputar os Jogos Olímpicos" – era o desabafo de Paula com a irmã Branca, também jogadora de basquete da Unimep, após o segundo insucesso. No Brasil, a rivalidade com Hortência prosseguia e atraía a atenção do público, da mídia e dos patrocinadores. As disputas entre o time de Paula e o time de Hortência produziam ginásios lotados e boa audiência na TV. Com o reforço da adolescente Janeth, a Unimep foi campeã da Taça Brasil em 1985 e 1986. O novo time da rival – o Minercal, de Sorocaba, foi campeão paulista em 1986 e 1987 e da Taça Brasil em 1988. Juntas, Paula e Hortência lideraram a seleção na conquista da medalha de prata nos Jogos Pan-americanos de Indianápolis.

Juntas, tiveram nova frustração na disputa do Torneio Pré-Olímpico, na Ásia, que selecionaria seis seleções para Seul 1988. Dessa vez, o Brasil conseguiu vencer Espanha, Angola e Taipe, mas derrotas para União Soviética e China sepultaram o sonho olímpico. A seleção brasileira acabou em décimo lugar. A geração de Paula e Hortência parecia condenada a ficar de fora do mais importante evento esportivo do mundo.

Naquele ano, foram chamadas para uma seleção do mundo que disputaria amistosos nos Estados Unidos e no Canadá. A organização colocou as estrelas brasileiras no mesmo quarto – o que nunca acontecia na seleção.

Começaram a conversar, a discutir a relação, a fazer planos. "A gente precisa mudar o nosso jeito ou não vai chegar a lugar algum", argumentava Paula. "Não adianta nada ser considerada a melhor jogadora e sair sem medalha", concordava Hortência. Não voltaram amigas, mas tinham agora a consciência de que precisavam trabalhar juntas para alcançar os resultados.

Foi com esse espírito que chegaram aos Jogos Pan-americanos de Havana, após mais um insucesso (décimo lugar) no Mundial da Malásia. Em Cuba, Paula e Hortência reuniam as jogadoras para dar orientações às mais novas. O time podia estar divido entre elas como sempre – eram seis jogadoras de Piracicaba e seis de Sorocaba no Pan –, mas a postura das estrelas dava um sentido de união à equipe. Mais firme na defesa, com a fluência de sempre no ataque e reforçado agora pelas infiltrações de Janeth, a seleção surpreendeu Estados Unidos e Cuba na primeira fase.

Na final, as cubanas diziam que não seriam novamente pegas de surpresa. Cinco minutos antes de a decisão começar, Fidel Castro desceu da tribuna para abraçar as jogadoras e desejar-lhes boa sorte. Do seu lugar, o comandante viu o *show* das brasileiras – lideradas pelos passes mágicos de Paula e as mãos certeiras de Hortência. Foi o próprio Fidel que puxou os aplausos às vencedoras após o jogo e fez questão de entregar as medalhas de ouro. Até mesmo para aquela bruxa que destruíra o time cubano.

Era bruxa em Cuba; no Brasil, era mágica. "Magic" Paula: assim a armadora da seleção passara a ser chamada nas emissoras de TV e rádio e nos jornais, numa referência ao norte-americano Ervin "Magic" Johnson, lenda do basquete profissional da NBA. Como Paula, Johnson era capaz de olhar para um lado e fazer uma assistência perfeita para o outro. A medalha de ouro no Pan valorizou o basquete. "Mas a gente ainda precisa ir aos Jogos Olímpicos", disseram Paula e Hortência às jogadoras após a conquista em Havana.

A seletiva para Barcelona 1992 foi disputada também na Espanha, na cidade de Vigo, de 28 de maio a 8 de junho – cinqüenta dias antes dos Jogos Olímpicos. A seleção ganhou da Polônia, do Zaire e da Hungria. Perdeu da favorita China e da forte equipe da Tchecoslováquia. Para ficar entre os cinco primeiros e garantir a vaga, precisava vencer os três últimos jogos, principalmente a Austrália e a Itália, rivais diretos. O jogo contra as australianas foi emocionante: empate de 81 a 81 no tempo normal; empate de 86 a 86 na nervosíssima primeira prorrogação; e, finalmente, a vitória do Brasil por 99 a 97, com uma daquelas cestas impossíveis de Hortência para selar o placar. As brasileiras venceram, depois, dominicanas e italianas. Enfim, a seleção feminina de basquete estava classificada para os Jogos Olímpicos.

Paula ficou emocionada com Barcelona. O desfile de abertura, a beleza da Vila Olímpica, o encontro com os maiores atletas do mundo, o carinho dos brasileiros com as estrelas do basquete que finalmente fariam sua estréia nos Jogos. Paula tinha 30 anos e era uma novata; Hortência, aos 32, também. A classificação do basquete tinha feito a presença feminina na delegação brasileira dar um salto. Em Barcelona 1992, dos 197 atletas brasileiros, 51 eram mulheres.

A seleção não brilhou. Talvez fosse o impacto da estréia nos Jogos Olímpicos, talvez ainda não estivesse mesmo no nível das melhores do mundo. O Brasil ganhou da Itália na estréia, mas, ainda na primeira fase, perdeu de Cuba na prorrogação e foi facilmente derrotado pela Comunidade dos Estados Independentes – a ex-União Soviética. Ficou fora das semifinais e acabou em sétimo, após uma derrota para a Tchecoslováquia e mais uma vitória sobre a Itália.

Contudo, Paula sentia a seleção brasileira mais madura e mais unida – tinha tudo para deixar de ser coadjuvante no Mundial da Austrália, em 1994, provavelmente o último para ela e Hortência. As novas pivôs – Alessandra, Cíntia e Leila – eram mais altas e habilidosas do que suas antecessoras. Janeth já era a terceira estrela da seleção. Mas o Brasil teria no Mundial um técnico praticamente estreante. Miguel Ângelo da Luz treinava o time juvenil do Grajaú, no Rio, ao ser escolhido técnico da seleção brasileira feminina.

Paula e Hortência foram aos dirigentes. A escolha não fazia sentido: um treinador iniciante, de times masculinos e que nunca trabalhara no interior paulista onde estavam as principais equipes femininas. A confederação manteve o técnico, escoltado por uma comissão técnica de qualidade. Miguel Ângelo procurou as duas assim que assumiu: "Com a liderança de vocês, a seleção pode ganhar tudo. Sem vocês, não vamos avançar um passo", disse o jovem treinador. Paula e Hortência prometeram ajudar. Reuniram as jogadoras, fizeram um pacto pelo sucesso. Disseram que aquela seria a última competição das duas pela seleção brasileira e queriam repetir o espírito do Pan-americano de Havana.

A seleção brasileira estreou no Mundial de Basquete no dia 2 de junho, um mês antes da estréia de outra seleção brasileira na Copa do Mundo, nos Estados Unidos. Na primeira fase, venceram Polônia e Taiwan e perderam para a Tchecoslováquia. Na fase seguinte, ganharam por vinte pontos de Cuba, perderam para a China e conquistaram a vaga na semifinal ao derrotar a Espanha por 92 a 87.

"As conquistas do basquete foram sempre pelo talento das jogadoras. Se dependesse da organização, a gente estava morta."

O adversário na semifinal era a jovem seleção dos Estados Unidos. Desde o começo da disputa dos mundiais femininos, em 1953, somente norte-americanas e soviéticas tinham conquistado o título. As brasileiras imprimiram um ritmo veloz, de arremessos constantes. Era um tiroteio que interessava ao Brasil. O primeiro tempo acabou em 57 a 54 para as brasileiras. Na segunda etapa, as americanas tentaram cadenciar o jogo, parar o Brasil com faltas. Não foi possível. As veteranas Paula e Hortência jogaram todos os quarenta minutos. Hortência fez 32 pontos; Paula marcou 29 – 15 em lances livres, resultado de faltas que iam complicando as jogadoras adversárias.

A decisão do Mundial era contra a China no dia 12 de junho, mesma data do amistoso do Brasil de Romário e Bebeto contra El Salvador, último jogo antes da estréia contra a Rússia. Na véspera, Paula e Hortência pediram às companheiras o título mundial como presente de despedida da seleção. No ginásio em Sidney, alguns dirigentes e meia-dúzia de jornalistas acompanhavam as brasileiras do basquete; no estádio na Califórnia, um batalhão de repórteres, fotógrafos e cinegrafistas seguia os brasileiros do futebol.

As chinesas haviam derrotado as brasileiras na fase de quartas-de-final, mas a decisão foi equilibrada desde o começo. Com as estrelas Hortência, Paula e Janeth inspiradas, o Brasil abriu nove pontos de vantagem no fim do primeiro tempo (51 a 42). Na segunda etapa, por duas vezes, as chinesas chegaram a empatar o jogo, mas a seleção retomou a vantagem e venceu por

96 a 87. Hortência, cestinha do campeonato, fez 27 pontos; Janeth marcou vinte; Paula anotou 17, com seis assistências. No dia seguinte, a vitória da seleção de futebol por 4 a 0 sobre o inexpressivo time de El Salvador tinha mais espaço do que a inédita conquista do basquete feminino.

Na quadra, em Sidney, as brasileiras tinham consciência do tamanho da vitória: elas se abraçavam e choravam. "A gente merece, a gente merece", repetia Paula às companheiras. Depois de 18 anos de seleção, o título mundial era a coroação da carreira, a marca do nome na história do basquete brasileiro. Não havia mais nada a conquistar. "E os Jogos Olímpicos?" – foi a pergunta que a armadora da seleção ouviu ainda no ginásio de um dos poucos jornalistas presentes. Não tinha pensado em Atlanta 1996. Parecia distante. A decisão de deixar a seleção já estava amadurecida. "Fica até os Jogos Olímpicos", pediam os torcedores enquanto ela passeava no carro do Corpo de Bombeiros por Piracicaba, onde agora morava toda a sua família.

Durante quase um ano e meio, Paula ouviu o mesmo pedido centenas de vezes. Vinha de colegas de seleção, de dirigentes, de torcedores, de vizinhos em Piracicaba, de patrocinadores. Ela voltara a jogar em Piracicaba, que toda a família adotara como casa. O tempo passava, e a pressão aumentava. Hortência parara de jogar em 1995, quando descobriu estar grávida. Assumira um cargo na Confederação Brasileira de Basquete e também perguntara a Paula se era possível que ela reconsiderasse a decisão. O desafio da medalha olímpica começou a se tornar uma tentação. A seleção teria em Atlanta a mesma comissão técnica e quase o mesmo grupo de jogadoras do Mundial. Talvez fosse até um time mais forte se tivesse Paula e Hortência.

No dia 13 de março de 1996, quatro meses antes dos Jogos Olímpicos de 1996, Paula anunciou sua volta à seleção. Menos de um mês depois, estava de volta aos treinos com o time. Ao chegar, disse que não era estrela nem salvadora da pátria. Passou, sim, a ser a capitã do time: aos 34 anos, estava completando vinte com a camisa da seleção. Em maio, a equipe embarcou para um torneio nos Estados Unidos com o reforço de Hortência, que levou o filho de três meses e a babá. A rainha também reconsiderava a decisão de deixar a seleção: só não sabia se estaria em forma para jogar depois de 18 meses parada.

A seleção brasileira chegou a Atlanta sob desconfiança: amargou três derrotas no torneio preparatório no Canadá. Paula sofrera uma lesão na panturrilha;

Hortência, longe da sua melhor forma, não repetia a média de pontos de sua carreira. Mas as duas lembravam às companheiras que, se dependesse só de suas estrelas, o Brasil nada conquistaria.

Na estréia, a seleção mostrou força na defesa e ataque balanceado: ganhou do Canadá por 69 a 56, com quatro brasileiras marcando mais de dez pontos. Na vitória sobre a Rússia (82 a 68), Hortência mostrou que quem fora rainha jamais perderia a majestade: anotou vinte pontos, sua maior pontuação desde a gravidez, para ser a cestinha do jogo. Na terceira partida, entretanto, torceu o tornozelo. Paula assumiu o controle da partida contra as japonesas. Foi a cestinha com 25 pontos e encheu as pivôs de passes: Marta fez 21, Alessandra, vinte.

A vitória folgada (100 a 80) deixou as jogadoras animadas: a vaga na segunda fase estava praticamente garantida. A armadora ficou preocupada. "A gente ainda não ganhou nada. Falta muito para a medalha", disse após o jogo. Mas o time estava embalado. Sem Hortência, derrotou a China (98 a 83, com 26 pontos de Janeth) e a Itália (75 a 73, novamente com quatro jogadoras com mais de dez pontos).

A adversária das quartas-de-final era a seleção cubana, de quem o Brasil tinha perdido três vezes no começo do ano, antes do retorno das estrelas. Foram elas que fizeram questão de alertar para a importância do jogo: a vitória garantia duas chances de disputar medalha; a derrota significava voltar para casa de mãos vazias. Com Hortência recuperada da contusão e Paula inspirada no ataque, a seleção brasileira deu um show. No primeiro tempo, já ganhava por 50 a 33 – o jogo terminou com 101 a 69. Paula e Janeth fizeram 19 pontos cada, Hortência acrescentou mais 17. O Brasil estava nas semifinais; a medalha estava próxima.

"Revendo a semifinal em Atlanta, acho que a gente comemorou demais a medalha garantida."

Na semifinal contra a Ucrânia, Paula chamou o jogo para si. Era a hora decisiva e sabia que Hortência não estava 100%. Foi totalmente Magic: acertou cinco cestas de três, fez oito assistências, atordoou a defesa ucraniana.

Com três minutos para o jogo acabar, deixou a quadra como cestinha da partida – 24 pontos – e foi aguardar o final ao lado de Hortência. Alguém acenou da platéia com uma bandeira do Brasil. Paula foi até lá e esperou o fim da partida com a bandeira na mão. Já estava em lágrimas, abraçada a Hortência, quando o jogo acabou. Brasil 81 x 60 Ucrânia: a medalha olímpica da sua geração estava garantida.

O time inteiro chorou. Em prantos, a veterana pivô Marta, que ficara fora do time na disputa do Mundial, repetia aos gritos: "Eu tenho uma medalha, eu tenho uma medalha". Paula abraçava as companheiras, mostrava a bandeira do Brasil. Do lado de fora, a técnica da seleção dos Estados Unidos, adversária na final olímpica, elogiava a armadora. "É a jogadora capaz de fazer as jogadas mais surpreendentes do basquete", comentou a treinadora Tara VanDerveer.

Entretanto, as americanas estavam se preparando desde o Mundial para aquele reencontro com as rivais que as tinham derrotado na semifinal dois anos antes. A marcação sobre Paula e Hortência foi implacável na final olímpica em Atlanta. Paula ainda conseguiu dar dez assistências, mas só marcou sete pontos. Hortência fez apenas 11. Os Estados Unidos eram campeões olímpicos (111 a 87), deixando o Brasil com a inédita medalha de prata. As brasileiras choraram de novo no pódio.

Para Paula, contudo, ainda estava reservada uma última emoção. Os Jogos Olímpicos de Atlanta terminavam naquele dia. O COB queria que ela fosse a porta-bandeira do Brasil na cerimônia de encerramento. Desceu do pódio com a medalha, e pegou um carro para o estádio olímpico. Ao chegar lá, teve de dar a volta no estádio correndo, para alcançar a bandeira antes de a cerimônia começar.

O desfile de encerramento é uma experiência solitária para quem leva a bandeira. Desfilam apenas um atleta de cada país; os outros já estão no gramado. Paula tinha novamente lágrimas nos olhos ao carregar o símbolo de seu país: via a medalha de prata no peito e se lembrava da medalha de ouro colocada por Fidel e da medalha de ouro recebida na Austrália. Pensava também nas dificuldades, nos sacrifícios, nas frustrações de 24 anos dedicados ao basquete, de vinte anos de seleção. No Estádio Olímpico de Atlanta, com a bandeira do Brasil nas mãos, tinha certeza de que tudo valera a pena.

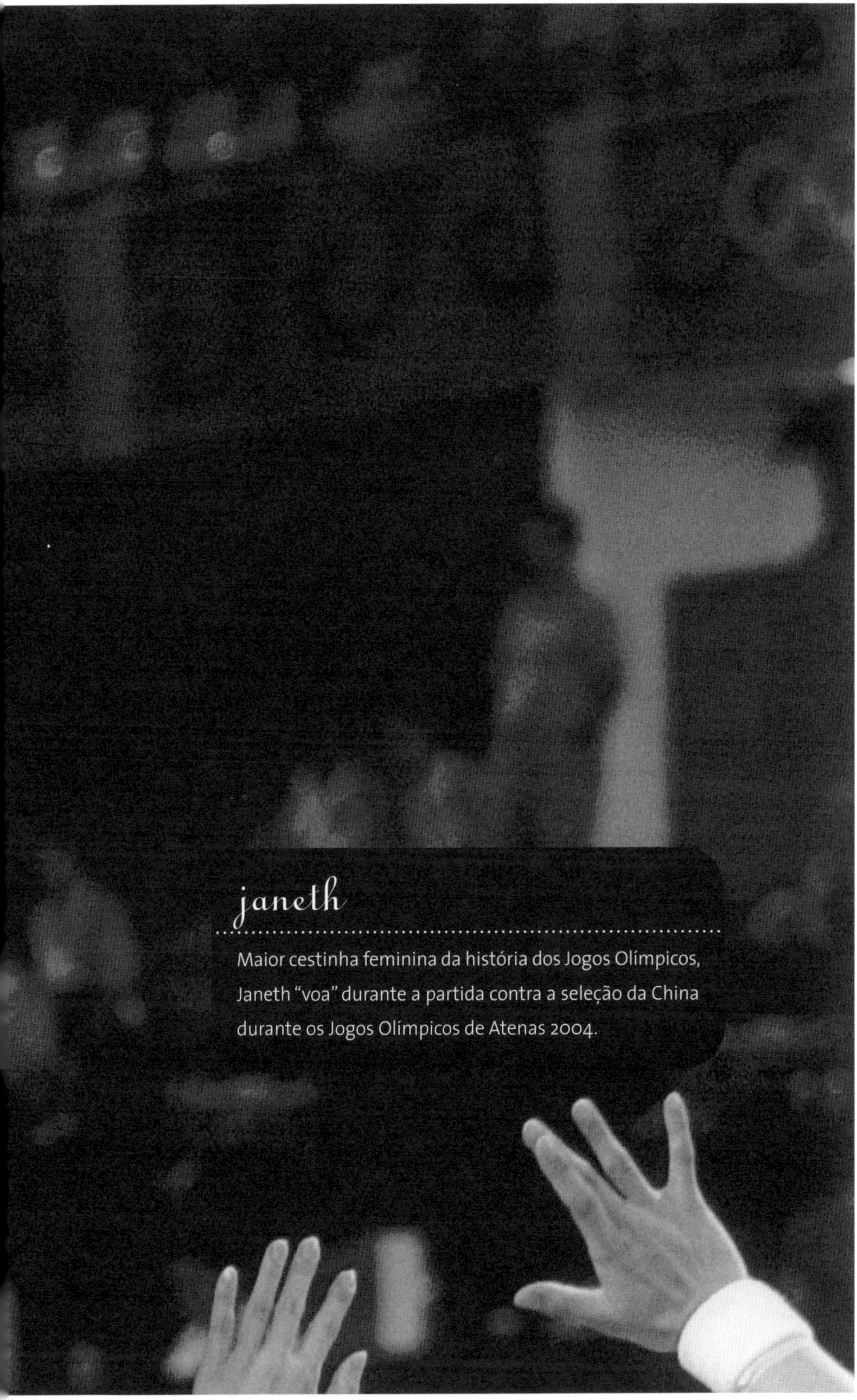

janeth

Maior cestinha feminina da história dos Jogos Olímpicos, Janeth "voa" durante a partida contra a seleção da China durante os Jogos Olímpicos de Atenas 2004.

❊ janeth ....

❊Sentiu que era o momento para o qual vinha sendo preparada desde os 16 anos. A seleção brasileira feminina de basquete havia sido derrotada pelas canadenses, de quem não perdia há muito tempo e, agora, no caminho para o pódio nos Jogos Olímpicos de Sidney 2000, teria pela frente a Rússia, uma das favoritas ao título. As quartas-de-final eram sempre dramáticas: as vencedoras tinham duas chances de conquistar uma medalha; as derrotadas voltavam para casa de mãos vazias. As brasileiras estavam claramente abatidas com a derrota por um ponto, que estava fora dos planos.

"É agora que nós temos que mostrar para nós mesmas do que somos capazes. Independentemente do que a imprensa está falando – que a situação é difícil porque Hortência e Paula não estão mais – a responsabilidade agora é nossa. Nós temos que mostrar por que estamos na seleção" – assim a ala Janeth, capitã e líder da renovada equipe brasileira, abriu a reunião das jogadoras em Sidney, no dia seguinte à derrota para o Canadá, antes do jogo eliminatório contra a Rússia. "Não importa o que aconteça, nós temos que estar sempre juntas. Se ganharmos, ganharemos juntas. Se perdermos, perderemos juntas. Mas precisamos mostrar do que somos capazes", emendou.

Foi uma reunião tensa na Vila Olímpica. Teve jogadora que chorou, teve jogadora que reclamou, teve jogadora que gritou. Desde a saída de Hortência e Paula, que comandaram o time durante vinte anos, a seleção costumava fazer reuniões em que todas falavam abertamente. Essa era uma marca da equipe sob a liderança de Janeth Arcain dos Santos, que, após a aposentadoria das estrelas, assumira o papel de capitã do time, exatamente como previra a treinadora Maria Helena Cardoso ao convocá-la pela primeira vez para a seleção adulta, ainda em 1985, quando a jovem ala tinha apenas pouco mais de dois anos de basquete.

A paixão de Janeth começou em 1983, ao ver pela TV os jogos do Mundial disputado em São Paulo. As jovens Paula e Hortência brilharam, com um show de técnica e precisão nos arremessos, mas a seleção ficou em quinto lugar. Com 14 anos, a menina do bairro Bom Retiro, na periferia da capital paulista, procurou o Corinthians assim que o campeonato terminou. Queria jogar basquete. A modalidade não existia no clube. Um técnico, impressionado com os quase 1,80m da adolescente, sugeriu que ela entrasse na equipe de voleibol. A convivência com saques e cortadas durou apenas uma competição. "Eu quero mesmo é jogar basquete", disse no clube e repetiu na escola.

Toda essa vontade e disposição – que incluía bater bola sozinha no pátio do colégio – chamou a atenção das professoras de educação física. Elas conheciam o técnico Edson Ferreto, responsável pelo Higienópolis, tradicional time de basquete de Catanduva, município a quase 400km da capital paulista. A adolescente era alta e levava jeito. Ferreto quis saber se estava disposta a mudar de cidade. Os pais – Nilo e Rita – ficaram preocupados, mas a filha prometeu continuar estudando, e o treinador garantiu que o clube cuidaria dela o tempo todo.

Antes de o ano terminar, o basquete já tomara conta da vida de Janeth. Treinava de manhã e de tarde no Higienópolis, com as equipes mirim, infantil e juvenil. Quando era possível, ainda completava o treino do time adulto. Muitas vezes, não podia fazê-lo porque o treino entrava pela noite, quando tinha de ir para a escola. Morava com outras jovens jogadoras, em uma casa dentro do clube.

O começo foi difícil. Morria de saudades da mãe e ligava para São Paulo todos os dias. Entretanto, na quadra, seu talento desabrochava. Aprendia rápido: logo dominou todos os fundamentos e malandragens do esporte. Usava o tempo livre para bater bola e arremessar. Em Catanduva, foi campeã paulista mirim ainda em 1983 e campeão paulista infantil em 1984 e 1985, antes de se transferir para Piracicaba.

A técnica Maria Helena Cardoso e a auxiliar Heleninha – estrelas da seleção brasileira na década de 1960 – ficaram encantadas com a agilidade de Janeth, que já media quase 1,80m, e a levaram para o time da Unimep. A adolescente jogava como pivô durante a maior parte do tempo em Catanduva, mas as treinadoras queriam aproveitar sua velocidade e habilidade como lateral.

Em Piracicaba, a recém-chegada treinava com os times juvenil e adulto, no qual jogavam estrelas da seleção brasileira. Nos primeiros coletivos, chegou a levar algumas boladas da armadora Paula, sempre imprevisível nos passes. "No basquete, você tem que ficar atenta o tempo todo", ensinava a estrela. Janeth tinha atenção especial de Maria Helena, entusiasmada com o aprendizado rápido e a dedicação total da jovem jogadora ao basquete. Estudava de manhã e passava o resto do dia no ginásio. Morava no alojamento para as alunas da universidade.

No começo de 1986, Janeth estava na lista das jogadoras convocadas por Maria Helena para a seleção brasileira que disputaria o Campeonato Sul-americano, em maio, e o Mundial, em agosto. A treinadora teve uma conversa especial com sua pupila. "Dessa vez, você vai só para treinar e aprender. Mas eu quero te preparar para o futuro, para você ser a nova líder da seleção quando Paula e Hortência pararem de jogar", disse Maria Helena a uma assustada Janeth, que nem tinha completado 17 anos. As estrelas da seleção ainda eram jovens entre 24 e 26 anos.

A confiança da técnica a fez treinar ainda mais: era o único jeito de retribuir. Enquanto esteve na seleção, entrava na quadra antes de todas as outras jogadoras e saía depois. Foi cortada antes do Sul-americano – já tinha sido avisada por Maria Helena. Eram apenas três equipes, e o Brasil ganhou todos os jogos com contagens centenárias. Hortência, sempre cestinha, teve uma média de 32 pontos por partida. No Mundial, entretanto, o time decepcionaria ficando apenas em 11º lugar.

Em 1987, Janeth já estava na seleção brasileira nos Jogos Pan-americanos de Indianápolis, nos Estados Unidos. Era reserva, mas entrava sempre durante as partidas. Maria Helena gostava de sua capacidade defensiva e de sua simplicidade nas ações ofensivas. Na decisão da medalha de ouro, o time feminino do Brasil perdeu para as norte-americanas. Para Janeth, com 19 anos, a derrota foi compensada por um momento histórico: ela assistiu à final masculina quando a seleção de Oscar e Marcel demoliu os Estados Unidos, na primeira derrota dos norte-americanos no basquete dentro do próprio país.

> "No começo, a gente morre de saudade da família. Mas, depois, vai acostumando com a vida de nômade."

Por mais dois anos, a jogadora ainda permaneceu no time juvenil do Brasil, mas nunca mais deixou a seleção adulta. Estava no grupo que ficou em décimo lugar no Pré-Olímpico da Ásia, em 1988. Liderou a seleção juvenil que acabou na oitava posição no mundial da categoria, em 1989. Foi campeã sul-americana com o time adulto no mesmo ano. Em 1990, foi improvisada para jogar como pivô na seleção que disputou os Jogos da Boa Vontade (4º lugar), em Seattle, e o Mundial (10º lugar), na Malásia.

Titular da seleção e estrela ascendente no basquete brasileiro, recebeu convite para jogar no Divino, de Jundiaí, com direito a um substancial aumento de salário. Na seleção, Janeth via as estrelas Paula e Hortência mais afinadas e mostrando disposição para trabalhar juntas para o sucesso da equipe. Nos Jogos Pan-americanos de Havana, as brasileiras surpreenderam cubanas e americanas. Na fase inicial, venceram as duas seleções favoritas: 87 a 84 nos Estados Unidos; 90 a 87 em Cuba. Voltaram a enfrentar as donas da casa na final, com Fidel Castro na platéia. As cubanas, centradas na marcação de Paula e Hortência, equilibraram o jogo no primeiro tempo.

Maria Helena chamou Janeth: "Agora é hora de você decidir no ataque", orientou a treinadora. "Ai, meu Deus, sobrou pra mim", pensou a lateral. As bolas de Janeth começaram a cair, a marcação adversária sobre as estrelas afrouxou, Paula começou a acertar cestas de três, o Brasil disparou no placar. No fim, o comandante rendeu-se aos talentos das brasileiras. Reverenciou Paula (24 pontos) e Hortência (32), mas quis saber também quem era a jovem revelação, que marcara 19 pontos na conquista da medalha de ouro. O basquete era apresentado à nova estrela da seleção.

> "Todo mundo ficou deslumbrado com a Vila, com tudo em Barcelona, e esqueceu de jogar basquete."

A conquista da vaga no Pré-Olímpico, em Vigo, deu mais uma prova da evolução da equipe. As brasileiras ficaram deslumbradas com a beleza e a organização dos Jogos Olímpicos de Barcelona 1992. Cada jogadora queria aproveitar como podia aquele momento inédito, a primeira vez do basquete feminino brasileiro nos Jogos. O torneio olímpico reunia os oito melhores times do mundo. Seria dificílimo de qualquer jeito, mas a seleção jogou abaixo do esperado e voltou em sétimo lugar.

As brasileiras aprenderam a lição. Retomaram o espírito de união no Campeonato Mundial de 1994, na Austrália. Do outro lado do mundo, as jogadoras não apenas treinavam juntas, mas saíam juntas nas horas de folga, almoçavam e jantavam juntas. Ninguém aproveitou as belezas de Sidney. O time estava concentrado apenas em ganhar a competição. O Brasil surpreendeu as americanas na semifinal e derrotou as chinesas na decisão. As jogadoras fizeram uma festa na quadra, se abraçaram e choraram. Eram campeãs do mundo – pela primeira e única vez, até hoje, o título não ficara com americanas ou russas.

Janeth consagrou-se definitivamente na Austrália. Foi a terceira cestinha do Mundial, com 23,2 pontos por partida, atrás somente de Hortência e da pivô chinesa Zheng, de mais de 2m de altura. Ficou entre as cinco melhores em lances livres, em roubos de bola e em rebotes defensivos. As estatísticas reforçavam suas virtudes de jogadora completa. A simplicidade de seu jogo atraía a atenção dos treinadores de todo o mundo, mas Janeth recusou as primeiras propostas para jogar no exterior.

Estava feliz em Santo André, onde morava desde 1993. Perto da capital, a cidade misturava vantagens da cidade grande com um clima da vida do interior. Era a estrela do time em que jogavam também as jovens pivôs Alessandra e Leila. O Santo André foi campeão paulista e vice-campeão brasileiro, mas ficou sem patrocínio em 1996, quando a seleção brasileira já se preparava para os Jogos Olímpicos de Atlanta.

Interessada em permanecer na cidade, Janeth ajudava o clube a buscar um novo patrocinador. Muitas empresas pareciam interessadas, mas deixavam a decisão para depois dos Jogos Olímpicos. O resultado seria determinante para novos investimentos. O basquete do Brasil chegou a Atlanta com Paula se recuperando de uma distensão, Hortência fora de forma após o nascimento do filho e Janeth desempregada.

Entretanto, a seleção estava mais forte e mais equilibrada. Dependia menos de suas estrelas. Os adversários também olhavam as brasileiras com mais respeito após o título mundial. As cinco vitórias na primeira fase confirmaram que o Brasil estava entre os favoritos para a medalha. Com Hortência enfrentando uma torção no tornozelo e a falta de ritmo na volta após a maternidade, Janeth tornou-se a principal opção para Paula no ataque e foi a cestinha de três jogos da primeira fase. Nas quartas-de-final, elas fizeram 19 pontos cada para eliminar Cuba.

Para Janeth, era a divisão de tarefas no time que fazia a seleção subir de produção. O Brasil agora não arremessava só de meia-distância: também fazia infiltrações e usava as pivôs. Foi com esse jogo equilibrado que a seleção derrotou a Ucrânia e conquistou a vaga na final olímpica. No mínimo, garantiam a medalha inédita para o basquete feminino. Seguiam o caminho já aberto pelas duplas do voleibol de praia e pela seleção feminina de voleibol: as mulheres brasileiras faziam história em Atlanta.

Não foi possível chegar ao ouro. Engasgadas com a derrota no Mundial, as americanas jogaram seu melhor no torneio olímpico e ganharam com a autoridade. Só não conseguiram parar Janeth, que fez 24 pontos na final. Foi a cestinha do Brasil e a quinta da competição em Atlanta – 17,7 pontos por partida; os jornalistas, americanos na maioria, a colocaram na seleção dos Jogos Olímpicos. No pódio, Janeth sentia um misto de emoção – pela medalha, pelo reconhecimento – e de alívio. A conquista, provavelmente, garantiria um patrocínio para seu clube: ela e as companheiras de Santo André não estavam mais desempregadas.

O novo patrocinador apareceu realmente, mas a medalha abriu outros caminhos para Janeth. Logo depois dos Jogos Olímpicos, veio a criação da WNBA – a liga profissional feminina de basquete dos Estados Unidos. Até então, as principais jogadoras do país saíam da universidade e iam direto para a Europa. As americanas que atuavam em times europeus e as melhores jogadoras de todo o mundo foram chamadas para o processo de seleção da versão para mulheres da milionária NBA. Janeth estava lá: aceitou o convite sem sequer perguntar o salário para realizar seu sonho de jogar nos Estados Unidos. Com o prestígio em alta, foi a 12ª jogadora a ser escolhida – na frente de estrelas da Rússia, da Austrália e até da seleção dos Estados Unidos.

> "Eu não falava inglês, mas a língua do basquete é uma só: bola na cesta."

Em março de 1997, a brasileira desembarcou em Houston sem conhecer ninguém e sem falar uma palavra de inglês. Os proprietários dos Comets, a equipe feminina, eram os mesmos dos Rockets, o time masculino campeão da NBA em 93/94 e 94/95: o mesmo conforto e a mesma organização estavam à disposição das jogadoras. Mesmo assim, Janeth sofreu. Tinha dificuldades de entender as orientações da treinadora, tropeçava na língua no dia-a-dia, sentia uma enorme solidão.

Ainda na primeira temporada, entretanto, foi procurada por um casal após um jogo em Houston. Thomas e Rebecca eram brasileiros que moravam na cidade, queriam desejar-lhe boas-vindas e convidá-la para jantar. Os novos amigos ajudaram Janeth na adaptação aos Estados Unidos. Deram dicas, ensinaram palavras em inglês, estavam sempre nos jogos, serviam de intérpretes nas entrevistas. Na quadra, a língua do basquete era universal. Antes da primeira temporada, já estava entrosada. Mas as estrelas do time de Houston – Cynthia Cooper, Sheryl Swoopes e Tina Thompson – ainda não confiavam na brasileira.

Em seu segundo ano nos Estados Unidos, Arcain – como é conhecida na WNBA – tornara-se uma das principais jogadoras dos Comets, apesar de começar no banco de reservas. Jogava como armadora ou ala no time, que ganhou os quatro primeiros títulos da liga profissional feminina. Se ainda era coadjuvante na WNBA, Janeth tornara-se a estrela principal da seleção brasileira. Hortência se aposentara do basquete logo após os Jogos Olímpicos de Atlanta. Paula também anunciara a despedida da seleção, mas, aos 36 anos, voltou para disputar o Mundial, em 1998. Janeth foi a cestinha da competição na Alemanha – 20,2 pontos por partida –, mas o Brasil não chegou ao pódio. Perdeu para os Estados Unidos na semifinal e para a Austrália na disputa do terceiro lugar.

Os preparativos para os Jogos Olímpicos de Sidney foram dificultados pela temporada da WNBA, onde, além de Janeth, jogavam também a armadora Claudinha e a pivô Cínthia. As duas treinaram menos de um mês com o time. Faltavam 18 dias para os Jogos Olímpicos começarem quando Janeth desembarcou em São Paulo, após ser tetracampeã com o Houston Comets. Na mesma noite, embarcou com a seleção para a última fase de treinos. Com todos esses problemas e, pela primeira vez em vinte anos sem Paula e Hortência, as brasileiras chegaram desacreditadas aos Jogos Olímpicos de Sidney 2000.

Na temporada final de preparação, a nova capitã reuniu o time a portas fechadas. Todas as jogadoras falaram, trocaram impressões, desabafaram. Janeth tornou esses encontros, reunindo apenas as jogadoras, regulares. Fizeram outro para avaliar a preparação e mais um quando finalmente chegaram à Vila Olímpica, em Sidney. Em todas as reuniões, ela e as companheiras mais experientes, como as pivôs Marta e Alessandra, incentivavam todas a falar, principalmente as mais jovens.

A seleção brasileira venceu a Eslováquia (76 a 60) na estréia, mas perdeu para a Austrália (70 a 81) em seguida. Depois, derrotou o Senegal com facilidade por 82 a 48. A vitória no jogo seguinte, contra a França, assegurava uma classificação tranqüila. O jogo foi equilibrado e terminou empatado em 63 a 63 – as francesas venceram na prorrogação por 73 a 70. Janeth terminou a partida exausta. Jogara todos os 45 minutos, sem qualquer descanso.

Na última partida da fase eliminatória contra o Canadá, as brasileiras voltaram a deixar a vitória escapar no fim. Erraram vários ataques, permitiram a reação das adversárias. As canadenses venceram por 61 a 60. O técnico Antônio Carlos Barbosa chamou as jogadoras de imaturas. Os críticos disseram que a seleção, sem as estrelas aposentadas, não conseguiria repetir Atlanta. Hortência, que comentava o torneio para uma emissora de TV, atacou o treinador.

Foi nesse clima que as jogadoras se reuniram na véspera do jogo contra a Rússia, vice-campeã mundial, para lavar roupa suja. Falaram mal do treinador, falaram mal uma das outras, falaram mal dos jornalistas. Janeth assumiu a liderança como Maria Helena havia previsto 15 anos antes. Assumiu a responsabilidade: "É minha terceira participação olímpica e conheço as dificuldades". Cobrou atitude: "Estar na seleção brasileira é uma responsabilidade porque aqui devem estar as melhores". E insistiu na união: "Vamos jogar juntas e ganhar juntas: não tem nada perdido".

Parecia um outro time ao entrar na quadra contra as russas. O ataque era equilibrado, com arremessos de meia distância e jogadas no garrafão. Os dois times se revezavam no placar. No Brasil, todas as cinco titulares marcaram mais de dez pontos, A seleção vencia por 63 a 60, a quatro minutos do fim, quando Janeth cometeu a quinta falta e foi eliminada.

Do banco, viu a Rússia virar o placar para 65 a 64 a menos de um minuto do fim. O Brasil acabou garantindo a semifinal olímpica outra vez e fechou em 68 a 67. Janeth comandou a invasão da quadra pelo banco brasileiro. Abraçou as jogadoras uma a uma. Umas riam, outras choravam. "Nós mostramos do que somos capazes", repetia a capitã do time.

A seleção australiana barrou o caminho das brasileiras à segunda final olímpica consecutiva. A derrota (52 a 64) não foi surpresa: as donas da casa eram favoritas e impuseram seu jogo. Janeth não deixou ninguém desanimar com a derrota. "Uma medalha olímpica é uma coisa rara. A gente já mostrou que tem basquete para ganhar", disse a capitã na reunião antes da partida com a Coréia do Sul pela medalha de bronze.

De novo, foi um jogo dramático. Outra vez, o Brasil liderou o placar durante a maior parte do jogo e permitiu a reação das adversárias no final. Uma cesta de três da armadora coreana levou o jogo empatado em 63 a 63 para a prorrogação. Nos cinco minutos decisivos, Janeth tomou conta da bola, e as brasileiras venceram por 84 a 73. No pódio olímpico em Sidney, as mais jovens choravam, e a capitã sorria. Assumira a liderança em um momento difícil e – como cestinha do torneio olímpico com mais de vinte pontos por partida – conduzira o time até a medalha de bronze.

Quando voltou à seleção para o Campeonato Mundial de 2002, na China, Janeth estava no auge da carreira na WNBA. Em 2001, assumira a vaga de titular do time de Houston e teve seu melhor ano na liga: foi eleita pelos fãs para o All Star Game e considerada a jogadora que mais melhorou seu desempenho na temporada. Não foi um retorno feliz. A seleção terminou o Mundial em sétimo lugar. O insucesso ameaçava a vaga para os Jogos Olímpicos, que seria o quarto consecutivo para a seleção feminina de basquete e sua capitã. O Brasil precisaria disputar o Pré-Olímpico das Américas, em 2003, no México.

Janeth saiu da WNBA e foi direto para a cidade mexicana de Culiacan. Com o time titular renovado, as brasileiras passaram facilmente pela primeira fase, marcando mais de cem pontos contra mexicanas e chilenas. Na semifinal, as adversárias eram as canadenses. Janeth marcou 31 pontos na vitória de 71 a 65. Só faltavam as cubanas no caminho do Brasil para Atenas. Novamente, a capitã foi o destaque do time: marcou 23 pontos e pegou dez rebotes na vitória de 90 a 81.

Aos 35 anos, Janeth chegou, pela quarta vez, aos Jogos Olímpicos consciente das dificuldades da seleção brasileira. A maioria das jogadoras jogava por times americanos ou europeus. O time tivera muito pouco tempo de preparação. Voltou a fazer as mesmas reuniões: só as jogadoras, sempre a portas fechadas, com incentivos para que todas falassem. Ficou preocupada porque, em Atenas, ouviu muito mais "eu" do que "nós". Faltava espírito de equipe.

Antes mesmo de entrar em quadra, a veterana começou a receber homenagens. Descobriu que já era a maior cestinha feminina da história dos Jogos Olímpicos. Na estréia contra o Japão, a seleção também bateu recorde: ganhou por 128 a 62 – a maior diferença de pontos em um jogo do torneio olímpico. Contudo, a campanha brasileira foi parecida com a de Sidney. Novamente, o Brasil saiu da fase de classificação em terceiro lugar com vitórias sobre Nigéria, Grécia e Japão e derrotas para Rússia e Austrália.

A Espanha, adversária das quartas-de-final, vinha em ascensão: só perdera para os Estados Unidos na primeira fase. O jogo repetiu a tensão de quatro anos antes. O primeiro tempo terminou empatado em 34 a 34. Na segunda etapa, as brasileiras abriram uma pequena vantagem. Venciam por dois pontos no último minuto quando Janeth sofreu falta a caminho da sexta. Acertou o lance livre: marcara seu 500º ponto nos Jogos Olímpicos, um recorde. Também marcou o seguinte. Os últimos segundos do jogo repetiram o *script*. Bola para Janeth, falta em Janeth, cesta de Janeth nos lances livres. O Brasil ganhou por 67 a 63 com 27 pontos de sua capitã.

Foram novamente as australianas que barraram o caminho do Brasil para a final olímpica. Derrotada por 75 a 88, a seleção reencontrou a Rússia na disputa pelo terceiro lugar. Escaldadas pela derrota em Sidney, as adversárias marcaram Janeth sempre com duas jogadoras: limitaram a cestinha brasileira a 15 pontos e venceram por 71 a 62. Fora do pódio, as brasileiras saíram abatidas; muitas choravam.

> "Nunca tive preocupação maior com uma final. Para mim, todo jogo é uma guerra."

Janeth não chorou. Sabia que faltara ao time mais união e compromisso pela vitória. Só assim as brasileiras poderiam ter superado as dificuldades na preparação. "Da próxima vez, tem que ser diferente", pensou, enquanto abraçava as jogadoras. Fez questão de lembrar que o quarto lugar nos Jogos Olímpicos não era um mau resultado. Ela também queria mais uma medalha. Mas não como despedida. Ainda haveria uma próxima vez. O Mundial no Brasil em 2006 e os Jogos Pan-americanos no Rio de Janeiro em 2007 voltavam os olhos de Janeth para novas conquistas. Sua missão como líder da seleção brasileira ainda não terminara.

asics
RASIL
8

leila

Leila vibra durante uma das partidas disputadas pela seleção feminina de voleibol nos Jogos Olímpicos de Atlanta 1996, quando o Brasil levou para casa a medalha de bronze.

leila ....

❊ Ela começou a chorar na quadra, assim que o jogo acabou, e as lágrimas ainda corriam após receber a medalha. Era de bronze, mas valia ouro para toda a equipe. Acariciou, com ternura, o uniforme da seleção brasileira. Recordou todos os obstáculos superados para conseguir vestir aquela camisa – as brigas com o pai; as desconfianças dos treinadores com sua altura; as dores constantes no ombro, nas costas, no joelho; as intermináveis horas de treino e de viagem. Mas ali no pódio, em Sidney 2000, pensava principalmente no sacrifício maior: ficar longe da mãe, que enfrentava um câncer, durante semanas, para disputar os Jogos Olímpicos pela terceira vez.

No entanto, a própria Dona Francisca foi uma das responsáveis por Leila ter decidido ficar na seleção brasileira de voleibol em busca de mais uma medalha olímpica. Sabia o quanto o esporte significava para a filha desde os 15 anos, quando ela e o marido, Francisco, ainda tentavam impedir aquela paixão de adolescente. Leila já enfrentara muitas dificuldades para jogar voleibol e realizar o sonho de vestir a camisa da seleção. A mãe não queria mais sacrifícios da filha. Ao contrário: nos telefonemas diários de Sidney para Brasília, fazia questão de dar força a Leila na caminhada para o pódio.

Sim, tinha de ser principalmente na mãe que Leila Gomes de Barros pensava ao receber a medalha de bronze. Doze anos antes, ao ver a equipe brasileira feminina nos Jogos Olímpicos de Seul, dissera a Dona Francisca: "Um dia, você ainda vai me ver lá, vestindo a camisa da seleção brasileira". A mãe a desestimulou: "Não sonha, minha filha. Você está em Taguatinga, cidade-satélite de Brasília. Gente daqui não vai para a seleção".

Leila, entretanto, sonhava com a camisa azul marinho da seleção de voleibol desde a conquista da medalha de prata pela seleção masculina nos Jogos Olímpicos de Los Angeles 1984. Na época, às vésperas de completar 13 anos, ainda dividia seu tempo entre dois esportes. Na escola pública onde estudava em Taguatinga, as professoras a aconselhavam a ficar no handebol; era alta, mas não o suficiente para se destacar no voleibol. Mas ela tivera uma paixão à primeira vista pela bola de voleibol. Não ia abandoná-la.

O empurrão decisivo acabou sendo dado pela mãe. Leila, com 14 anos, disputava uma partida de handebol no Sesi da cidade quando estourou uma briga na quadra entre as jogadoras. Chegou em casa arranhada, esfolada e com um dente abalado. Dona Francisca deu uma bronca na filha: "Acho melhor você ficar só no voleibol", sentenciou. Era tudo que a adolescente queria. Ficava no colégio depois das aulas só para jogar voleibol. Progredia no esporte e piorava nos estudos. Deixava os pais preocupados com seu futuro. O mecânico Francisco, que sustentava com dificuldade a família, sonhava com um diploma universitário para Leila e o irmão caçula.

Foi a esperança na escola que ajudou a carreira da adolescente no esporte. Após disputar os Jogos do Distrito Federal em 1986, Leila foi procurada pela Irmã Stella, freira que coordenava atividades esportivas no Centro Educacional Maria Auxiliadora, uma escola particular no plano-piloto de Brasília. Irmã Stella ofereceu à jovem jogadora uma bolsa de estudos; garantiu aos pais que ela teria uma boa educação enquanto jogava voleibol. Francisco concordou; a filha pulou de alegria.

"Apanhei várias vezes por causa do vôlei. Mas estava apaixonada."

O CEMA tornou-se a segunda casa de Leila. Ela saía de Taguatinga às 6h da manhã e pegava dois ônibus para estar às 7h no colégio, onde passava a manhã assistindo à aula. A irmã Stella preparou um quartinho ao lado do ginásio para a jovem atleta almoçar, fazer os deveres e descansar um pouco antes dos treinos, que começavam às 15h. Treinava com os times infantil e juvenil do colégio e, muitas vezes, ficava para participar da preparação de equipes adultas da cidade que usavam o ginásio do CEMA.

Em 1987, Leila já estava levando o voleibol a sério demais na opinião dos pais. Chegava de volta em Taguatinga depois das dez horas da noite. Francisco perdia a paciência. Muitas vezes, esperava a filha no ponto do ônibus. Leila ia apanhando até em casa, enquanto ouvia um sermão sobre a importância dos estudos, a falta de futuro da vida esportiva e o absurdo de uma moça de 16 anos chegar em casa todos os dias tarde da noite. As surras eram piores quando tirava notas baixas nas provas. Até a mãe perdia a paciência.

Contudo, Leila estava cada vez mais animada com o voleibol. Além de jogar no time juvenil do CEMA, treinava agora com a equipe da AABB-DF já pensando em uma carreira nas quadras. Em 1988, enquanto acompanhava a seleção feminina nos Jogos Olímpicos de Seul pela televisão, treinava com a AABB para disputar a seletiva para o Campeonato Brasileiro que seria realizado no Rio de Janeiro. Foi uma dureza convencer os pais a deixá-la viajar. Mas ela conseguiu. A equipe da capital não conquistou a vaga, mas a jovem atacante canhota impressionou pela rapidez e impulsão. O técnico Wadson Lima, do Minas Tênis Clube, convidou Leila para treinar no clube mineiro, que estava preparando um time novo para a disputa do Brasileiro.

A adolescente voltou para Taguatinga no auge da excitação. Era um primeiro passo na direção de seu sonho. Estava decidida a ir de qualquer jeito. Faltava convencer os pais. Leila tentou o apoio da mãe. Dona Francisca ouviu os argumentos da filha. "Pede para seu pai", disse, sem qualquer promessa de ajuda. Se a reação da mãe era esta, ela já sabia qual seria a resposta do pai. Começou a preparar a mochila para viajar, comprou a passagem para Belo Horizonte, avisou ao clube mineiro quando chegaria.

Na véspera da data marcada para a viagem, aguardou a hora do jantar. "Pai, eu fui convidada para jogar voleibol no Minas Tênis e quero ir". A resposta foi a esperada: "É claro que você não vai." Leila já tinha seu discurso pronto: "Eu vou. Quero ser jogadora de voleibol. É isso o que eu quero para mim, para minha vida." Mas ela não esperava o que viria depois. "Se você sair por aquela porta, passa a ter responsabilidade por tudo que acontecer. Não adianta telefonar, não adianta pedir ajuda, porque não vai ter. A responsabilidade é sua", disse Francisco.

Leila foi para o quarto chorar. A mãe pediu que ela reconsiderasse a decisão. "Filha, ouça seu pai. Ele só quer o seu bem. Aqui é a nossa casa". A jovem chorou ainda mais. Os pais não entendiam. Tinha uma oportunidade única para fazer o que mais gostava. Não ia mudar de idéia. No dia seguinte, botou a mochila nas costas e foi embora. Estava na calçada quando ouviu a mãe chamar. Dona Francisca abraçou a filha. "Você tem a minha bênção. E, se for preciso, pode voltar que eu vou estar aqui para te acolher."

As palavras da mãe ajudaram Leila a enfrentar os primeiros dias em Belo Horizonte. Ao chegar, ficou três horas sozinha na rodoviária até o representante do Minas aparecer. Foi levada para um apartamento onde já estavam outras sete ou oito garotas. No ginásio, descobriu que, apesar de ter sido convidada pelo técnico Wadson, teria de passar por uma série de testes.

O Minas fazia uma verdadeira peneira com mais de sessenta jogadoras adolescentes. Só Leila e mais duas foram aprovadas.

A equipe mineira era ainda muito jovem para enfrentar as equipes mais experientes de São Paulo e do Rio, no Campeonato Brasileiro. Suas principais atletas ainda tinham idade para jogar no time juvenil – e, realmente, Hilma, Ana Paula e Leila atuavam nas duas categorias. O técnico Wadson Lima gostava de trabalhar com jovens. Em 1989, a Confederação Brasileira de Voleibol o convidou a assumir a direção das seleções femininas de base.

"Quando vesti a camisa da seleção pela primeira vez, senti mais que um frio na barriga. Era uma sensação completamente diferente."

Em 1990, o técnico convocou Leila para a seleção brasileira que iria disputar o Campeonato Sul-americano Juvenil, na Argentina. Foi quando pegou aquela camisa pela primeira vez. Sentiu um misto de felicidade, tensão e responsabilidade. Vestiu a camisa 9 azul marinho e, com ela, ganhou seu primeiro título com a seleção brasileira. Telefonou para mãe e falou até com o pai, que já começava a aceitar a nova carreira da filha.

No ano seguinte, as meninas do Minas brilharam no Mundial Juvenil disputado na Tchecoslováquia, onde a seleção ficou com o vice-campeonato. Hilma foi eleita o melhor ataque da competição; Ana Paula ganhou o prêmio de melhor bloqueio; e Leila foi considerava a revelação do Mundial. Os elogios à jovem de Taguatinga, entretanto, costumavam vir acompanhados de restrições à sua estatura. A posição de oposto – jogadora que fica na diagonal da levantadora na quadra – geralmente era ocupada por atletas mais fortes e mais altas do que Leila, com seus 1,79m. Na atual seleção brasileira, o lugar tem sido disputado por Rachel (1,91m), Mari (1,88m) e Scheila (1,85m).

Wadson Lima achava que sua atacante compensava a estatura com impulsão e velocidade. E ainda era canhota, o que dificultava defesas e bloqueios mais acostumados aos ataques de jogadoras destras. O treinador, que assumira a direção da seleção adulta, chamou as jovens destaques do Mundial para os Jogos Olímpicos de Barcelona 1992. A base do time era formada pelas bicampeãs mundiais juvenis (87/89): Ana Moser, Márcia Fu e Fernanda Venturini. Hilma, que jogara também o Mundial de 1989, era a única das "mineiras" com chances entre as titulares. Wadson disse a Leila, que ainda não completara 21 anos, que ela estava ali para aprender.

Leila jogou pouco, mas aprendeu muito. No banco, prestava uma atenção enorme em Márcia Fu, oposto como ela. Três anos mais velha e 6cm mais alta, a titular da seleção tinha um ataque forte e brilhava nos bloqueios. As brasileiras venceram Holanda e China na primeira fase e só perderam para Cuba. A vitória sobre as japonesas garantiu, pela primeira vez nos Jogos Olímpicos, a seleção brasileira nas semifinais. Mas as derrotas para a Comunidade dos Estados Independentes (ex-URSS) e para os Estados Unidos impediram que o Brasil chegasse ao pódio.

A frustração de Barcelona foi compensada na volta ao Brasil. Patrocinado pela L'acqua di Fiori, o Minas, de Leila, Hilma e Ana Paula, foi campeão brasileiro na temporada 92/93. Com a carreira em ascensão, já podia ajudar um pouco a família. Novamente convocada por Wadson, Leila estava na seleção que foi vice-campeã da BCV Cup em 1993. Já fazia planos para disputar seu primeiro Mundial – a competição seria em São Paulo, em novembro de 1994.

A CBV, entretanto, decidiu substituir Wadson por um novo treinador. Bernardo Resende – o Bernardinho, ex-levantador do time medalha de prata em Los Angeles – tinha fama de competente e severo. Na sua primeira convocação, deixou Leila de fora. Achava que ela não tinha altura para jogar de oposto. Tinha de melhorar o bloqueio e o passe. Ana Paula e Hilma ganharam lugar no time titular, com Márcia Fu, Ana Moser, Fernanda Venturini e Ida. Sob a direção de Bernardinho, a seleção brasileira foi vice-campeã mundial. Fez um campeonato brilhante, mas acabou arrasada por Cuba na final por 3 a 0 (15/2, 15/10, 15/5).

Enquanto a seleção jogava em São Paulo, Leila treinava como nunca em Minas, aperfeiçoando fundamentos: passe, bloqueio, saque. Fez um ótimo Campeonato Brasileiro na temporada 94/95 e foi eleita a melhor atacante da competição. Em abril de 1995, estava na lista de vinte jogadoras convocadas por Bernardinho para as competições do ano – a BCV Cup, em junho, e a Copa do Mundo, em novembro, torneio que serviria de seletiva para os Jogos

Olímpicos de Atlanta 1996. Estava entre as 12 selecionadas por Bernardinho para a BCV, na Suíça – Ana Moser e Virna, machucadas, não viajaram.

Ficou surpresa quando o técnico a escalou no time titular como ponta, no lugar de Ana Moser. Era uma posição em que Leila precisaria saber passar mais. A canhotinha não decepcionou. Jogou uma barbaridade em todos os jogos. Com seus 1,79m, voou sobre os bloqueios de russas, adversárias na semifinal, e de cubanas, rivais na decisão. O Brasil foi campeão, com um sonoro 3 a 0 (15/3, 15/8, 15/7), vingando-se da derrota para Cuba no Mundial; Leila, eleita a melhor jogadora da competição. A atacante esteve em todas as convocações da seleção em 1995: no Grand Prix (vice-campeã), no Sul-americano (campeã) e na Copa do Mundo (vice-campeã). O segundo lugar nessa competição – em que Cuba voltou a derrotar o Brasil – garantiu a vaga da seleção em Atlanta 1996.

O lugar de Leila também estava assegurado. Ganhara a confiança de Bernardinho para disputar os Jogos Olímpicos, mas sabia que não seria titular. As atacantes de ponta Ana Moser e Hilma estavam de volta ao time; a oposto Márcia Fu seguia em grande fase. No entanto, após o afastamento da seleção e a volta por cima, Leila estava feliz apenas de estar em Atlanta com a equipe, considerada uma das favoritas à medalha de ouro.

A outra favorita era Cuba. A rivalidade aumentava: desde o Mundial de 1994, brasileiras e cubanas haviam decidido cinco títulos internacionais. Na final da BCV Cup de 1996, a temperatura subiu mais. As cubanas impediram o tricampeonato do Brasil em uma partida cheia de provocações entre as jogadoras. A seleção passou pela primeira fase invicta dos Jogos Olímpicos de Atlanta 1996, derrotando inclusive Cuba por 3 a 0, em um jogo novamente em clima tenso. Atropelou as coreanas nas quartas-de-final. Leila era praticamente a sétima titular: substituía Fu ou uma das ponteiras durante as partidas.

Brasil e Cuba se reencontraram na semifinal. Foi um jogo equilibrado e nervoso, em que as brasileiras ganharam o primeiro *set*, perderam o segundo, voltaram a vencer no terceiro, e permitiram o empate em 2 a 2 no quarto *set*. A cada ponto da reação cubana, vinha uma provocação do outro lado da quadra. As mudanças experimentadas por Bernardinho não surtiram efeito. As cubanas venceram o *tie-break* e comemoraram. As brasileiras choraram.

Leila, em lágrimas, abraçou a amiga Virna. Na comemoração, houve novas provocações do time de Cuba; Márcia Fu reagiu e discutiu. Saiu briga na quadra: tapas, empurrões e xingamentos. Árbitros, técnicos e dirigentes conseguiram separar as jogadoras. Na saída para os vestiários, uma atacante cubana agrediu Ana Paula, as brasileiras reagiram e houve uma pancadaria generalizada.

> "Nenhum atleta aceita bem a derrota. Pode até fingir, mas não aceita."

Era uma seleção abatida pela derrota que voltou a treinar no outro dia. Ao mandar o time titular para a quadra, Bernardinho avisou as reservas. "Se preparem. Vou precisar muito de vocês hoje". O Brasil ganhou o primeiro *set*, perdeu o segundo e estava a caminho da derrota no terceiro quando Leila, Ida, Filó e Fofão entraram. O jogo mudou. A seleção brasileira feminina ganhou o jogo e a medalha de bronze, a primeira do time feminino na história dos Jogos Olímpicos.

A disputa em Atlanta 1996 acabou mudando a vida de Leila na seleção de uma forma inesperada. Depois de apenas 15 dias de folga, o time foi chamado para disputar o Grand Prix, composto por uma série de torneios na Ásia. Márcia Fu pediu dispensa. A atacante canhota, finalmente, ganhou uma vaga na equipe titular do Brasil na sua posição. Leila foi a estrela do time no Grand Prix. Eleita a melhor jogadora da posição, esteve inspirada na vitória sobre Cuba na fase decisiva quando brasileiras e cubanas voltaram a brigar. No jogo que garantiu o bicampeonato do Brasil, com a seleção desfalcada de Ana Moser, contundida, Ana Paula e Filó, suspensas por causa da briga, foi novamente Leila quem virou a maioria dos ataques.

Com a medalha de bronze e o sucesso na Ásia, apareceram os primeiros convites para jogar no exterior. Com 25 anos, estava casada e feliz em Belo Horizonte. Não queria deixar o Brasil, ficar longe da seleção. Mas 1997 não foi um ano bom. A temporada massacrante de 1996 – que já deixara seqüelas em Ana Moser, Márcia Fu, Hilma e Ana Paula – agravou uma antiga lesão no ombro esquerdo. A dor, que era antiga, passou a ser insuportável. Leila operou e passou quatro meses sem jogar.

Voltou à seleção em 1998 quando as brasileiras foram tricampeãs do Grand Prix. Leila, agora titular com o afastamento definitivo de Márcia Fu, foi eleita novamente a melhor jogadora da competição, apesar de jogar com dores nas costas, aliviadas apenas pelo tratamento com acupuntura. Seu talento e sua beleza criaram uma legião de fãs do outro lado do mundo. Se, no Brasil, fugia do rótulo de musa, não conseguia escapar do assédio dos torcedores na Ásia, onde era tratada como artista de cinema ou astro de música *pop*.

A seleção chegou como favorita ao Campeonato Mundial, no Japão, mas decepcionou. Perdeu para as cubanas na semifinal e para as russas na disputa do terceiro lugar. Começava um processo de renovação. A levantadora Fernanda Venturini, casada com Bernardinho, anunciou que deixaria a seleção para ter um filho. Ana Paula ia trocar os ginásios pelo vôlei de praia. Ana Moser, perseguida pelas contusões, não sabia se continuaria na seleção.

A renovação foi lenta, mas, agora, Leila e Virna eram as principais jogadoras da equipe. A seleção disputou uma competição atrás da outra em 1999. Em julho, viajou para o Canadá: ganhou a medalha de ouro nos Jogos Pan-americanos de Winnipeg, acabando com a hegemonia cubana. Em agosto, enfrentou a maratona do Grand Prix na Ásia, onde perdeu a final para a Rússia. Foi campeã sul-americana em setembro, garantindo a classificação para a Copa do Mundo, que definiria as vagas para os Jogos Olímpicos. Em novembro, já com Ana Moser de volta, a seleção ficou em terceiro lugar na Copa e garantiu o lugar em Sidney 2000.

A vaga de Leila no time titular voltara a ficar ameaçada. A atacante fez uma temporada sem brilho na seleção. Estava na Ásia quando foi diagnosticado o câncer da mãe. Tinha dificuldade de se concentrar, ligava para o Brasil quase todos os dias. Mais alta (1,84m) e mais forte, a jovem Elisângela, de 21 anos, entrara bem no time e era usada cada vez mais por Bernardinho. Com a mãe em tratamento, pensou em deixar a seleção – decisão que já vinha amadurecendo, pois, como Fernanda, também queria ter um filho.

Conversou com a mãe. Dona Francisca enfrentava a doença com mais firmeza que o resto da família. Era ela quem não deixava os outros desmoronarem. Disse à filha para permanecer na seleção, fazer as coisas pelas quais tanto se sacrificara. O desgaste emocional de Leila prejudicava seu desempenho na equipe brasileira. "Segura a onda. A gente precisa de você", dizia o técnico Bernardinho.

"Mesmo doente, foi minha mãe que impediu a família de desmoronar. A gente não tinha força para enfrentar a tempestade."

O caminho para Sidney pareceu longo e doloroso para a jogadora. Passava por uma nova temporada na Ásia, onde foi recebida com o carinho de sempre e com convites para gravar comerciais de produtos de beleza após os Jogos Olímpicos. Mas nem a sua popularidade impediu que Bernardinho optasse por Elisângela nos jogos da fase decisiva do Grand Prix. O Brasil – desfalcado de Virna, com uma inflamação no pé – terminou a competição em terceiro lugar; Leila terminou no banco de reservas.

O time desembarcou em Sidney totalmente reformulado. Só havia três remanescentes das medalhistas de Atlanta: a levantadora Fofão, Virna e Leila, que não acreditava mais em ser titular. No começo do ano, a capitã Ana Moser anunciara sua aposentadoria: não suportava mais as dores. As jovens Érica, Walewska e Elisângela estavam entre as novas titulares. Preocupada, Leila ligava para Brasília diariamente para conversar com a mãe. Dona Francisca garantia que estaria torcendo e que queria vê-la com a camisa da seleção.

Virna ainda se recuperava da lesão no pé no dia da estréia contra o Quênia. Ia jogar, mas não estava 100%. Fofão passou mal na noite anterior. Já no ginásio, Bernardinho foi até a terceira veterana de Atlanta: "Vai aquecendo aí, que você vai começar jogando". Leila ficou surpresa. "Aceita a benção, minha irmã", disse a evangélica Janina que assumira o meio-de-rede da seleção brasileira com as saídas de Ana Paula e Ana Flávia. "Aceito, sim, amiga. Tanto aceito que não vou sair mais do time", prometeu.

As brasileiras venceram, sem dificuldade, as quenianas (25/8, 25/11, 25/13), as australianas (25/13, 25/18, 25/17), as chinesas (25/14, 25/21, 25/18) e as croatas (25/21, 25/23, 25/23), sempre com Leila no time. A atacante canhota foi o maior destaque na vitória sobre os Estados Unidos por 3 a 1 ((25-17, 20-25, 25-15, 25-15), que garantiu à seleção o primeiro lugar em sua chave. Fora da lista de favoritas devido à renovação forçada, as brasileiras mostravam uma capacidade de superação que fazia crescer a esperança em chegar ao pódio.

Com os ataques da novata Érica e das veteranas Virna e Leila, o Brasil passou facilmente pela Alemanha nas quartas-de-final (25/22, 25/18, 25/17). A semifinal contra Cuba seria uma reprise de Atlanta. Só que dessa vez as cubanas eram as grandes favoritas. Dez campeãs olímpicas de 1996 estavam no time em Sidney. Mas a renovada seleção brasileira endureceu: ganhou o primeiro *set* (29/27), perdeu o segundo (19/25), voltou a liderar o placar no terceiro (25/21), permitiu o empate novamente (19/25). O time de Cuba, mais experiente, acabou vencendo no *tie-break*.

Dessa vez, não houve provocações das cubanas nem choradeira no lado das brasileiras. As jogadoras ficaram tristes, mas sabiam o valor que teria, para aquele time, a medalha de bronze – igualando o resultado da seleção de Atlanta, considerada sempre superior. Foram as veteranas de 1996 que comandaram a vitória contra os Estados Unidos. A cada bola levantada, Fofão mostrava que não merecia ficar sempre à sombra de Fernanda; no saque, no bloqueio ou no ataque, Virna se credenciava como a sucessora de Ana Moser; ao superar sempre o alto bloqueio americano, Leila sepultava qualquer restrição à sua altura. O Brasil ganhou de 3 a 0 (25/18, 25/22, 25/21).

Abraçada a Virna e Janina, Leila começou a chorar ainda na quadra. Foi cercada pelo time em festa, solidário com sua emoção naquele momento. Pelas companheiras de seleção, pela mãe e por ela mesma, ainda tinha lágrimas nos olhos quando recebeu a medalha de bronze. Mas já exibia também um sorriso e tinha nas mãos a bandeira do Brasil: o pódio olímpico parecia o lugar perfeito para sua despedida da seleção.

Virna

Virna em ação durante partida contra a seleção da Alemanha, nos Jogos Olímpicos de Atlanta 1996. Ela participaria de mais duas edições dos Jogos: Sidney 2000 e Atenas 2004.

* Virna ....

✻ Foram horas e horas de pesadelo para as jogadoras da seleção brasileira feminina de voleibol. Começara com a derrota para Cuba que sepultara o sonho da medalha de ouro. Continuara com a pancadaria entre os dois times que estourou na quadra e prosseguiu no vestiário. Em conseqüência, houve depoimentos na delegacia e exames médicos. Na volta à Vila Olímpica, no meio da madrugada, chegara o momento de remoer os erros, de sentir o peso da frustração. A maioria da seleção mal conseguiu dormir.

"Logo após a derrota para a Rússia em Atenas, eu fiquei em choque, perdida, olhando para o além."

Com as caras inchadas pela noite de muitas lágrimas e pouco sono, as brasileiras Virna e Ana Paula estavam no refeitório da Vila Olímpica de Atlanta, naquela sexta-feira, 2 de agosto de 1996, véspera do jogo contra a Rússia pela medalha de bronze. "Por que vocês estão chorando aí? Que caras são essas?". Pelo vozeirão, perceberam que tinham a companhia na mesa de Oscar Schmidt – o Mão Santa, tratado como lenda do basquete até ali nos Estados Unidos. Maior cestinha da história dos Jogos Olímpicos, que disputava pela quinta vez, Oscar passou um sermão de seu jeito descontraído e veemente. "Eu trocaria todos os títulos que tenho por uma medalha olímpica. E vocês têm a oportunidade de conquistar essa medalha e estão aí chorando? Acorda, gente!"

Elas acordaram. No vestiário antes do treino, Virna pediu a atenção das companheiras e contou a preleção do maior ídolo do basquete brasileiro. Lembrou que as mulheres brasileiras estavam fazendo história em Atlanta. Sentiu que as palavras de Oscar tinham atingido a maioria das jogadoras da mesma forma que a ela. Foi um treino de muita conversa. O técnico Bernardinho também falou da importância da medalha, do ambiente especial dos Jogos Olímpicos.

No dia seguinte, a seleção brasileira feminina de voleibol sofreu, mas venceu as russas – graças, principalmente, à ótima atuação das jogadoras reservas. O clima no pódio era horrível; as cubanas, campeãs olímpicas, e as brasileiras mal se olhavam. Mas Virna Cristine Dantas Dias recebeu sua medalha de bronze com emoção e orgulho. Oscar tinha razão. Aquele era o sonho maior de todo atleta: estar no pódio nos Jogos Olímpicos, ser destacado na competição que reúne os melhores do mundo.

Imaginava aquele momento, pelo menos, desde 1988, quando com quase 17 anos ficava assistindo aos treinos da seleção feminina que se preparava para participar dos Jogos Olímpicos de Seul. Chegara ao Rio, dois anos antes, vinda de Natal, onde nasceu. O técnico Marco Aurélio Motta, impressionado com a força e a altura de Virna desde um campeonato disputado no Guarujá, foi à capital do Rio Grande do Norte convencer os pais da adolescente a permitir que ela viesse jogar no Bradesco. Com 15 anos, tudo que ela queria era jogar voleibol.

O esporte era uma paixão recente. Mais nova, ela gostava mesmo de balé, clássico e moderno. Mas não tinha muita aptidão para as piruetas: chegou a quebrar o braço. No Colégio Maria Auxiliadora, escola religiosa de Natal, decidiu praticar esportes para escapar das aulas de educação física. Magra, alta e desengonçada, era chamada pelas colegas da escola de Olívia Palito, personagem das histórias em quadrinhos do Popeye. Começou no handebol, porque se destacava nas brincadeiras de queimado pela força do braço, mas não demorou para que a freira do time de voleibol a convidasse para trocar de esporte.

Com 13 anos, Virna descobriu que suas violentas cortadas abriam caminho para o sucesso no voleibol. Meses depois, estava na seleção infantil do Rio Grande do Norte. Em 1985, com 14 anos, viajou com a equipe do estado para disputar o campeonato brasileiro juvenil, no Guarujá. Já com 1,80m, a jogadora chamou a atenção: mesmo desajeitada, soltava o braço no ataque de um jeito muito difícil de defender.

Os primeiros convites para jogar em times do Rio e de São Paulo foram barrados pelos pais. O engenheiro Tarcísio e a funcionária pública Maria do Carmo não queriam a filha longe; temiam que ela trocasse os estudos pelo esporte. Para contornar as restrições da família de Virna, Marco Aurélio Motta, treinador do Bradesco e também das seleções infanto-juvenil e juvenil do Brasil, convidou a jovem atacante para um estágio no Rio durante as férias escolares. Os pais só concordaram porque o técnico da seleção potiguar, Breno Cabral, e sua mulher Suzete acompanharam o estágio no Bradesco.

Nas oito semanas no Rio, Virna aprendeu muito e descobriu que ainda tinha muito a aprender. Voltou a Natal disposta a dobrar a resistência dos pais. Em 1986, foi convocada para a seleção infanto-juvenil que iria disputar a campeonato Sul-americano no Peru. Marco Aurélio desembarcou em Natal para conversar com os pais de Virna. A adolescente ficaria sob os cuidados do Bradesco: iria morar com outras jovens atletas, sob a vigilância de uma governanta, e estudaria no Rio por conta do clube. "E só fica se tirar boas notas e passar de ano", frisou Tarcísio, antes de concordar.

A seleção foi campeã sul-americana, e Virna desembarcou no Rio para mergulhar totalmente no voleibol. Estudava de manhã e depois passava de seis a oito horas no ginásio, treinando com os times infanto-juvenil, juvenil e adulto do Bradesco. Ligava quase todos os dias para casa para matar a saudade dos pais e das irmãs. Dona Carminha queria saber todos os passos da filha no Rio. O pai cobrava o desempenho escolar, mas não deixava de perguntar pelos progressos no esporte.

A adolescente progredia: com os treinos, ganhara coordenação e massa muscular. Ainda tinha de melhorar nos fundamentos, mas seu ataque era excepcional, e a altura lhe dava uma grande vantagem no bloqueio. Com 1,85m, aos 17 anos, estava novamente na seleção, convocada para disputar o campeonato Sul-americano juvenil. O grupo se preparava para as competições no Clube Floresta, mesmo lugar onde a seleção adulta treinava para os Jogos Olímpicos de Seul 1988. Eram todas muito jovens. Veterana de Moscou e Los Angeles, Vera Mossa tinha apenas 24 anos. Ana Moser, Márcia Fú e Fernanda Venturini ainda não haviam completado 20 anos. Virna assistia aos treinos da seleção com olhos de fã enquanto sonhava acordada com os Jogos Olímpicos: se era possível para aquelas meninas, poderia ser para ela também.

Desde que saíra do Rio Grande do Norte, já fora campeã estadual e brasileira em todas as categorias. Continuava estudando para fazer vestibular para Comunicação e Economia. Em 1989, ajudou a seleção a conquistar, no Peru, o bicampeonato mundial juvenil. Caçula do time, Virna conheceu melhor Fernanda, Márcia, Hilma, Ana Flávia – a nova geração feminina do voleibol prometia um futuro de vitórias para o Brasil. Eram muitas jogadoras jovens e talentosas, mas já ganhavam experiência internacional.

A jovem de Natal sonhava com Barcelona: podia estar nos Jogos Olímpicos de 1992, mesmo na reserva como no Mundial Juvenil.

Os planos foram interrompidos quando Virna treinava com a seleção para o Sul-americano Juvenil, em agosto de 1990. Estava grávida. Foi um escândalo. Os pais ficaram desesperados. Assustada, a jogadora viajou com o namorado Luiz Gustavo, pai do bebê, para o Rio Grande do Norte. O casal foi trabalhar na firma de engenharia de Tarcísio Dias. As companheiras de time e de seleção ligavam do Rio para saber como ela estava. Fernanda Venturini, a quem conhecia desde o infanto-juvenil, foi até Natal para visitá-la. "Eu vou voltar", garantiu Virna à amiga. Na verdade, não tinha tanta segurança. Parara completamente com o voleibol. Estava com saudades, mas não sabia como seu corpo reagiria após a gravidez, como seria a vida com um bebê para cuidar.

"Eu estava grávida e insegura. Sabia que ia voltar a jogar, mas não sabia como ia jogar depois da gravidez."

Vítor nasceu em abril de 1991. Sua mãe ainda estava na maternidade quando recebeu um telefonema do técnico José Roberto Guimarães, treinador da seleção juvenil. "E então, vamos jogar o Mundial?" – a pergunta embutia a convocação para o Campeonato Juvenil. Virna ficou toda animada, mas sua médica disse que, após a cesariana, ainda precisaria de mais três meses sem treinos.

A volta foi difícil. A jogadora tinha engordado 12kg durante a gravidez. Recomeçou a bater bola aos poucos, enquanto amamentava o bebê. Como tantas mães, perdeu muito peso durante a amamentação. Estava 15kg mais magra e ainda fora de forma quando embarcou para a Itália, em agosto, com o filho de quatro meses, o marido e a babá.

Tinha pela frente uma nova rotina de mãe e atleta. Na Reggio Calábria, acordava, amamentava o bebê e seguia para o ginásio para treinar com o time do Nausicaa, levando Vítor e a babá. Quando o filho começava a chorar, Virna interrompia o treino para dar o peito. Foi assim até a temporada começar, e a jogadora ser obrigada a acostumar o menino a outra alimentação enquanto viajava.

Depois de cinco meses na Itália, a brasileira ligou para a amiga Fernanda. Queria voltar: estava há três meses sem receber. "Arranja um time para eu jogar no Brasil. Não agüento mais", pediu. A levantadora da seleção conversou com os dirigentes da Recreativa, onde jogava em Ribeirão Preto, e com o técnico Antônio Rizzola; no começo de 1992, Virna reforçava o time na fase final do campeonato.

Ainda lutava para recuperar sua melhor forma física. Acordava às 5h da manhã para uma sessão de reforço muscular. Em seguida, voltava para casa para levar Vítor para a creche. Juntava-se aos treinos físicos com o resto do time, pegava o bebê, ficava um pouco com ele e, no fim da tarde, participava dos treinos com bola. Em 1992, ajudou o time de Ribeirão Preto a ser campeão paulista, mas ficou fora da seleção que foi a Barcelona. A primeira competição com a seleção adulta só veio mais de um ano depois: como reserva de Hilma, Virna disputou o primeiro Grand Prix. O Brasil ficou em quarto lugar.

Para Virna, o maior problema foi a longa temporada ausente, longe de casa e do filho pequeno. Ao voltar do Grand Prix, teve uma crise ao desembarcar em São Paulo após quarenta dias de viagem pela Ásia. O marido levou Vítor para receber a mãe no aeroporto. Quando ela correu na sua direção de braços abertos, o menino virou a cara e se agarrou ao pai. Durante alguns dias, pensou até em largar o voleibol. Depois, ela foi se conformando. E Vítor se acostumando.

Em 1994, a seleção feminina tinha um novo treinador: Bernardo Resende, o Bernardinho. Ex-auxiliar-técnico da equipe masculina, assumira no fim do ano anterior e convocara as jogadoras para a Copa Bremen, em janeiro. No primeiro treino, teve uma conversa com Virna. "Se você quer jogar no meu time, tem que aprender a passar", avisou o técnico. "Mas eu nunca fiz isso", assustou-se a jogadora. "Então, treine e aprenda", determinou Bernardinho.

Durante o primeiro ano de seleção, o próprio técnico e seu auxiliar Ricardo Tabach ficavam com a atacante depois do treino para que ela aperfeiçoasse a recepção. Virna foi titular na Copa Bremen, na qual o Brasil surpreendeu as favoritas Cuba e Rússia. Estava na lista das 18 convocadas em março para a maratona que incluía a BCV Cup, na Suíça, o Grand Prix, o Campeonato Mundial, no Brasil, e a Copa dos Campeões, no Japão.

Continuou treinando uma hora a mais para aprimorar os fundamentos, principalmente o passe. Ficou no grupo que ganhou a BCV e o Grand Prix e foi vice-campeão mundial e da Copa dos Campeões. Mas era reserva – Bernardinho a utilizava apenas como opção de ataque.

A maratona de 1994, que terminou com a Superliga, provocou várias baixas na seleção brasileira em 1995. Virna operou o joelho esquerdo em abril: fez uma artroscopia para retirar parte do menisco. Devia voltar a treinar em duas semanas. Logo nos primeiros movimentos, o joelho voltou a inchar. Permaneceu em tratamento. Quando recomeçou a treinar, a musculatura estava atrofiada. Ficou fazendo trabalho especial para fortalecer os músculos. Angustiada, a jogadora via o tempo passando, a recuperação demorando e os Jogos Olímpicos de Atlanta se aproximando.

Só retornou à seleção em setembro para o Sul-americano. Com o time desfalcado de algumas titulares, Virna foi o destaque na conquista do título. Na Copa do Mundo, em que estavam em jogo três vagas para Atlanta 96, voltou à reserva, mas era usada constantemente por Bernardinho no lugar das atacantes de ponta do time titular – Ana Moser e Hilma. A seleção voltou ao Brasil, classificada, após ser vice-campeã no Japão.

As longas temporadas de viagem pareciam ainda maiores pelas saudades do filho. Nos preparativos finais da equipe para os Jogos Olímpicos, Virna trouxe Vítor para o Rio: ele ficou com a babá em um hotel próximo ao da seleção feminina. Nos Jogos Olímpicos de Atlanta, o menino também viajou para ver a mãe jogar, acompanhado do pai e da avó: diariamente, Luiz Gustavo e Dona Carminha levavam Vítor para ver a mãe em uma área ao lado da Vila Olímpica.

Virna estava encantada com a atmosfera do evento. Logo no primeiro dia, havia visto Zorzi e Giani, estrelas do voleibol italiano. Depois, encontrara o *Dream Team* do basquete americano passeando na Vila. Eram seus primeiros Jogos Olímpicos: tudo parecia perfeito. Não importava que não fosse titular. A seleção brasileira era forte, podia disputar a medalha de ouro. As brasileiras estrearam vencendo facilmente o Peru por 3 a 0 e repetiram o placar contra Cuba. Destaque do time nos dois jogos, Hilma terminou o jogo contra as cubanas com dores no tornozelo. Exames confirmaram fratura num osso do pé esquerdo: não podia mais jogar.

Após o treino do dia seguinte, Bernardinho chamou Virna. Elogiou o passe e o saque da jogadora e confirmou sua escalação no time titular. A atacante pensou na carta que o pai lhe dera antes da viagem. Dizia que agarrasse as oportunidades. "Tenha fé em Deus que Ele vai te guiar", escreveu Tarcísio Dias. Com fé e alegria, Virna participou do show da seleção feminina que derrotou a Rússia por um contundente 3 a 0 (15/3, 15/11, 15/13). Em seguida, as brasileiras venceram também o Canadá (3 a 0) e a Alemanha (3 a 1).

Mais uma vitória sobre as coreanas – outro 3 a 0 (15/4, 15/2, 15/10) –, e a seleção chegou às semifinais. As adversárias eram as cubanas. Jogo nervoso: Virna ouvia piadas e deboches a cada ponto cubano, a cada erro do Brasil. Quando fazia um ponto, vibrava olhando para as adversárias. As brasileiras não conseguiram evitar a vitória de Cuba (15/5, 8/15, 15/10, 13/15, 12/15). Virna chorou de tristeza e de raiva nos ombros das companheiras. Quase brigou na quadra, mas ficou fora da confusão nos vestiários: estava com o filho, o marido e a mãe perto da arquibancada quando a confusão recomeçou.

Na disputa da medalha de bronze, ela pensou nas palavras do cestinha Oscar ao desperdiçar mais um ataque no terceiro *set*. Depois de vencer o primeiro *set* (15/13), a seleção começou a cometer um erro atrás do outro. As russas ganharam o segundo facilmente (4/15) e caminhavam para vencer o terceiro. "A gente não pode perder essa medalha", pensava Virna, enquanto ouvia a bronca de Bernardinho. Estava emocionalmente exausta quando foi substituída. Com as reservas em quadra, o Brasil virou o terceiro *set* (16/14), perdeu o quarto (8/15) e venceu o quinto (15/13).

Virna comandou a invasão da quadra para abraçar Leila, Fofão e Filó – as companheiras que saíram do banco para garantir a medalha de bronze. Estava feliz e emocionada, mas só no Brasil percebeu a verdadeira dimensão da conquista. De uma hora para outra, virara uma pessoa pública. Crianças e adultos pediam autógrafos. Os programas de TV faziam fila para entrevistá-la: queriam saber como era a vida de atleta e mãe, discutir a importância das primeiras medalhas das mulheres brasileiras.

Com as seguidas contusões de Ana Moser, Márcia Fu e Hilma, Virna tornou-se a principal jogadora do país. Esteve em todas as convocações nos anos seguintes: a seleção foi campeã sul-americana em 1997, tricampeã do Grand Prix em 1998, medalha de ouro nos Jogos Olímpicos de Winnipeg em 1999. No caminho até os Jogos Olímpicos de Sidney 2000, a seleção passou por uma forçada renovação, provocada pelas aposentadorias precoces da maioria das titulares de Atlanta. Do time que entrara em quadra contra a Rússia para disputar o bronze, só Virna estava na Austrália. As outras duas remanescentes de 1996 eram Leila e Fofão. O técnico Bernardinho incumbiu cada veterana de cuidar de três novatas. As "filhas" de Virna eram as atacantes Érika, Walewska e Elisângela – ela procurava passar a emoção, a dimensão e o impacto dos Jogos Olímpicos.

A comparação com o time de Atlanta era sempre desfavorável, mas a jovem seleção não se abateu com as críticas em Sidney. Repetiu a campanha de 1996: terminou a primeira fase invicta, com cinco vitórias em cinco jogos. Infelizmente, repetiu também os passos seguintes: uma vitória fácil nas quartas-de-final (sobre a Alemanha) e a derrota para Cuba por 3 a 2 na semifinal. Dessa vez, não houve descontrole emocional. Virna até fez questão de se lembrar das palavras de Oscar em Atlanta, mas talvez nem precisasse. Sentia o time forte e unido. Ninguém se abalara com a derrota para as cubanas.

As brasileiras sabiam que, para aquela seleção, o bronze valia ouro. Com as suas veteranas inspiradas, o Brasil mandou no jogo contra os Estados Unidos. Virna pensava que elas mereciam a segunda medalha; que as meninas mereciam sentir a mesma emoção. Com 24 a 21, viu Fofão levantar a bola na altura certa para ela mandar o braço na diagonal e fechar o jogo. Abraçou a amiga Leila, que vivia um drama familiar, abraçou as "filhas" e subiu ao pódio, sonhando com outros Jogos Olímpicos.

"Eu sempre joguei com a camisa 10 por causa do Zico, que era o meu ídolo. Foi a maior emoção ouvir a torcida do Flamengo gritando meu nome."

Emoções não faltariam até lá. No final de 2000, com o Maracanãzinho lotado, Virna caiu nos braços da torcida do Flamengo após a vitória sobre o Vasco na final do campeonato do Rio de Janeiro. Era a realização de um sonho de infância: começou a jogar com a camisa 10 por causa de Zico, o camisa 10 da Gávea; agora, estava ali, com a camisa 10 da Gávea, comemorando um título com a galera rubro-negra. Na Superliga 2000/2001, o Flamengo, de Virna e Leila voltaria a ser campeão brasileiro após vinte anos. A festa durou pouco; com seus eternos problemas financeiros, o clube acabou com o time de voleibol.

"Não é fácil acabar um casamento de dez anos e ficar longe do seu filho. Eu não tinha a mínima estrutura mental para jogar na seleção."

No fim de 2001, a vida de Virna virou de cabeça para baixo. Seu casamento de dez anos acabou; Vítor foi morar com o pai, em Bauru. Ela estava jogando no BCN, em Osasco, mas tinha dúvidas sobre o futuro. Ficou lá para estar mais perto do filho. Mas estava emocionalmente abalada. Para piorar, o clima na seleção estava péssimo. As jogadoras andavam em pé de guerra com o novo treinador, o mesmo Marco Aurélio Motta que fora a Natal para convencer os pais a deixá-la seguir carreira no voleibol. Preferiu pedir dispensa da seleção.

A crise na equipe brasileira durou quase dois anos e terminou com o pedido de demissão de Marco Aurélio em julho de 2003. Virna já estava de volta à seleção desde abril – após ser campeã da Superliga, sentia-se novamente bem. Campeão olímpico com o time masculino em Barcelona, José Roberto Guimarães assumiu a seleção feminina com a missão de pacificar o grupo e classificar o Brasil para Atenas 2004. O técnico Zé Roberto somou as revelações do antecessor – Paula Pequeno, Valeskinha, Sassá, Fabiana – com as jogadoras que haviam abandonado a seleção por desavenças com Marco Aurélio. Fernanda Venturini, principal crítica do antigo treinador, concordou em voltar.

A seleção ganhou o título Sul-americano e se classificou para a Copa dos Campeões, no Japão, competição que assegurava a vaga olímpica às três primeiras colocadas. As brasileiras foram vice-campeãs e voltaram prontas para o desafio de Atenas. O tetracampeonato no Grand Prix, já em 2004, levou a seleção a chegar à Grécia como favorita. Eleita a melhor jogadora do torneio, Virna tinha de dividir as atenções com a grande revelação do voleibol brasileiro – Marianne Steinbrecher, a Mari, 20 anos, 1,88m, maior pontuadora da Superliga. Também dividia o quarto com a novata: o técnico Zé Roberto confiava na experiência da veterana, nos Jogos Olímpicos pela terceira vez, para guiar a nova estrela.

A seleção repetiu Atlanta e Sidney: saiu invicta da primeira fase, com quatro vitórias por 3 a 0 e um triunfo dramático diante da Itália. Nos quatro primeiros *sets*, brilharam Mari e Valeskinha. No *tie-break*, entretanto, foi Virna que acordou o time com gritos e cortadas quando as italianas saíram na frente. "Vamos botar pressão", berrava com as companheiras. O Brasil fechou em 15/13. No primeiro jogo eliminatório, a seleção não teve a facilidade encontrada nas quartas-de-final em 1996 e 2000. A partida contra as americanas também foi para o *tie-break*, mas as brasileiras – após fazerem 2 a 0 e permitirem o empate – ganharam o *set* decisivo por 15/6.

A invencibilidade era fruto do trabalho desenvolvido. As brasileiras estudavam cada adversária, totalmente concentradas na disputa. Virna tentava evitar, mas não conseguia deixar de fazer planos: com a terceira medalha olímpica, desta vez de ouro, deixaria a seleção para jogar na praia. O corpo reclamava dos anos na quadra, sempre no limite. Sofria com uma artrose, tinha treinamento diferente, tomava infiltrações para suportar a dor e jogar.

No Ginásio Paz e Amizade, em Atenas, Virna Dias e a seleção feminina disputavam a semifinal olímpica. Naquela tarde de 26 de agosto de 2004, o roteiro indicava um outro degrau do pódio para elas. O Brasil venceu os dois primeiros *sets* (25/18, 25/21), mas permitiu a reação da Rússia no terceiro (22/25). No quarto *set*, conseguiu abrir 24/19: tinha agora cinco chances consecutivas de fechar o jogo. Virna olhou para o céu: "A gente já tem a medalha de prata".

Mas Mari, destaque do torneio e do jogo, errou dois ataques seguidos. Zé Roberto pediu tempo e tranqüilidade. Fernanda tentou uma jogada pelo meio com Walewska: as russas defenderam e contra-atacaram. Virna ficou encaixotada pelo bloqueio das adversárias. O técnico pediu novo tempo para acalmar o time. "Calma, nada! A gente tem que fechar esse jogo", gritou a atacante.

Não conseguiram. De uma hora para outra, a vantagem sumiu. A seleção teve seis chances de fechar o jogo e não conseguiu. Perdeu o *set* (26/28) e – após desperdiçar mais um *match point* no *tie-break* – a partida (14/16). O penúltimo ponto russo foi mais um bloqueio sobre Virna; o último, mais um ataque para fora de Mari. A jovem atacante, apontada como fria pelas companheiras, saiu da quadra chorando sem falar com ninguém. A veterana, reconhecidamente emocional, tentou se controlar, deu entrevistas analisando o jogo, mas acabou caindo no choro também.

No dia seguinte, véspera do jogo contra Cuba, Virna tentou animar o time. O filho Vítor, de 13 anos, que acompanhava a competição em Atenas, tinha dado o exemplo: "Quero ver essa medalha, mãe", dissera horas antes. Aos 33 anos, achava que sua obrigação era dar o exemplo. Queria parecer animada, contava as histórias de Atlanta e Sidney, falava do orgulho com as medalhas de bronze. As brasileiras não reagiram. A própria Virna esteve irreconhecível na derrota para as cubanas. Depois do jogo, chorava sem parar, novamente abraçada ao filho, ainda remoendo os erros do time contra a Rússia e sofrendo por se despedir das quadras nos Jogos Olímpicos sem sentir a emoção de estar no pódio.

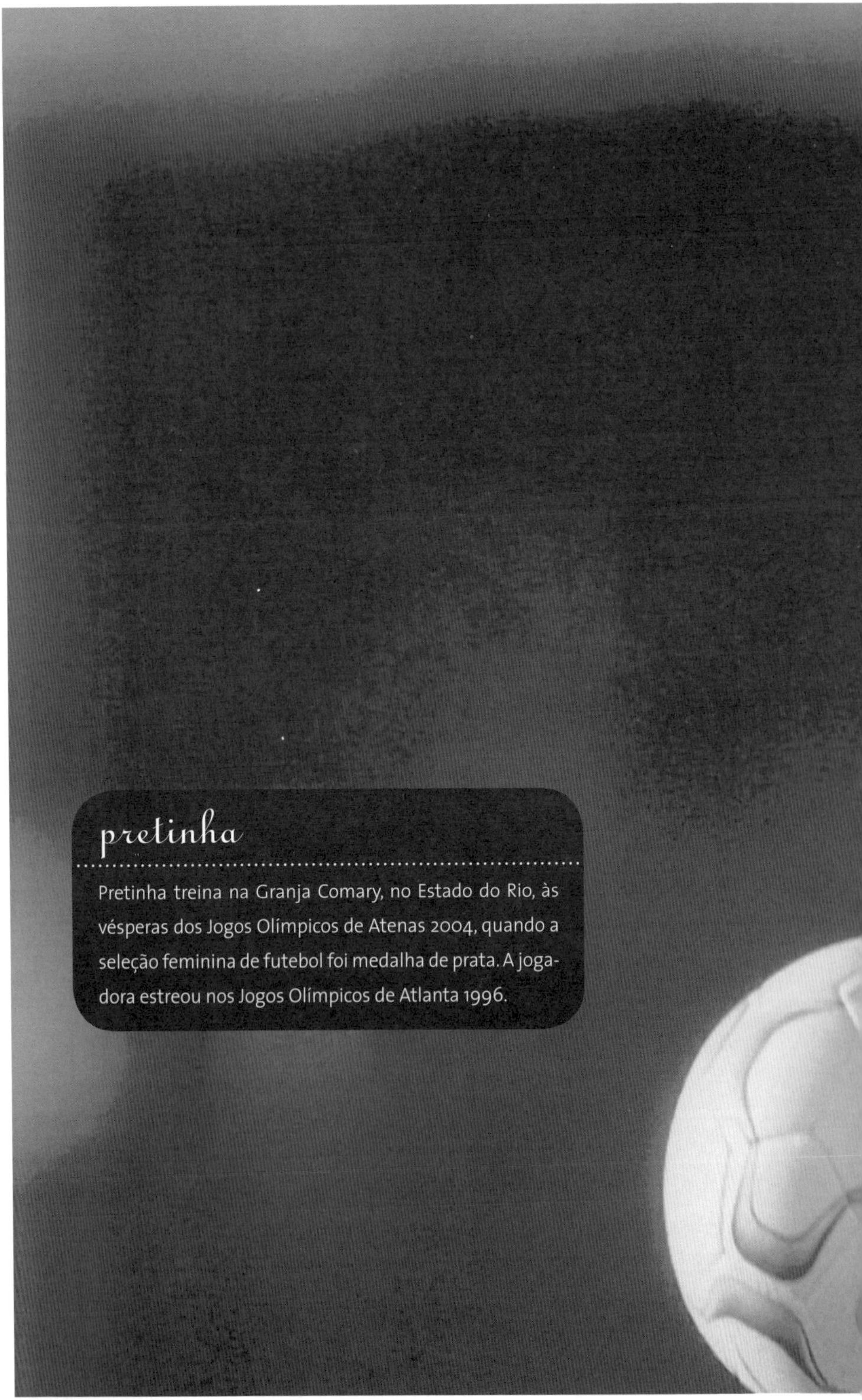

pretinha

Pretinha treina na Granja Comary, no Estado do Rio, às vésperas dos Jogos Olímpicos de Atenas 2004, quando a seleção feminina de futebol foi medalha de prata. A jogadora estreou nos Jogos Olímpicos de Atlanta 1996.

✻ *pretinha* ....

⁂ Aos 16 anos, ela mesma custava a acreditar que estava na China e ia entrar em campo com a camisa da seleção brasileira, para disputar um jogo da Copa do Mundo. Seis meses antes, Delma Gonçalves jogava na várzea, em um clube amador da Zona Oeste do Rio. Saíra de lá direto para a seleção feminina de futebol, que se preparava para o Mundial. Agora, chegara a hora de entrar em campo. As circunstâncias tornavam tudo ainda mais incrível. As brasileiras perdiam de 4 a 0 para os Estados Unidos; o segundo tempo ia começar. As placas anunciavam a substituição no Brasil: a número 7 dava lugar a número 15. Pretinha estava registrada na competição como Delma. Pisou o gramado do Estádio Ying Dong, no dia 19 de novembro de 1991, com uma vontade adolescente de mudar o destino do jogo.

Não mudou a partida – as americanas venceram por 5 a 0 –, mas deu mais um passo para alterar o seu destino. Faria da seleção brasileira uma rotina em sua vida; do futebol, o seu ganha-pão. Mas nada disso ainda estava nos seus planos ao entrar em campo na China. "Que loucura", era o que repetia para si mesma desde que fora chamada para treinar com a seleção. Foram meses de treinamento organizado, jogos amistosos, orientações táticas até o embarque para o outro lado do planeta, para disputar a primeira Copa do Mundo feminina. Eram muitas novidades, uma atrás da outra. E Pretinha só pensava em jogar futebol.

> "No começo, achavam estranho porque eu era a única menina no meio da molecada. Mas depois todo mundo se acostumou."

Essa era sua maior paixão desde criança. Com 7 anos de idade, já era vista misturada aos garotos nas peladas pelas ruas de Senador Camará, bairro pobre da Zona Oeste do Rio. A vizinhança estranhava aquela menina no meio da molecada, mas os pais se acostumaram logo. Não tinha mesmo jeito de Pretinha ficar longe da bola. Até os 12 anos, jogava com os meninos nos times do bairro. Depois, vieram os primeiros convites para jogar em equipes só de meninas. Ela queria jogar, procurava times que disputassem campeonatos. Foi assim que chegou ao Mendanha Futebol Clube, time de várzea da Zona Oeste, que disputava a liga amadora de Nova Iguaçu.

Tinha 13 anos em 1988, quando o futebol feminino estava em uma de suas muitas fases de baixa no Brasil. Sempre fora olhado com preconceito, desde as primeiras décadas do século XX, quando foram organizados os primeiros jogos. Na década de 1940, no Rio de Janeiro, capital da República, chegou a ser organizado um torneio com dez times, com cobertura dos jornais. A novidade causou revolta nos setores conservadores. Houve pressão para que o presidente Getúlio Vargas, com os poderes de ditador que o Estado Novo lhe concedia, vetasse o futebol de mulheres. Em 1942, o decreto 3.199 proibia as mulheres de praticarem esportes incompatíveis com as condições femininas: o judô, o boxe e o futebol faziam parte da lista.

O decreto jogou uma ducha de água fria no ímpeto do futebol feminino, que só voltaria a aparecer nos subúrbios do Rio no fim da década de 1950, quando até as mulheres entusiasmaram-se com as conquistas da seleção brasileira e o surgimento de Pelé. Em São Paulo, atrizes de teatro de revista promoveram uma partida beneficente no Pacaembu, em 1959. No Rio, foram registradas algumas partidas na praia, com mulheres e namoradas dos jogadores de futebol de areia. No entanto, veio o golpe militar de 1964 e, no ano seguinte, o governo regulamentava o decreto do Estado Novo e impedia definitivamente a prática do futebol – e de outros esportes "incompatíveis" – pelas mulheres.

A proibição só foi revogada no fim de 1979. Dois anos depois, já havia torneios femininos de futebol *society* (com times de oito jogadoras em campos menores) e de areia no Rio de Janeiro. Foi da praia que surgiu o Radar Esporte Clube, que dominaria o futebol feminino na década de 1980, com cinco títulos da Taça Brasil, a única competição nacional, e cinco títulos cariocas. Em 1988, entretanto, o Radar suspendeu as atividades e sequer houve o campeonato estadual como vinha ocorrendo desde 1981. As ligas amadoras, porém, resistiam. Pretinha jogou três anos em times que disputavam torneios organizados pelas ligas da Baixada Fluminense.

Em 1991, a Fifa anunciara, logo no começo do ano, a realização da primeira Copa do Mundo de futebol feminino, iniciativa de seu presidente, o brasileiro João Havelange. O Brasil não podia ficar de fora. A Confederação Brasileira de Futebol saiu procurando as jogadoras que haviam brilhado nos anos 1980 para formar a seleção para o Mundial da China. Achou Sissi,

Roseli, Fanta, Elane, Cenira. Embalado pela Copa do Mundo, o Radar, sem atividades há três anos, resolveu contratar grande parte das jogadoras para refazer o time.

Nos preparativos para a Copa do Mundo, a equipe brasileira disputou um jogo-treino contra a seleção da Liga Desportiva de Nova Iguaçu. O Brasil venceu com facilidade, mas a jovem atacante do time adversário infernizou a zaga da seleção. Impressionado, o técnico Fernando Pires foi conversar com a garota. Pretinha disse que tinha 16 anos e, claro, aceitava fazer um período de testes com a seleção, que treinava na Escola de Educação Física do Exército, na Urca. Em menos de um mês, estava oficialmente incorporada à seleção brasileira. Em novembro, a adolescente, que nunca havia cruzado as divisas do estado do Rio, entrava, apavorada, em um avião que a levaria ao outro lado do mundo.

A seleção brasileira fracassou na China. Após ganhar do Japão na estréia, sofreu aquela goleada contra os Estados Unidos e perdeu para a Suécia. Eliminada na primeira fase, ficou em nono lugar. Mas as atividades da seleção e a perspectiva de novas competições ressuscitaram o futebol feminino no Brasil. Logo em 1992, o Vasco montou sua equipe: contratou estrelas como Sissi e Roseli e a novata Pretinha, que tinha o aval das colegas de seleção. Só então, a jovem da Zona Oeste percebeu que jogar futebol podia ser uma profissão. No novo clube, teria um salário e precisaria treinar pelo menos três vezes por semana. Após ser bicampeão carioca, o Vasco conquistou o título do Campeonato Brasileiro, que voltou a ser disputado em 1994.

Em 1995, Pretinha retornou à seleção, convocada para disputar a segunda Copa do Mundo, dessa vez na Suécia, que serviria de seletiva para Atlanta 1996. A preparação melhorou. As jogadoras treinaram parte do tempo na Granja Comary, venceram facilmente o Campeonato Sul-americano, disputaram um torneio internacional em Uberlândia e fizeram amistosos nos Estados Unidos. Os resultados não chegaram a ser animadores. Em Minas, a seleção perdeu a final para a Austrália; nos Estados Unidos, sofreu duas goleadas para as americanas.

No caminho para a Suécia, Pretinha ganhou a vaga de titular da equipe. Estava entre as jogadoras que surpreenderam as anfitriãs na estréia, com um gol de Roseli. Contra o Japão, marcou, logo aos sete minutos, seu primeiro gol na Copa do Mundo. Mas as japonesas viraram o jogo: 2 a 1. E as brasileiras voltaram a perder na última da primeira fase. Foram goleadas pelas alemãs (6 a 1) e eliminadas. Ficaram novamente em nono, mas conseguiram a vaga em Atlanta.

A classificação da seleção feminina de futebol provocou um crescimento no número de mulheres na equipe olímpica do Brasil. Com reforço feminino também na vela, no voleibol de praia, no tênis de mesa, a delegação levou 225 atletas – 66 eram mulheres (29,3% da delegação em 1996 contra 25,7% em 1992). A seleção demorou a chegar a Atlanta, já que o torneio olímpico de futebol foi espalhado por outras cidades americanas. O Brasil empatou com a Noruega, campeã mundial, em Washington: Pretinha fez os dois gols brasileiros. Venceu as japonesas em Birmingham, no estado do Alabama: Pretinha marcou mais um, Kátia fez o outro. Ainda em Birmingham, as brasileiras empataram com as alemães, vice-campeãs mundiais, e conquistaram a vaga nas semifinais.

Só então, a seleção chegou a Atlanta. Pretinha e suas companheiras sentiram que a atmosfera era totalmente diferente da Copa do Mundo. Na Vila Olímpica, recebiam o carinho de outros atletas brasileiros, que diziam estar torcendo pela medalha, e cruzavam com campeões e medalhistas de outras partes do mundo. Entretanto, as brasileiras não podiam aproveitar muito esse clima. Tinham a China pela frente nas semifinais e não pretendiam permitir que nada as desviassem do rumo da medalha olímpica. A conquista podia significar um salto de qualidade para o futebol feminino brasileiro: mais clubes, mais patrocinadores, mais competições.

No jogo em Athens, cidade a uma hora da sede dos Jogos, as chinesas saíram na frente com um gol logo aos cinco minutos. No segundo tempo, Roseli empatou, e Pretinha virou, marcando seu quarto gol na competição. Faltavam 18 minutos para o jogo acabar. No entanto, as adversárias pressionaram, e o Brasil não conseguiu segurar o resultado: levou um gol aos 38 minutos e outro aos 45. Em sete minutos, o sonho desmoronara. Abaladas pela derrota, as brasileiras jogaram mal na disputa da medalha de bronze. A Noruega fez dois gols em cinco minutos, e a seleção não conseguiu reagir.

O reconhecimento pela campanha em Atlanta foi maior do que Pretinha esperava. Na volta ao Brasil, torcedores e jornalistas eram só elogios à seleção feminina que, sem estrutura e apoio, ficara em quarto lugar, enquanto o milionário time masculino – com Ronaldo, Bebeto, Sávio – tinha conquistado a medalha de bronze. No Vasco, teve um aumento. Recebeu convite para jogar futebol de salão na Sabesp, em São Paulo. Ficava na ponte-aérea, mas garantia os dois salários. Pagou a reforma da casa dos pais e começou a juntar dinheiro para comprar um apartamento. Grandes clubes paulistas também passaram a investir no futebol feminino.

"Só depois de Atlanta, as adversárias começaram a respeitar a seleção brasileira."

Na Copa do Mundo seguinte, em 1999, as brasileiras sentiam-se mais preparadas para enfrentar as adversárias. Formavam uma equipe renovada – algumas veteranas comandavam uma maioria de jovens. A CBF investiu na preparação, programou treinamentos e amistosos, levou o time para os Estados Unidos, sede do Mundial, um mês antes do começo da competição. A seleção estreou com uma goleada de 7 a 1 sobre o México: Pretinha fez três gols, Sissi também, Kátia completou o placar. O Brasil ganhou da Itália, empatou com a Alemanha e fechou, invicto, a primeira fase.

Após derrotarem a Nigéria, com um gol de Sissi na prorrogação, as brasileiras estavam, como em Atlanta, na semifinal. Dessa vez, as adversárias eram as americanas, campeãs olímpicas e donas da casa, que fizeram 1 a 0 logo no começo da partida. O Brasil equilibrou o jogo, pressionou, mas não conseguiu empatar. No fim, a seleção dos Estados Unidos garantiu a vaga na decisão com um gol de pênalti. Pretinha saiu inconformada do campo. Sentia que a distância entre as duas seleções estava desaparecendo, mas as norte-americanas sempre davam um jeito de levar vantagem.

A disputa do terceiro lugar com a Noruega confirmou sua impressão de que a seleção brasileira agora alcançara o mesmo nível das principais rivais. O jogo foi duro e terminou 0 a 0. No verão da Califórnia, Pretinha chegou a sentir frio ao chutar para fora o primeiro pênalti da série para decidir o terceiro lugar na Copa. Mas a goleira Maravilha defendeu duas penalidades, e a seleção ficou com o lugar no pódio.

Com as medalhas de bronze no pescoço, as brasileiras sentiam uma nova emoção. Aos 32 anos, Sissi parecia uma criança em lágrimas ao receber sua Chuteira de Ouro, como artilheira do Mundial ao lado da norte-americana Mia Hamm. A baiana Sisleide Lima do Amor passara até fome para perseguir seu sonho de jogar futebol. Outras veteranas, como a capitã Elane, de 31 anos, e a lateral Fanta, de 33, não paravam de beijar as medalhas. Faziam parte de uma geração de pioneiras. Pretinha se achava privilegiada por ter participado, com elas, de três Copas do Mundo. Ainda no pódio – no mesmo Rose Bowl, em Los Angeles, onde Romário e a seleção masculina conquistaram o tetra em 1994 –, as jogadoras planejavam repetir o feito nos Jogos Olímpicos de Sidney 2000. E talvez subir, pelo menos, mais um degrau.

A CBF também confiava nas chances brasileiras. Programou três temporadas de treinamento na Granja Comary: no total, as jogadoras ficaram 65 dias à disposição do técnico Zé Duarte. As brasileiras chegaram à Austrália com uma motivação a mais: o lançamento da liga profissional dos Estados Unidos, programada para começar em 2001 e com pelo menos 16 vagas para estrangeiras em seus oito times. Empresários investiam para transformar a paixão das meninas americanas em um negócio lucrativo.

Dessa vez, a seleção desembarcou direto na Vila Olímpica. Em Sidney, o Brasil já era considerado uma das forças do torneio feminino de futebol, ao lado de Alemanha, Noruega e Estados Unidos. Com 25 anos, Pretinha ganhava responsabilidades de veterana. Do time brasileiro que entrou em campo na estréia contra a Suécia, só Sissi era mais velha. Apesar de ter quatro jogadoras com menos de 20 anos, as brasileiras venceram a experiente equipe sueca por 2 a 0, com gols de Pretinha e Kátia.

A derrota por 2 a 1 para a Alemanha na segunda rodada colocou a seleção novamente em rota de colisão com as americanas. As brasileiras venceram a Austrália no terceiro jogo. Enfrentaram a força das australianas, empurradas pelos gritos de trinta mil torcedores, no estádio lotado em Sidney. Levaram um gol no primeiro tempo; mostraram fôlego, raça e determinação no segundo para conseguir a virada com gols de Raquel e Kátia. Pretinha deixou o campo exausta, mas confiante: não havia mais diferença física entre as brasileiras e qualquer outra seleção. E, na técnica, sempre podiam ganhar.

Foi essa a conversa entre as jogadoras antes da partida semifinal, novamente contra os Estados Unidos. Em campo, as brasileiras mostraram que podiam enfrentar as campeãs olímpicas e mundiais de igual para igual. Dominaram o jogo, perderam oportunidades de abrir o placar. Aos dez minutos do segundo tempo, Kátia sofreu um estiramento muscular na coxa. Substituída, a atacante ainda chorava de dor ao lado do campo quando Mia Hamm, estrela do time, marcou o gol americano. As brasileiras reclamaram de falta na goleira Andréia, mas não adiantou. Correram atrás do empate, mas voltaram a desperdiçar as oportunidades criadas.

Fora da final olímpica, as brasileiras sentiram o peso da derrota. A contusão de Kátia era grave. Cérebro do time, Sissi vinha jogando no sacrifício, perseguida por uma dor muscular que aparecera na estréia contra a Suécia. Jogadoras como Roseli e Formiga reclamavam por ter dado lugar a atletas nais jovens. O técnico Zé Duarte era contestado por parte da equipe. Parecia que os problemas, abafados até a semifinal, emergiram contra a Alemanha: a seleção perdeu o jogo e a medalha de bronze. As brasileiras voltaram novamente em quarto lugar, mas tiveram a mesma recepção de 1996. O Brasil reconhecia o esforço do futebol feminino – principalmente na comparação com o fiasco do time masculino que, comandado por Vanderlei Luxemburgo, fora eliminado por Camarões nas quartas-de-final, apesar de ter dois homens a mais em campo.

A recepção, dessa vez, não reduziu a frustração. A medalha em Sidney seria importante para o futebol feminino que, naquele momento, parecia andar para trás no país. Os times estavam desaparecendo; as competições escasseavam. O próprio Vasco decidira diminuir os investimentos no time. Para as estrelas da seleção, entretanto, a salvação foi a liga americana. Pretinha recebeu a confirmação do convite logo após os Jogos Olímpicos: ela e Roseli foram contratadas pelo Washington Freedom, da capital dos Estados Unidos, para a temporada 2001.

Não falavam uma palavra de inglês. Nos treinos, uma colega de time, com mãe brasileira, ajudava a traduzir as instruções da técnica. Pretinha e Roseli eram amigas desde a seleção, moravam juntas e logo ficaram conhecendo a comunidade brasileira, em Washington. Para quem nascera na pobreza, tinham ido longe demais. O time não foi tão bem. Apesar de contar com Mia Hamm, considerada a melhor jogadora do mundo, foi derrotado nos *playoffs*. O primeiro campeão da WUSA (Women United Soccer Association) foi o time do San Jose Cyberrays, da Califórnia, onde jogavam as também brasileiras Sissi e Kátia Cilene.

O San Jose queria o bicampeonato e contratou Pretinha para a segunda temporada. A brasileira ficou mais dois anos na Califórnia. Em 2003, quando era a artilheira da equipe na temporada, juntou-se à seleção que se preparava para a Copa do Mundo marcada para setembro, novamente nos Estados Unidos. Brasileiras e americanas se enfrentaram num jogo amistoso, em julho, em Nova Orleans. Num lance bobo, Pretinha sentiu o joelho estalar: caiu chorando de dor e foi carregada para fora do campo. De volta à Califórnia, ouviu o diagnóstico: rompera os ligamentos do joelho e precisava ser operada. Estava fora da temporada, fora dos Jogos Pan-americanos de Santo Domingo, fora do Mundial.

Foram os piores dias de sua carreira, apesar de toda a assistência do clube e da solidariedade das amigas. Dias de dor, de tensão antes da cirurgia, de tristeza no hospital. Pensava na Copa do Mundo: o Brasil tinha tudo para brilhar, ela estava adaptada aos Estados Unidos. Ainda em tratamento, acompanhou a frustração da seleção, eliminada nas quartas-de-final. Voltou ao Brasil no fim da temporada, ainda em tratamento e com mais uma má notícia: a falta de retorno financeiro selara o fim da liga profissional dos Estados Unidos.

> "A recuperação depende muito da cabeça, do psicológico. Se você não acreditar, não consegue voltar mesmo."

No começo de 2004, Pretinha estava de volta à Zona Oeste, desempregada e ainda em recuperação. A CBF pagava suas sessões de fisioterapia em uma clínica em Campo Grande, três vezes por semana. Vivia das economias guardadas nos três anos de Estados Unidos. Sua maior angústia, entretanto, era com os Jogos Olímpicos, que via se aproximarem sem poder tocar na bola de futebol. O joelho parecia inchar a cada maior esforço. "Eu não vou desistir. Eu vou chegar lá", repetia a cada sessão de fisioterapia, que parecia uma tortura.

Em março, o novo treinador da seleção, René Simões, convocou o grupo para o começo dos preparativos para Atenas 2004. Pretinha estava na lista e, acreditava, pronta para voltar aos treinos. Após exames na concentração da seleção na Granja Comary, médicos e preparadores físicos acharam que ela devia voltar para o Rio para mais uma temporada de fisioterapia e reforço muscular. "Vou perder os Jogos Olímpicos" – pensou ao pegar o ônibus da seleção para vir de Teresópolis para o Rio. Contudo, o treinador, com uma equipe jovem, fazia questão da atacante, que, aos 29 anos, tinha a experiência acumulada de Atlanta e Sidney. A fisioterapeuta da CBF acompanhou os exercícios de Pretinha, agora em uma bem equipada academia na Barra da Tijuca.

Em maio, finalmente, dez meses depois da lesão, a jogadora voltou a jogar em um amistoso da seleção. Disputou os jogos-treinos contra equipes masculinas, que fizeram parte da preparação da equipe, sem sentir qualquer dor. O técnico mostrava confiança nela: era escalada sempre como titular do ataque brasileiro, que entraria em campo em Atenas sem sua artilheira, Kátia Cilene, cortada, também, devido a uma lesão no joelho.

Jogadora mais experiente do time titular, chegou à Vila Olímpica na condição de porta-voz da seleção, procurada diariamente por jornalistas. Prometia, a cada entrevista, que as brasileiras estavam prontas para mudar o roteiro de Atlanta e Sidney. Pretinha acreditava realmente na jovem equipe. E passar confiança às jogadoras era uma qualidade de René Simões. Em campo, o Brasil alimentou a esperança da torcida: só perdeu para os Estados Unidos na primeira fase, em um jogo equilibrado; ganhou da Austrália e goleou a Grécia e o México no caminho da terceira semifinal olímpica consecutiva.

"Se o Japão tem times suficientes para organizar um campeonato feminino, não dá para entender por que o Brasil não consegue."

No vestiário, antes da partida contra a Suécia, Pretinha circulava entre as companheiras reafirmando sua crença. "A gente vai ganhar, a gente vai à final", repetia. No primeiro tempo da semifinal, contudo, chegou a temer pela repetição do passado. As suecas dominavam o jogo, encurralavam as brasileiras. A bronca do treinador no intervalo acordou o time. A seleção voltou melhor. Aos 19 minutos, Pretinha viu Marta, a nova camisa 10, dominar a bola no meio campo e disparou. O lançamento veio perfeito entre as zagueiras adversárias. Ela dominou, driblou a goleira e empurrou para o fundo da rede. Era o gol da vitória, da passagem para a final, da medalha. O Brasil segurou sem dificuldade o 1 a 0.

As adversárias da final olímpica eram, mais uma vez, as norte-americanas. A seleção brasileira, mais confiante do que nunca, entrou em campo com disposição de não deixar o ouro escapar. As rivais fizeram 1 a 0, mas o time não se abalou. Pressionou e perdeu algumas oportunidades até Cristiane chutar, a goleira rebater e a bola sobrar limpa para Pretinha empatar. O jogo foi para prorrogação; um gol de cabeça garantiu a 22ª vitória norte-americana em 23 jogos contra o Brasil.

Após o fim da partida, algumas jogadoras mais jovens choraram. Pretinha, entretanto, foi abraçar as companheiras com um sorriso nos lábios. Aquele resultado era a maior conquista do futebol feminino brasileiro. Recebeu sua medalha de prata com felicidade, emoção e orgulho: tinha no peito, agora, o símbolo de sua vitória sobre todas as dificuldades – a infância pobre, a falta de estrutura do esporte, as dores do último ano. As brasileiras tinham todo o direito a, finalmente, fazer aquela festa no pódio dos Jogos Olímpicos.

marta

Durante os Jogos Olímpicos de Atenas 2004, Marta treina no estádio de Apollon. Em sua primeira participação nos Jogos Olímpicos, a jogadora voltou para casa com a medalha de prata, o melhor desempenho da seleção feminina até então.

* marta ....

⁕ No pódio, ela olhava para a festa das veteranas Pretinha e Roseli e sentia um nó na garganta. Beijava a medalha de prata para os *flashes* dos fotógrafos e pensava na mãe, Tereza, a quilômetros e quilômetros de distância, em uma cidadezinha perdida no Nordeste do Brasil. As lágrimas subiram aos olhos. Um jornalista pediu que ela explicasse a emoção. As palavras faltaram: Marta Vieira da Silva tinha apenas 18 anos. Seria difícil para ela até contar seu longo caminho desde Dois Riachos – cidade de 12 mil habitantes no interior de Alagoas – até os Jogos Olímpicos de Atenas 2004.

O que ela sabia é que viva um momento especial. Quatro anos antes, quando Pretinha e Roseli viram a medalha escapar em Sidney, ela acompanhava os jogos da seleção pela televisão. A luz azulada da TV no alojamento do Vasco da Gama era o único sinal de vida na madrugada, dentro do clube em São Januário, na Zona Norte do Rio. Marta torcia sozinha: os outros meninos e meninas das divisões de base do time, com quem dividia o alojamento, preferiam dormir. Para a adolescente de 14 anos, os Jogos Olímpicos faziam parte de um sonho. O Vasco fazia parte do caminho para torná-lo realidade.

Marta começou a jogar futebol, aos 7 anos, nas peladas nas ruas de Dois Riachos. Os irmãos, às vezes, se aborreciam com a menina que insistia em jogar no meio dos garotos. "Pára com isso. Futebol é para homem. Eu vou te pegar!" – ameaçava o irmão mais velho. Marta, desde pequena, era mais rápida que os irmãos. Não só eles não conseguiam pegá-la como Marta tinha o beneplácito da mãe, que, apesar de preocupada, não reprimia a paixão da filha pelo futebol.

Da infância ao começo da adolescência, ela só jogou com meninos, tanto nas peladas nas ruas de Dois Riachos quanto nos torneios de futebol de salão no colégio. Jogava também no CSA, time local batizado com o mesmo nome do clube de Maceió. Em 1989, tinha 13 anos quando disputou um torneio na cidade vizinha de Santana do Ipanema, cinco vezes maior que Dois Riachos. Marta era um talento: driblava, sabia se movimentar e tinha um chute forte de pé esquerdo. Jogava melhor do que os garotos. O gerente da AABB local, Marcos Santos, já vira a menina jogar algumas vezes e ficou muito impressionado. Carioca, ia voltar para o Rio em pouco tempo. Perguntou à garota de Dois Riachos se não queria tentar a sorte no Sudeste.

Ele conhecia a direção do futebol feminino do Vasco da Gama, achava que Marta tinha futebol para brilhar no Rio. "Claro que eu vou", respondeu sem pensar duas vezes.

Ela ficou entusiasmada com a proposta. Contou à mãe que tinha chance de fazer um teste no Vasco da Gama, no Rio. Dona Tereza, funcionária da Prefeitura de Dois Riachos, não lhe deu atenção. Estava mais preocupada com as dificuldades da filha na escola do que com sua vontade de jogar futebol. No começo de 2000, entretanto, Marcão confirmou que estava viajando para o Rio. Ia preparar a mudança e, em seguida, chamaria a mulher. Já tinha conversado com os dirigentes do Vasco: se Marta quisesse, o teste estava garantido.

"Depois que eu senti o gosto de jogar um campeonato de verdade, não tinha jeito de voltar para Alagoas."

"É claro que eu vou" – repetiu a jovem jogadora. Em casa, não teve jeito de convencer a mãe que a proposta era verdadeira. Dona Tereza só acreditou quando viu a filha começar a preparar a mochila e a mulher de Marcos apareceu para combinar a viagem de ônibus. Foi uma despedida cheia de lágrimas e conselhos, como tantas de nordestinos em busca de melhor sorte no Sudeste. Nas mais de quarenta horas de viagem até o Rio de Janeiro, Marta não pensou em nenhum dos cartões postais da cidade. Ficava imaginando como seria vestir aquela camisa com a faixa diagonal e a cruz de malta e jogar ao lado de craques do futebol brasileiro.

Com alguns treinos no Vasco, a alagoana mostrou seu talento especial. A supervisora de futebol feminino, Helena Pacheco, garantiu sua contratação e a adolescente se mudou para o alojamento do clube, em São Januário. Treinava com as meninas de sua idade e também com o time adulto, onde atuavam jogadoras cotadas para a seleção brasileira que iria aos Jogos Olímpicos de Sidney: Pretinha, Roseli, Cidinha, Fanta. Marta também chamou a atenção das veteranas, que a convidavam para bater bola e brincavam com seu jeito interiorano. "Vem cá, bicho do mato", chamava Roseli, impressionada com a menina que quase não abria a boca.

O Vasco foi o único time do Rio a ceder jogadoras para a seleção brasileira, que disputou os Jogos Olímpicos. As outras convocadas eram de times paulistas – São Paulo, Palmeiras e Lusa. Marta acordava de madrugada para ver os jogos do Brasil em Sidney e sofreu com a eliminação na semifinal e a derrota na disputa do terceiro lugar. Mas ia dormir com seu sonho de vestir a camisa da seleção brasileira mais vivo e mais forte.

Em 2001, disputou o campeonato carioca adulto pelo Vasco, que perdera Pretinha e Roseli para a liga profissional dos Estados Unidos, mas contratara revelações do futebol paulista como Maycon, Nildinha e Juliana Cabral. Os times de São Paulo estavam em liquidação: iam acabar com suas equipes femininas. No Rio, o Vasco sagrou-se hexacampeão; Marta, com 15 anos, foi a revelação do campeonato. No Campeonato Brasileiro Juvenil, a alagoana já jogava com a camisa 10 e liderava o time, apesar de ser a mais jovem do grupo, que contava com jogadoras até 19 anos. Foi artilheira da competição e o Vasco, campeão.

No entanto, o futebol feminino brasileiro entrava definitivamente em mais um período de baixa. No fim do ano, o Vasco anunciou o fim de sua equipe. "Para Alagoas, eu não volto", disse Marta à supervisora Helena Pacheco, que autorizou a jogadora a continuar morando no clube de São Januário até encontrar outro time. Ainda estava procurando, quando foi localizada pela CBF, que preparava a seleção brasileira para o primeiro Mundial Sub-20, organizado pela Fifa. Tinha 16 anos – era uma das caçulas do time, ao lado de Renata Costa e Maurine.

"Sem time, eu me virava: batia bola no ginásio e corria na rua para manter a forma."

Animada com o desempenho das seleções femininas (terceiro lugar no Mundial em 1999, quarto em Sidney), a CBF programou uma fase de treinos na Granja Comary, antes da chegada da seleção masculina que disputaria a Copa do Mundo de 2002 na Ásia, e depois em instalações no Rio. A confederação garantia hospedagem e uma diária de trinta reais para as meninas, a maioria de famílias pobres e, como Marta, agora sem time para jogar.

As jovens jogadoras viajaram para o Canadá, encantadas com a organização da CBF e da própria Fifa. Em Vancouver, sede do Brasil, tiveram ótima recepção dos canadenses, que garantiram as melhores condições para os últimos treinos. Para quem estava acostumada com a falta de estrutura dos times brasileiros, era quase um choque.

A estréia das brasileiras foi contra o México. O estádio em Vancouver não estava cheio, mas Marta entrou em campo com a camisa 10 da seleção como se fosse jogar no Maracanã lotado. Aos 16 anos, ia disputar um Mundial com a amarelinha do Brasil. A seleção ganhou do México por 5 a 3, da Alemanha por 1 a 0 e terminou a primeira fase goleando a França por 4 a 0. Marta comandou a exibição brasileira: fez três gols e deu dribles e passes perfeitos, arrancando aplausos do público, que torcia pelas francesas.

Nas quartas-de-final, ainda em Vancouver, as brasileiras derrotaram as australianas com um gol na prorrogação. Na semifinal, em Edmonton, encontraram as canadenses e um estádio lotado. A torcida empurrava o time do Canadá, que, sem tradição no esporte, chegara até ali. Artilheira da competição, Christine Sinclair fez contra o Brasil seu 10º gol no Mundial. Marta empatou no segundo tempo. O 1 a 1 prosseguiu na prorrogação e, nos pênaltis, as canadenses conquistaram a vaga na final. O drama brasileiro se repetiu na disputa do terceiro lugar: 1 a 1 no tempo normal, 0 a 0 na prorrogação, Alemanha 4 a 3 nos pênaltis.

As meninas voltaram decepcionadas ao Brasil. Sonhavam em, pelo menos, chegar à final para tentar recuperar a popularidade do futebol feminino no país. Mesmo considerada uma das revelações do Mundial, com seis gols marcados em seis jogos, Marta também temia pelo seu futuro. Aceitara um convite para jogar no Santa Cruz, time de Belo Horizonte, mas sabia como estava difícil a situação do esporte. Jogou futebol e futsal em Minas, mas, no fim de 2002, estava novamente sem clube. O Santa Cruz desistira do futebol feminino.

Era a maior revelação do futebol feminino, mas começou 2003 desempregada. Morava em um apartamento emprestado pelo clube e ganhava 200 reais mensais para se sustentar até aparecer outro time para jogar. Mais uma vez, foi a CBF que apareceu antes. Com 17 anos, Marta foi convocada, pela primeira vez, para a seleção adulta que ia disputar os Jogos Pan-americanos, em Santo Domingo, e a Copa do Mundo, nos Estados Unidos. As jogadoras se reuniram para treinar em maio. Formavam um retrato perfeito do futebol feminino: algumas, como Marta, estavam sem clube; a maioria era obrigada a jogar também futsal para sobreviver só do esporte; os melhores salários giravam em torno de mil reais; todas sonhavam com a liga profissional americana onde jogavam Kátia, Sissi e Pretinha.

A seleção fez alguns amistosos nos Estados Unidos antes da estréia nos Jogos Pan-americanos. Sem Sissi, que anunciara sua despedida da seleção em 2000, o técnico Paulo Gonçalves – que dirigia também a equipe do Mundial Sub-19 – entregou a camisa 10 a Marta. A jovem alagoana sentiu que a decisão do treinador causara ciúmes. Não se incomodou. Quando entrasse em campo, poderia mostrar seu talento. Foi o destaque do time nos amistosos. Com Pretinha e Kátia machucadas e a aposentadoria de Sissi, ela desembarcou na República Dominicana como uma das esperanças do time na busca da medalha.

Logo na estréia em Santo Domingo, Marta fez o gol que abriu o caminho para a goleada por 5 a 0 sobre o Haiti. Marcou mais um contra o Canadá em outro 5 a 0 – desta vez, com um sabor especial já que muitas adversárias estavam na seleção que derrotara o Brasil no Mundial Sub-20. Na semifinal, contra a Argentina, Marta abriu o placar com um chute de esquerda de fora da área e selou a sorte das rivais com o segundo gol. As argentinas só descontaram no fim: o 2 a 1 colocou o Brasil na final, novamente contra as canadenses.

As brasileiras não encontraram a mesma facilidade do primeiro confronto contra as adversárias no Pan. A seleção do Canadá fechou-se na defesa e deu tratamento de estrela a Marta, com marcação individual em todo o campo. Formiga fez 1 a 0 para o Brasil, mas Christine Sinclair, a artilheira do Mundial Sub-20, empatou. O jogo foi para a prorrogação: antes que as brasileiras pudessem temer a repetição do sofrimento do ano anterior, Cristiane, também de 17 anos, marcou o gol da medalha de ouro aos 22 segundos do tempo extra.

Além da medalha de ouro, Marta ganhou, em Santo Domingo, a confiança da maioria do time. Era, incontestavelmente, a herdeira da camisa 10 de Sissi. Mas não faltavam contestações na seleção, que voltou a se reunir dias depois de regressar do Pan para a Copa do Mundo. As jogadoras reclamaram da convocação de Milene Domingues, então mulher do craque Ronaldo, articulada pela direção da CBF para dar visibilidade ao time. A estratégia funcionou em parte: a seleção feminina ganhou muito mais espaço nos meios de comunicação. Entretanto, a própria Milene abriu nova crise na seleção ao servir como porta-voz de parte do grupo, que criticava os métodos do treinador Paulo Gonçalves.

Nesse clima, e com Milene, o time desembarcou em Washington. O futebol feminino também estava em crise nos Estados Unidos: a cinco dias da Copa do Mundo, foi anunciado o fim da liga profissional norte-americana, o que tirava o emprego de duas brasileiras – Kátia Cilene e Daniela Costa – e cortava a perspectiva de outras jogadoras da seleção. O Brasil saiu invicto da primeira fase – após vencer a Coréia, golear a Noruega e empatar com a França –, mas foi eliminado nas quartas-de-final pela Suécia.

"Eu olhava a bandeira dos Estados Unidos e sabia que era a nossa que devia estar lá no alto."

O futuro parecia sombrio para o futebol feminino brasileiro, quando a seleção desembarcou de volta ao Brasil. Marta estava de volta a Belo Horizonte e ainda desempregada, quando foi procurada por uma equipe de TV da Suécia, que estava fazendo um documentário sobre o futebol brasileiro com Marta e Robinho como estrelas. Os jornalistas contaram que os suecos tinham ficado impressionados com seu futebol na Copa do Mundo, quando a alagoana fora chamada de "Magical Marta" no site da Fifa. O presidente do Umea IK, clube da primeira divisão sueca, havia, inclusive, visto o jogo das quartas-de-final e estava interessado em contratar a brasileira. Ela se interessaria? "Claro que sim" – respondeu, sem acreditar muito na história.

Em dezembro de 2003, entretanto, um empresário ligou com a proposta do Umea IK. Nunca pensara em jogar na Suécia – o Eldorado do futebol feminino sempre fora os Estados Unidos –, mas, na realidade, não tinha outra proposta de emprego. Chegou a Umea, uma cidade no nordeste da Suécia, ainda mais fria do que a capital, Estocolmo, em janeiro.

A temperatura média era de 15 graus abaixo de zero. Pegou uma gripe atrás da outra, achou que seus músculos iam congelar, chegou até a chorar de frio. Estranhou os treinos em ginásios fechados, aquelas intermináveis noites escandinavas. Mas agüentou firme. Quando a bola rolou, sentiu-se, de novo, em casa.

Em março de 2004, o Umea, base da seleção sueca, enfrentou o time norueguês do Brondby pelas semifinais da Copa da Uefa. Era a estréia de Marta com a camisa 60 de seu novo clube, sob um frio de cinco graus na Noruega. O jogo estava empatado em 2 a 2 até os 35 minutos do segundo tempo, quando a brasileira usou sua já famosa canhota para marcar o gol da vitória. Também foi dela o gol da vitória de 1 a 0 do Umea IK, na Suécia, que assegurou a vaga na final contra o Frankfurt, das estrelas alemãs Birgit Prinz e Caterine Lingor, campeãs mundiais em 2003.

O time sueco não tomou conhecimento do favoritismo alemão. No primeiro jogo da decisão, na Suécia, Marta deixou tonta a defesa alemã: marcou dois gols e participou do terceiro. Com a vantagem de 3 a 0, o Umea chegou a Frankfurt, contando com o desespero das alemães. O equilíbrio durou até os 27 minutos, quando a brasileira abriu o marcador. O time sueco ganhou por 5 a 0, conquistou a Copa da Uefa pela primeira vez, e Marta recebeu tratamento de *superstar*.

Quando reencontrou a seleção brasileira, em julho de 2004, nos preparativos finais para os Jogos Olímpicos de Atenas, sua vida tinha mudado para melhor. Finalmente, ganhava um bom salário – muito, mas muito longe mesmo das fortunas do futebol masculino, mas bem melhor do que no Brasil. Já podia ajudar a família. Após o sucesso na Copa da Uefa, o Umea IK liderava o campeonato sueco – Marta, artilheira da competição, tinha 12 gols em 14 jogos.

A situação do futebol feminino no Brasil, entretanto, tinha mudado para pior. Das 17 jogadoras que chegaram a Umea para os jogos amistosos como preparativo para os Jogos Olímpicos, 12 estavam desempregadas. Sem investimento dos clubes e sem campeonato brasileiro, elas esperavam que o resultado em Atenas pudesse provocar o ressurgimento do esporte no país. O clima no grupo, entretanto, estava melhor. Veteranas como Pretinha, Formiga e Roseli entrosavam-se bem com a nova geração.

Marta encontrou também um novo técnico na direção da equipe feminina. René Simões tinha longa experiência internacional – treinando homens e mulheres – e levara a seleção masculina da Jamaica à Copa do Mundo de 1998, uma façanha histórica para o país. Assumira a seleção em março. O time ficou concentrado na Granja Comary: apenas a alagoana tinha sido dispensada para jogar o campeonato sueco. Os treinos comandados pelo novo técnico eram duros, mas ele gostava de conversar com as jogadoras, em um trabalho permanente de motivação. Nessa estratégia, dera a cada jogadora uma bola de tênis como símbolo do objetivo em Atenas: a medalha olímpica. Elas deviam ficar com a bolinha o máximo do tempo possível para não perder de vista o objetivo.

René Simões teve uma breve conversa com Marta, logo que ela se integrou à equipe na Suécia, para falar do esquema tático e de sua posição no time. Disse que voltariam a conversar. A jogadora ouviu com atenção, seguiu as orientações do treinador, jogou como sempre nas quatro partidas do Brasil: três goleadas e um empate do Brasil com o próprio Umea. Da Suécia, o time seguiu para Atenas. Na Vila Olímpica, o técnico a procurou: "Eu estava preparado para ter uma longa conversa com você, mas não vai ser preciso. Você está com o mesmo espírito do grupo" – disse o técnico. Marta entendeu que ele havia sido alertado para lidar com uma jogadora deslumbrada, uma estrela que precisava ser enquadrada. Mas a jovem craque, mesmo com toda a badalação no novo time, tivera lições de jogo em equipe no Umea, formado por quase dez jogadoras com passagens pela seleção sueca.

A Vila Olímpica de Atenas reunia a maior concentração de brasileiras da história dos Jogos Olímpicos. Em Sidney, elas haviam sido 46% da delegação: 94 na equipe de 205 atletas. Na Grécia, estavam virtualmente empatadas com os homens: eram 122 na delegação de 247 atletas (49,4%). O Brasil reuniu uma nova geração de talentos femininos: a nadadora Joanna Maranhão tinha 17 anos; a ginasta Laís Souza, 16; Natalia Falavigna, do taekwondo, 20; a atacante Mari, da seleção de voleibol, 21.

Ao contrário das outras adolescentes, consideradas revelações e promessas para o futuro, Marta, aos 18 anos, já era a jogadora mais importante da seleção de futebol, centro das atenções das adversárias. Na estréia contra a dura marcação das australianas, decidiu o jogo com uma bomba de fora da área.

O segundo jogo foi contra as norte-americanas, favoritas à medalha de ouro. As brasileiras jogaram melhor do que na estréia, dominaram a partida, mandaram duas bolas na trave. Mas não conseguiram marcar e acabaram perdendo por 2 a 0. Uma goleada de 7 a 0 sobre a Grécia garantiu a vaga do Brasil nas quartas-de-final.

Apesar de ter marcado mais um gol no jogo contra as gregas, Marta se destacava na armação das jogadas, fazendo lançamentos para o ataque brasileiro formado pela jovem Cristiane, de 19 anos, e pela veterana (de 29 anos) Pretinha. Contra o México, a alagoana deu os passes para os gols de Formiga e da própria Cristiane. E Marta cuidou de fechar a goleada de 5 a 0, com um gol de categoria, driblando sua marcadora e encobrindo a goleira mexicana. Como em Atlanta e Sidney, a seleção feminina de futebol estava na semifinal.

As adversárias, dessa vez, eram as suecas, responsáveis pela eliminação do Brasil na Copa do Mundo, um ano antes. Marta conhecia bem as rivais. Quatro titulares jogavam com ela no Umea IK. Outras atuavam no Malmoe e no Djugarden, adversários no campeonato sueco. No estádio da cidade de Patras, as brasileiras dominavam o jogo, mas não conseguiam marcar. O gol só saiu no segundo tempo: Marta fez um lançamento perfeito para Pretinha garantir a medalha olímpica do Brasil.

> “É uma emoção incrível estarmos nos Jogos Olímpicos. Espero sentir isso mais umas três ou quatro vezes.”

Houve festa após o gol, mas nada comparável a explosão após o apito final da juíza. As brasileiras se abraçaram. Algumas se atiraram ao chão. Outras choraram enroladas na bandeira brasileira. Com lágrimas nos olhos, Marta festejava a medalha garantida, mas ainda queria mais. A vitória na final olímpica, entretanto, não veio. Como no jogo da primeira fase, as brasileiras criaram e desperdiçaram oportunidades de gol mas as adversárias fizeram 1 a 0 no final do primeiro tempo. Na segunda etapa, Pretinha empatou. Quase no fim, teve a chance de desempatar, mas seu chute acertou a trave. Na prorrogação, as brasileiras reclamaram de um pênalti não assinalado, antes de a americana Wambach marcar, de cabeça, o gol da vitória.

Poucas jogadoras choraram logo após a derrota. Quando subiram ao pódio, as lágrimas eram de emoção. Muitas carregavam suas bolinhas de tênis, símbolos do objetivo alcançado. Imaginavam a ressurreição do futebol feminino no Brasil, um futuro melhor no esporte com apoio e investimentos. Marta pensava na mãe lá em Alagoas. Pensava nos últimos quatro anos, desde que saíra de Dois Riachos atrás do sonho de jogar futebol.

Eram 18 brasileiras no pódio do futebol naquela quinta-feira em Atenas. Outras duas – Adriana e Shelda – também haviam subido ao pódio dois dias antes. Em três Jogos Olímpicos consecutivos, as atletas do Brasil voltavam com medalhas. Como a de Marta, cada medalha representava um sonho realizado, uma conquista na batalha da vida, uma vitória sobre o desafio de ser mulher, brasileira e atleta.

depois do pódio

Maria Lenk deixou de competir em 1942, mas nunca abandonou as piscinas. Manteve, por 25 anos, um curso particular de natação no Copacabana Palace. Deu aulas na UFRJ até 1979. Quando se aposentou, voltou a disputar provas de natação master, nas quais detém recordes de diferentes faixas de idade. Passa seu tempo entre as piscinas do Rio de Janeiro e dos Estados Unidos, onde moram os filhos. Ainda nada diariamente: ao dar entrevista para este livro, em dezembro de 2005, às vésperas de seu 91º aniversário, Maria Lenk preparava-se para o Campeonato Mundial de Natação Máster, marcado para julho de 2006, em São Francisco, nos Estados Unidos.

Wanda dos Santos passou mais de cinco anos longe do atletismo, formou-se em educação física, mas voltou às provas após fazer uma cirurgia no tendão lesionado em 1968. Voltou a vencer suas provas em competições para veteranos no Brasil e no exterior. Ganhou a medalha de ouro nos 300m com barreiras no Campeonato Mundial Máster de Atletismo, disputado em Eugene, Estados Unidos, em 1989. Aos 73 anos, dá aulas para atletas da terceira idade no Conjunto Desportivo Constâncio Vaz de Carvalho, no Ibirapuera. Como atleta, dedica-se agora ao salto em distância e ao salto triplo, com objetivo de voltar à Itália para disputar o Mundial Master em 2007.

Mary Dalva Proença ficou longe das piscinas por mais de dez anos, após deixar as competições em 1964. Casou novamente e teve mais uma filha. Foi por recomendação do médico que voltou a nadar. E, já que estava na piscina, também a saltar. Ao retomar as competições, trocou o Fluminense pelo Flamengo, já que morava perto do clube. Foi pelo rubro-negro que sagrou-se em 2005 campeã brasileira nos 100m livre na categoria de 70 a 75 anos. Em 2004, ganhou a medalha de prata na prova de trampolim no Campeonato Mundial Master disputado em Estocolmo.

Aida dos Santos ainda competiu até o primeiro semestre de 1973. Estava grávida de três meses de Sergio – seu primogênito. A maternidade a afastou das pistas: permaneceu apenas como professora na Universidade Federal Fluminense e na Gama Filho. Teve mais duas filhas – Valeskinha, da seleção brasileira de voleibol, e Patrícia. Em 1986, teve uma angina e foi parar no CTI. O médico recomendou exercício físico. Retomou a carreira, passou a participar de competições de veteranos e conquistou títulos mundiais no atletismo e no voleibol. Ainda casada com Miguel, atravessa a Baía da Guanabara pelo menos duas vezes por semana para treinar no estádio Célio de Barros, onde concedeu a entrevista para este livro.

Maria Elisa Guimarães trocou as braçadas pelos desenhos nas pranchetas da faculdade de arquitetura e nunca mais competiu. Na realidade, só voltou a freqüentar mesmo as piscinas na gravidez – tem dois filhos. Formou-se em arquitetura pela Universidade Santa Úrsula e em Belas Artes pela UFRJ. É sócia da Sphera Arquitetura e Construções.

Isabel jogou voleibol até 1998, mas, a partir de 1992, passou a conciliar os ginásios com a praia. Na areia, foi campeã brasileira com Jacqueline e vice-campeã mundial com Roseli. De 1999 a 2001, teve experiência do lado de fora da quadra como técnica: treinou o Flamengo e depois o Vasco, onde foi vice-campeã brasileira. Três de seus filhos seguiram carreira no voleibol de praia: Maria Clara, hoje com 23 anos, foi campeã mundial sub-21; Pedro, 20, campeão mundial sub-18 em 2002 e campeão mundial sub-21 em 2003; Carolina, 18, é bicampeã mundial sub-21. Desde 2004, Isabel treina a dupla formada pelas filhas Maria Clara e Carolina nos circuitos brasileiro e mundial.

Luisa Parente, depois dos Jogos de Barcelona, conquistou uma medalha de prata na Universíade, em 1993. Passou um ano longe da ginástica e voltou em 1995, a pedido da técnica Georgette Vidor, para disputar os Jogos Pan-americanos de Mar Del Plata, onde se despediu da carreira com um quarto lugar por equipe. A retomada dos treinos foi no Flamengo, onde conheceu o jogador de basquete Alexey, com quem é casada desde 1998. Eles têm dois filhos: Manuela e João Afonso. Formada em Direito e Educação Física, mantém o Centro Luisa Parente Imaginação, que forma crianças em escolas do Rio.

Soraia André passou dez anos no divã de terapia após se anular por tantas vezes na carreira de judoca. Nunca mais competiu. Adotou Santo André como sua casa e continua funcionária da prefeitura, dando aulas de ginástica e judô para jovens e adultos. Não parou mais de soltar a voz. Cantou na noite de São Paulo e, evangélica, prepara seu primeiro CD, com músicas *gospel*. Finalmente, está juntando gravador e judô, como imaginava na infância.

Jacqueline completou 44 anos ainda jogando vôlei de praia. Depois de conquistar a medalha de ouro olímpica, jogou com Mônica e Ana Paula. Também fez dupla com Maria Clara, filha da amiga Isabel, e com suas ex-alunas

Talita e Renata. Desde o fim da década de 1990, mantém uma escolinha na praia. Sua grande paixão, contudo, é o projeto dos Centros de Voleibol Jackie Silva, em parceira com o Governo do Estado do Rio de Janeiro. Já são mais de cinqüenta centros, espalhados em favelas e comunidades pobres do estado, onde orienta crianças e adolescentes. Ao dar entrevista para este livro em janeiro de 2006, Jackie se preparava para disputar mais uma vez o circuito brasileiro, com sua nova parceira e aluna, Júlia, de 19 anos.

Mônica Rodrigues jogou com Jacqueline e Ana Paula, logo após o fim da dupla com Adriana. Em 2001, finalmente, realizou o sonho de ser mãe com o nascimento de Rodrigo. Voltou aos circuitos brasileiro e mundial: jogou com Alexandra, em 2002, com Leila, em 2003, e novamente com Alexandra em 2004. Em 2005, sofreu uma contusão no ombro direito, que interrompeu sua carreira no vôlei de praia. Sem poder fazer alguns movimentos do braço, começou a jogar tênis e, no começo de 2006, já estava na final de um torneio amador.

Adriana Samuel ainda jogou parte da temporada de 2001 com Ana Paula, após o fim da parceria com Sandra. Encerrou a carreira e, em 2002, foi chamada por Adriana e Shelda para servir como uma espécie de agente, representando a dupla junto a patrocinadores. Hoje representa muitos jogadores de voleibol de praia. Desde 2004, mantém uma escolinha de voleibol para crianças de escolas públicas em Copacabana. O sonho de ter um filho foi realizado em janeiro do mesmo ano. O pequeno Tom ganhou uma irmã, Mila, em 2006.

Sandra Pires, após a decepção em Atenas, encerrou a dupla com Ana Paula no fim do ano e voltou ao circuito de vôlei de praia em 2005 com uma nova parceira, Agatha, de 22 anos e 1,82m. Foram três vezes ao pódio no Circuito Banco do Brasil e terminaram em sexto lugar no *ranking*. Já planejando sua participação nos Jogos Pan-americanos do Rio de Janeiro e a busca da vaga para disputar os Jogos Olímpicos pela quarta vez, Sandra formou dupla com Virna para disputar os circuitos brasileiro e mundial em 2006.

Adriana Behar e **Shelda** completaram dez anos de parceria em outubro de 2005, um ano difícil para a dupla, que sofreu com contusões. Só ganharam uma etapa do Circuito Banco do Brasil, mas estiveram no pódio outras quatro vezes. No Circuito Mundial, estiveram seis vezes no pódio, mas não chegaram a conquistar título algum. Mesmo assim, após serem hexacampeãs do Circuito Mundial e octacampeãs brasileiras em 2004, Adriana e Shelda terminaram em segundo lugar, nos dois circuitos em 2005, atrás apenas da dupla revelação do Brasil, Juliana e Larissa. A meta da dupla – que agora é treinada por Rodrigo Ribeiro – em 2006 é conquistar a vaga para os Jogos Pan-americanos do Rio.

Paula voltou à seleção mais uma vez após os Jogos Olímpicos de Atlanta e disputou o Mundial de 1998, quando a seleção ficou em quarto lugar. A despedida das quadras foi em 2000. Desde então, divide seu tempo entre o projeto social Passe de Mágica para crianças, com núcleos em Piracicaba e Diadema; palestras em empresas sobre trabalho de equipe e liderança; e a administração pública. Foi diretora do Centro Olímpico de Treinamento e Pesquisa (COTP) da Prefeitura de São Paulo até 2002 e, depois, secretária nacional de Esportes de Alto Rendimento, do Ministério dos Esportes. Voltou a dirigir o COTP em 2005.

Janeth disputou, em 2005, sua oitava temporada pelos Houston Comets, na WNBA. É a segunda jogadora da história do time em assistência e a terceira em rebotes. No Brasil, criou em 2002 o Centro de Formação Esportiva Janeth Arcain, para ensinar basquete a crianças de baixa renda em parceria com o Sesi, em Santo André e Mauá. Times do CFE Janeth disputam o campeonato estadual feminino mirim e estadual masculino infantil. A jogadora disputa a temporada 2005/2006 no Ros Casares, de Valência (Espanha) e aguarda a convocação da seleção brasileira que disputará o Mundial, marcado para São Paulo, em setembro de 2006.

Leila, depois de ganhar o Prêmio Brasil Olímpico de Melhor Atleta em 2000, começou a jogar na praia em julho de 2001 com Sandra Pires. A dupla durou vinte meses e ganhou três etapas do Circuito Banco do Brasil. Em meados de 2003, Dona Francisca perdeu a luta contra o câncer. Leila sentiu que a família precisava dela e ela da família. Voltou a Brasília para jogar a Superliga pela Força Olímpica: sonhava em, na quadra, disputar os Jogos Olímpicos pela quarta vez. Ficou na seleção até o último corte, semanas antes da chegada do time a Atenas. Foi à Grécia, em 2004, apenas para torcer para o namorado Emanuel, campeão olímpico de voleibol de praia. Em 2005, voltou à areia e formou dupla com Ana Paula, amiga dos tempos de Minas, para disputar os circuitos. Treinadas pela técnica Letícia Pessoa, jogam juntas também a temporada 2006.

Virna já tinha contrato assinado para jogar no Chieri, da Itália, após os Jogos Olímpicos de Atenas. Abalada pela decepção com a seleção, não brilhou na temporada italiana e ainda teve nova lesão nos ligamentos do joelho. Era inverno na Itália, verão no Brasil: veio fazer tratamento no Rio. Caminhadas na areia eram parte da recuperação e a fizeram voltar a sonhar com a carreira no vôlei de praia. Retornou à Itália em 2005 e deixou Adriana Samuel encarregada de encontrar parceira e patrocinadores para a aventura na praia. Despediu-se das quadras no fim da temporada italiana e formou dupla com a campeã olímpica Sandra Pires para disputar os circuitos em 2006.

Pretinha recebeu convites de clubes do Japão, da Rússia e da Espanha após os Jogos Olímpicos de Atenas. Ainda ficou algum tempo no Brasil, aguardando os prometidos investimentos no futebol feminino. Como nada aconteceu, aceitou a melhor proposta: foi jogar no INAC, time japonês da cidade de Kobe, onde atua a também brasileira Rafaela. A temporada foi um sucesso: a atacante da seleção brilhou na equipe que conquistou o título da segunda divisão japonesa e uma vaga na liga principal em 2006. Pretinha já renovou contrato e vai esperar no Japão as convocações para os próximos compromissos da seleção.

Marta, no fim de 2004, estava entre as três candidatas a melhor jogadora do mundo, prêmio concedido pela Fifa, com base na votação dos técnicos de todas as seleções. Ficou atrás da alemã Birgit Prinz e da americana Mia Hamm. Jogou a segunda temporada com o Umea, em 2005, levando o time ao título de campeão da Suécia e garantindo a vaga na Copa da UEFA. Estava novamente na festa de fim de ano da Fifa, em que Ronaldinho Gaúcho foi consagrado mais uma vez o melhor do mundo: dessa vez, a brasileira ficou em segundo lugar. Como a seleção brasileira não se reuniu sequer uma vez em 2005, Marta só voltou a usar a camisa 10 amarela no Sul-americano Sub-20, em janeiro de 2006 – com seus 14 gols, foi a artilheira da competição e ajudou o Brasil a ser campeão.

entrevistas

MARIA LENK	05/12/2005
WANDA	21/12/2005
MARY DALVA	24/01/2005
AIDA	08/12/2005
ELISA	25/01/2005
ISABEL	10/01/2005 e 13/01/2005
LUISA	07/12/2005 e 14/12/2005
SORAIA	21/12/2005
JACKIE	16/01/2006 e 19/01/2006
MÔNICA	14/12/2005
ADRIANA	13/12/2005
SANDRA	08/12/2005
ADRIANA BEHAR	22/12/2005
SHELDA	04/01/2005
PAULA	18/01/2005
JANETH	11/01/2005
LEILA	10/02/2002
VIRNA	19/12/2005
PRETINHA	19/02/2005
MARTA	14/02/2002

mulheres olímpicas

Lista completa das brasileiras presentes nos Jogos Olímpicos

Atleta	*Esporte*	*Prova*	*Resultado*	*Classificação*
Paris 1932				
Maria Lenk	Natação	100m livre	1m25s8	20º lugar
		100m costas	–	des
		200m peito	3m26s6	9º lugar
Berlim 1936				
Hilda Kramer	Esgrima	florete	pnd	el
Helena de Moraes Salles	Natação	100m livre	1m16s2	32º lugar
Maria Lenk	Natação	200m peito	3m17s7	7º lugar na 1ª semifinal
Piedade Coutinho	Natação	100m livre	1m09s6	5º lugar na 1ª semifinal
		400m livre	5m35s5	5º lugar
Sieglinde Lenk	Natação	100m costas	1m32s	20º lugar
Scylla Venâncio	Natação	100m livre	1m15s1	31º lugar
		400m livre	6m23s	5º lugar na 5ª eliminatória
Londres 1948				
Benedita Souza Oliveira	Atletismo	100m	tnd	4º lugar na 2ª eliminatória
		4x100m	49s	4º lugar na 1ª eliminatória
Elizabeth Clara Muller	Atletismo	100m	13s2	4º lugar na 5ª eliminatória
		4x100m	49s	4º lugar na 1ª eliminatória
		salto em altura	1,40m	17º lugar
		arremesso de peso	10,79m	el
Gertrudes Ida Morg	Atletismo	salto em distância	5,12m	des
Helena Cardoso de Menezes	Atletismo	100m	13s2	3º lugar na 7ª eliminatória
		200m	27s7	4º lugar na 2ª eliminatória
Lucila Pini	Atletismo	200m	27s6	3º lugar na 3ª eliminatória
		4x100m	49s	4º lugar na 1ª eliminatória
Melânia Luz	Atletismo	200m	26s6	4º lugar na 1ª eliminatória
		4x100m	49s	4º lugar na 1ª eliminatória
Edith Groba	Natação	100m costas	1m22s5	6º lugar na 4ª eliminatória
Eleonora Margarida J. Schmitt	Natação	100m livre	1m10s8	4º lugar na 1ª eliminatória
		4x100m livre	4m49s1	6º lugar
Maria Angélica Leão da Costa	Natação	100m livre	1m16s	7º lugar na 4ª eliminatória
		4x100m livre	4m49s1	6º lugar
Piedade Coutinho	Natação	100m	1m09s5	7º lugar na 2ª semifinal
		400m livre	5m29s4	6º lugar
		4x100m livre	4m49s1	6º lugar
Talita de Alencar Rodrigues	Natação	400m livre	–	nc
		4x100m livre	4m49s1	6º lugar
Helsinque 1952				
Deise Jurdelina de Castro	Atletismo	200m	25s	3º lugar na 2ª eliminatória
		salto em altura	1,50m	12º lugar
Helena Cardoso de Menezes	Atletismo	100m	12s5	4º lugar na 7ª eliminatória
		salto em distância	4,98m	24º lugar
Wanda dos Santos	Atletismo	80m com barreiras	11s4	5º lugar na 2ª semifinal
		salto em distância	5,36m	21º lugar
Edith Groba	Natação	100m costas	1m20s	4º lugar na 2ª eliminatória
Piedade Coutinho	Natação	400m	5m28s5	7º lugar na 1ª semifinal
Melbourne 1956				
Mary Dalva Proença	Saltos Ornamentais	plataforma	36,71	16º lugar
Roma 1960				
Wanda dos Santos	Atletismo	80m com barreiras	11s7	4º lugar na 2ª eliminatória
Tóquio 1964				
Aida dos Santos	Atletismo	salto em altura	1,74m	4º lugar
Cidade do México 1968				
Aida dos Santos	Atletismo	pentatlo	4.578	20º lugar
Irenice Maria Rodrigues	Atletismo	400m	–	nc
		800m	–	nc
Maria da Conceição Cypriano	Atletismo	salto em altura	1,71m	11º lugar

Atleta	*Esporte*	*Prova*	*Resultado*	*Classificação*
Munique 1972				
Cristina Bassani Teixeira	Natação	100m peito	1m20s58	7º lugar na 3ª eliminatória
		200m peito	2m57s03	6º lugar na 1ª eliminatória
Lucy Maurity Burle	Natação	100m livre	1m03s12	6º lugar na 2ª eliminatória
		200m livre	2m18s57	6º lugar na 4ª eliminatória
Maria Isabel Vieira Guerra	Natação	200m borboleta	2m32s60	7º lugar na 4ª eliminatória
		200m medley	2m32s95	6º lugar na 4ª eliminatória
		400m medley	5m24s43	4º lugar na 3ª eliminatória
Montreal 1976				
Esmeralda de Jesus Freitas	Atletismo	100m	11s77	7º lugar na 1ª eliminatória da 2ª fase
Maria Luísa Domingues Betioli	Atletismo	salto em altura	1,75m	9º lugar na 2ª eliminatória
Silvina das Graças Pereira	Atletismo	200m	24s	6º lugar na 3ª eliminatória
		salto em distância	6,13m	6º lugar na 2ª eiminatória
Cristina Bassani Teixeira	Natação	100m peito	1m17s94	6º lugar na 4ª eliminatória
		200m peito	2m47s69	4º lugar na 1ª eliminatória
Flavia Nadalutti	Natação	100m borboleta	1m06s29	5º lugar na 6ª eliminatória
Maria Elisa Guimarães	Natação	400m	4m32s63	4º lugar na 3ª eliminatória
		800m	–	nc
Rosemary Peres Ribeiro	Natação	100m borboleta	1m06s50	6º lugar na 6ª eliminatória
		200m borboleta	2m23s79	6º lugar na 1ª eliminatória
Moscou 1980				
Conceição A. Geremias	Atletismo	pentatlo	4.263	14º lugar
Cláudia de Paula M. Costa	Ginástica Artística	exercícios obrigatórios	35,7	el
		exercícios livres	34,85	el
		exercícios combinados	69,775	31º lugar
Arci Zélia Kempner	Tiro com Arco	individual	2.186	26º lugar
Denise Porto Mattioli	Vôlei		1V/4D	7º lugar
Eliana Maria Nagib Aleixo	Vôlei		1V/4D	7º lugar
Fernanda Emerick da Silva	Vôlei		1V/4D	7º lugar
Ivonette das Neves	Vôlei		1V/4D	7º lugar
Jacqueline Louise Cruz Silva	Vôlei		1V/4D	7º lugar
Lenice Peluso de Oliveira	Vôlei		1V/4D	7º lugar
Maria Isabel Barroso Salgado	Vôlei		1V/4D	7º lugar
Maria Villar Castanheira	Vôlei		1V/4D	7º lugar
Paula Rodrigues de Mello	Vôlei		1V/4D	7º lugar
Regina Villela dos Santos	Vôlei		1V/4D	7º lugar
Rita de Cássia Teixeira	Vôlei		1V/4D	7º lugar
Vera Helena Bonetti Mossa	Vôlei		1V/4D	7º lugar
Los Angeles 1984				
Conceição Aparecida Geremias	Atletismo	salto em distância	6,04m	8º lugar no grupo 1
		heptatlo	4.305	21º lugar
Eleonora Mendonça	Atletismo	maratona	2h52m19s	44º lugar
Esmeralda de Jesus Garcia	Atletismo	100m	11s82	6º lugar na 4ª eliminatória da 2ª fase
		salto em distância	6,01m	11º lugar no grupo 2
Tatiana Figueiredo	Ginástica Artística	ex. combinados - individual	74,4	27º lugar
		ex. combinados - equipe	72,6	57º lugar
Rosana Favila	Ginástica Rítmica	individual	35,65	24º lugar
Paula Gonçalves Carvalho	Natação Sincronizada	solo	165,7	13º lugar
		dueto	166,292	11º lugar
Tessa Gonçalves Carvalho	Natação Sincronizada	dueto	166,292	11º lugar

Atleta	*Esporte*	*Prova*	*Resultado*	*Classificação*
Ângela Mendonça Ribeiro	Saltos Ornamentais	plataforma	329,31	13º lugar
		trampolim	370,68	23º lugar
Silvana Campos	Tênis	individual	0V/1D	el
Débora Srour	Tiro Esportivo	pistola esporte	578	7º lugar
Ana Margarida Vieira Álvares	Vôlei		1V/4D	7º lugar
Ana Maria Richa	Vôlei		1V/4D	7º lugar
Eliani Miranda da Costa	Vôlei		1V/4D	7º lugar
Fernanda Emerick da Silva	Vôlei		1V/4D	7º lugar
Heloísa Helena Roese	Vôlei		1V/4D	7º lugar
Jacqueline Louise Cruz Silva	Vôlei		1V/4D	7º lugar
Luiza Pinheiro Machado	Vôlei		1V/4D	7º lugar
Maria Isabel Barroso Salgado	Vôlei		1V/4D	7º lugar
Mônica Caetano da Silva	Vôlei		1V/4D	7º lugar
Regina Pereira Uchôa	Vôlei		1V/4D	7º lugar
Sandra Maria F. Lima	Vôlei		1V/4D	7º lugar
Vera Helena Bonetti Mossa	Vôlei		1V/4D	7º lugar
Seul 1988				
Angélica de Almeida	Atletismo	maratona	2h43m40s	44º lugar
Conceição Aparecida Geremias	Atletismo	heptatlo	5.508	22º lugar
Maria Magnólia S. Figueiredo	Atletismo	400m	51s32	5º lugar na 1ª eliminatória da 2ª fase
		4x400m	3m36s81	4º lugar na 2ª eliminatória
Soraia Vieira Telles	Atletismo	800m	2m01s86	6º lugar na 1ª semifinal
		4x400m	3m36s81	4º lugar na 2ª eliminatória
Suzete Garcia de Montalvão	Atletismo	4x400m	3m36s81	4º lugar na 2ª eliminatória
Tânia Maria Miranda	Atletismo	4x400m	3m36s81	4º lugar na 2ª eliminatória
Luisa Parente Ribeiro	Ginástica Artística	individual geral	75,75	35º lugar
		salto sobre o cavalo	19,075	56º lugar
		barras assimétricas	19,325	44º lugar
		trave	19,2	34º lugar
		solo	19,05	57º lugar
Christina Johannpeter	Hipismo	saltos individual	40,5	69º lugar
		saltos equipe	75	8º lugar
Soraia André	Judô	meio pesado (-72kg)	0V/2D	el
Mônica Angelucci	Judô	ligeiro (-48kg)	1V/2D	5º lugar
Adriana Salazar Lopes Ferreira	Natação	50m livre	26s56	2º lugar na 4ª eliminatória
		100m livre	58s53	2º lugar na 4ª eliminatória
		4x100m livre	3m56s29	11º lugar
Isabelle Marques Vieira	Natação	100m livre	59s15	5º lugar na 4ª eliminatória
		4x100m livre	3m56s29	11º lugar
Mônica dos Anjos C. Rezende	Natação	50m livre	27s44	1º lugar na 3ª eliminatória
		4x100m livre	3m56s29	11º lugar
Patrícia Filler Amorim	Natação	200m livre	2m04s74	2º lugar na 3ª eliminatória
		400m livre	4m19s64	3º lugar na 1ª eliminatória
		800m livre	8m51s95	1º lugar na 1ª eliminatória
		4x100m livre	3m56s29	11º lugar
Érika MacDavid	Natação Sincronizada	dueto	171,025	12º lugar
Eva Menéndez Rivera	Natação Sincronizada	dueto	171,025	12º lugar
Paula Gonçalves Carvalho	Natação Sincronizada	solo	166,317	15º lugar
Ângela Mendonça Ribeiro	Saltos Ornamentais	trampolim	396,51	19º lugar
Gisele Tourinho Miró	Tênis	individual	1V/1D	el
Cínthia Knoth	Vela	470	124	16º lugar
Márcia Pellicano	Vela	470	124	16º lugar
Ana Beatriz Moser	Vôlei	1V/4D		6º lugar
Ana Cláudia Silva Ramos	Vôlei	1V/4D		6º lugar

Atleta	*Esporte*	*Prova*	*Resultado*	*Classificação*
Ana Lúcia Camargo Barros	Vôlei	1V/4D		6º lugar
Ana Maria Richa	Vôlei	1V/4D		6º lugar
Eliani Miranda da Costa	Vôlei	1V/4D		6º lugar
Fernanda Porto Venturini	Vôlei	1V/4D		6º lugar
Kerly Cristiane P. dos Santos	Vôlei	1V/4D		6º lugar
Márcia Regina Cunha	Vôlei	1V/4D		6º lugar
Maria Auxiliadora Villar Trade	Vôlei	1V/4D		6º lugar
Sandra Maria Lima Suruagy	Vôlei	1V/4D		6º lugar
Simone Storm	Vôlei	1V/4D		6º lugar
Vera Helena Bonetti Mossa	Vôlei	1V/4D		6º lugar
Barcelona 1992				
Carmen de Oliveira Furtado	Atletismo	10.000m	34m48s21	19º lugar na 1ª eliminatória
Janeth Mayal	Atletismo	maratona	3h00m23s	31º lugar
Márcia Narloch	Atletismo	maratona	2h44m32s	17º lugar
Maria Magnólia S. Figueiredo	Atletismo	800m	–	nc
Adriana Aparecida dos Santos	Basquete		2V/3D	7º lugar
Helen Cristina dos S. Luz	Basquete		2V/3D	7º lugar
Hortência de Fátima Marcari	Basquete		2V/3D	7º lugar
Janeth dos Santos Arcain	Basquete		2V/3D	7º lugar
Joycenara Batista	Basquete		2V/3D	7º lugar
Maria José Bertolotti	Basquete		2V/3D	7º lugar
Maria Paula Gonçalves da Silva	Basquete		2V/3D	7º lugar
Marta de Souza Sobral	Basquete		2V/3D	7º lugar
Nádia Bento de Lima	Basquete		2V/3D	7º lugar
Ruth Roberta de Souza	Basquete		2V/3D	7º lugar
Simone Pontello	Basquete		2V/3D	7º lugar
Vânia Hernandes de Souza	Basquete		2V/3D	7º lugar
Cláudia Carceroni Carvalho	Ciclismo	estrada	2h23m52s	48º lugar
Luisa Parente Ribeiro	Ginástica Artística	individual geral	76,797	57º lugar
		salto sobre o cavalo	19,624	29º lugar
		barras assimétricas	19,549	43º lugar
		trave	18,487	81º lugar
		solo	19,137	63º lugar
Marta Cristina Schonhorst	Ginástica Rítmica	individual geral	17,225	41º lugar
		fita	8,6	40º lugar
		aro	8,45	41º lugar
		bola	8,65	35º lugar
		maça	8,75	31º lugar
Andréa Berti Rodrigues	Judô	ligeiro (-48kg)	0V/2D	el
Edilene Aparecida Andrade	Judô	pesado (+72kg)	1V/2D	el
Jemina Augusto Alves	Judô	leve (-56kg)	0V/2D	el
Patrícia Dias Bevilacqua	Judô	meio-leve (-52kg)	1V/2D	el
Rosicléia Cardoso Campos	Judô	médio (-66kg)	0V/1D	el
Soraia André	Judô	meio-pesado (-72kg)	0V/2D	el
Tânia Chie Ishii	Judô	meio-médio (-61kg)	0V/1D	el
Cristiana Silveira Lobo	Natação Sincronizada	dueto	171,831	15º lugar
Fernanda Camargo Veirano	Natação Sincronizada	dueto	171,831	15º lugar
Gláucia Tinoco Soutinho	Natação Sincronizada	solo	173,063	16º lugar
Silvana de Fátima Neitzke	Saltos Ornamentais	plataforma	230,7	28º lugar
Andréa Chahad Guedes Vieira	Tênis	individual	0V/1D	el
		dupla	1V/1D	el
Cláudia Chabalgoity	Tênis	dupla	1V/1D	el

Atleta	Esporte	Prova	Resultado	Classificação
Lyanne Miyuki Kosaka	Tênis de Mesa	individual	0V/3D	el
		dupla	0V/3D	el
Mônica Doti	Tênis de Mesa	individual	0V/3D	el
		dupla	0V/3D	el
Tânia Maria Giansante	Tiro Esportivo	pistola livre	366	45º lugar
		pistola esporte	563	38º lugar
Christina Mattoso Maia Forte	Vela	prancha a vela	183	17º lugar
Cláudia Swan	Vela	470	100,7	15º lugar
Márcia Pellicano	Vela	europa	103	14º lugar
Mônica Schell	Vela	470	100,7	15º lugar
Ana Beatriz Moser	Vôlei		3V/3D	4º lugar
Ana Flavia Chitaro Daniel	Vôlei		3V/3D	4º lugar
Ana Lúcia de Camargo Barros	Vôlei		3V/3D	4º lugar
Ana Margarida Vieira Álvares	Vôlei		3V/3D	4º lugar
Ana Paula Rodrigues	Vôlei		3V/3D	4º lugar
Cilene Falleiro Rocha	Vôlei		3V/3D	4º lugar
Cristina Pacheco Lopes	Vôlei		3V/3D	4º lugar
Fernanda Porto Venturini	Vôlei		3V/3D	4º lugar
Hélia Rogério de Souza	Vôlei		3V/3D	4º lugar
Hilma Aparecida Caldeira	Vôlei		3V/3D	4º lugar
Leila Gomes de Barros	Vôlei		3V/3D	4º lugar
Márcia Regina Cunha	Vôlei		3V/3D	4º lugar
Atlanta 1996				
Carmen de Oliveira Furtado	Atletismo	maratona	–	ab
Cleide Amaral	Atletismo	100m	11s76	6º lugar na 2ª eliminatória
Elisângela Maria Adriano	Atletismo	arremesso de peso	16,49m	11º lugar no grupo B
Luciana de Paula Mendes	Atletismo	800m	2m00s25	3º lugar na 1ª eliminatória
Márcia Narloch	Atletismo	maratona	2h39m33s	39º lugar
Maria Magnólia S. Figueiredo	Atletismo	400m	51s98	5º lugar na 2ª eliminatória da 2ª fase
Maria Aparecida B. de Souza	Atletismo	salto triplo	13,38m	9º lugar no grupo B
Roseli Aparecida Machado	Atletismo	5.000m	15m41s63	9º lugar na 1ª eliminatória
Solange Cordeiro de Souza	Atletismo	maratona	2h56m23s	60º lugar
Adriana Aparecida dos Santos	Basquete		7V/1D	prata
Alessandra Santos de Oliveira	Basquete		7V/1D	prata
Cíntia Silva dos Santos	Basquete		7V/1D	prata
Cláudia Maria Pastor	Basquete		7V/1D	prata
Hortência de Fátima Marcari	Basquete		7V/1D	prata
Janeth dos Santos Arcain	Basquete		7V/1D	prata
Leila de Souza Sobral	Basquete		7V/1D	prata
Maria Angélica Gonçalves da Silva	Basquete		7V/1D	prata
Maria Paula Gonçalves da Silva	Basquete		7V/1D	prata
Marta de Souza Sobral	Basquete		7V/1D	prata
Roseli do Carmo Gustavo	Basquete		7V/1D	prata
Sílvia Andréa dos Santos Luz	Basquete		7V/1D	prata
Delma Gonçalves	Futebol		1V/2E/2D	4º lugar
Diedja M. Roque Barreto	Futebol		1V/2E/2D	4º lugar
Elane dos Santos Rego	Futebol		1V/2E/2D	4º lugar
Elissandra Regina Cavalcante	Futebol		1V/2E/2D	4º lugar
Katia Cilene Teixeira da Silva	Futebol		1V/2E/2D	4º lugar
Márcia Taffarel	Futebol		1V/2E/2D	4º lugar
Margarete Maria Pioresan	Futebol		1V/2E/2D	4º lugar
Mariléia dos Santos	Futebol		1V/2E/2D	4º lugar
Marisa Pires Nogueira	Futebol		1V/2E/2D	4º lugar
Miraildes Maciel Mota	Futebol		1V/2E/2D	4º lugar
Roselane Camargo Motta	Futebol		1V/2E/2D	4º lugar
Roseli de Belo	Futebol		1V/2E/2D	4º lugar
Sisleide Lima do Amor	Futebol		1V/2E/2D	4º lugar
Sônia Maria Roque da Costa	Futebol		1V/2E/2D	4º lugar

Atleta	*Esporte*	*Prova*	*Resultado*	*Classificação*
Suzy Bitencourt de Oliveira	Futebol		1V/2E/2D	4º lugar
Tânia Maria Pereira Ribeiro	Futebol		1V/2E/2D	4º lugar
Soraya Iida de Carvalho	Ginástica Artística	individual	–	nc
Andréa Berti Rodrigues	Judô	ligeiro (-48kg)	0V/1D	el
Cristiane Rebizzi Parmigiano	Judô	meio-médio (61kg)	0V/1D	el
Danielle Zangrando	Judô	leve(-56kg)	0V/1D	el
Ednanci Fernandes da Silva	Judô	pesado (+72kg)	2V/2D	7º lugar
Rosicléia Cardoso Campos	Judô	médio (-66kg)	0V/2D	el
Gabrielle Elaine Franco Rose	Natação	100m livre	57s16	2º lugar na 3ª eliminatória
		100m borboleta	1m01s39	14º lugar
		200m medley	2m18s99	6º lugar na 4ª eliminatória
Miriam d'Agostini	Tênis	dupla	0V/1D	el
Vanessa Atra de Menga	Tênis	dupla	0V/1D	el
Lyanne Miyuki Kosaka	Tênis de Mesa	individual	2V12D	el
		dupla	0V/3D	el
Mônica Doti	Tênis de Mesa	individual	0V/3D	el
		dupla	0V/3D	el
Christina Mattoso Maia Forte	Vela	mistral	173	26º lugar
Márcia Pellicano	Vela	europa	107	16º lugar
Ana Beatriz Moser	Vôlei		7V/1D	bronze
Ana Flávia Chitaro Daniel	Vôlei		7V/1D	bronze
Ana Margarida Vieira Álvares	Vôlei		7V/1D	bronze
Ana Paula Rodrigues	Vôlei		7V/1D	bronze
Ericléia Bodziak	Vôlei		7V/1D	bronze
Fernanda Porto Venturini	Vôlei		7V/1D	bronze
Hélia Rogério de Souza	Vôlei		7V/1D	bronze
Hilma Aparecida Caldeira	Vôlei		7V/1D	bronze
Leila Gomes de Barros	Vôlei		7V/1D	bronze
Márcia Regina Cunha	Vôlei		7V/1D	bronze
Sandra Maria Lima Suruagy	Vôlei		7V/1D	bronze
Virna Cristine Dantas Dias	Vôlei		7V/1D	bronze
Sidney 2000				
Luciana Alves dos Santos	Atletismo	salto triplo	13,48m	24º lugar
		salto em distância	–	el
Maurren Higa Maggi	Atletismo	salto em distância	6,35m	25º lugar
Sueli Pereira dos Santos	Atletismo	lançamento de dardo	6,27m	14º lugar
Adriana Aparecida dos Santos	Basquete		4V/4D	bronze
Adriana Moisés Pinto	Basquete		4V/4D	bronze
Alessandra Santos de Oliveira	Basquete		4V/4D	bronze
Cíntia Silva dos Santos	Basquete		4V/4D	bronze
Cláudia Maria das Neves	Basquete		4V/4D	bronze
Helen Cristina Santos Luz	Basquete		4V/4D	bronze
Ilisane Karen David	Basquete		4V/4D	bronze
Janeth dos Santos Arcain	Basquete		4V/4D	bronze
Kelly da Silva Santos	Basquete		4V/4D	bronze
Lillian Cristina Lopes Gonçalves	Basquete		4V/4D	bronze
Marta de Souza Sobral	Basquete		4V/4D	bronze
Sílvia Andréa Santos Luz	Basquete		4V/4D	bronze
Cláudia Carceroni C. Santaigne	Ciclismo	estrada	3h24m19s	43º lugar
Janildes Fernandes Silva	Ciclismo	estrada	3h35m12s	49º lugar
Andréa dos Santos	Futebol		2V/3D	4º lugar
Andréia Suntaque	Futebol		2V/3D	4º lugar
Daniela Alves Lima	Futebol		2V/3D	4º lugar
Delma Gonçalves	Futebol		2V/3D	4º lugar
Elissandra Regina Cavalcante	Futebol		2V/3D	4º lugar
Juliana R. Cabral	Futebol		2V/3D	4º lugar
Kátia Cilene Teixeira da Silva	Futebol		2V/3D	4º lugar
Maria Aparecida de Souza Dias	Futebol		2V/3D	4º lugar

Atleta	*Esporte*	*Prova*	*Resultado*	*Classificação*
Marlisa Wahlbrink	Futebol		2V/3D	4º lugar
Miraíldes Maciel Mota	Futebol		2V/3D	4º lugar
Mônica Angélica de Paula	Futebol		2V/3D	4º lugar
Raquel de Souza Noronha	Futebol		2V/3D	4º lugar
Rosana dos Santos Augusto	Futebol		2V/3D	4º lugar
Roseli de Belo	Futebol		2V/3D	4º lugar
Simone Gonçalves Jatobá	Futebol		2V/3D	4º lugar
Sisleide Lima do Amor	Futebol		2V/3D	4º lugar
Suzana F. da Silva	Futebol		2V/3D	4º lugar
Tânia Maria Pereira Ribeiro	Futebol		2V/3D	4º lugar
Daniele Matias Hypólito	Ginástica Artística	individual geral	37,337	20º lugar
Camila Comin	Ginástica Artística	individual geral	36,324	49º lugar
Alessandra Ferezin Guidugli	Ginástica Rítmica	conjunto	38,266	8º lugar
Camila Ferezin do Amarante	Ginástica Rítmica	conjunto	38,266	8º lugar
Dayane Camilo da Silva	Ginástica Rítmica	conjunto	38,266	8º lugar
Flávia Cristina de Faria	Ginástica Rítmica	conjunto	38,266	8º lugar
Natália Scherer Eidt	Ginástica Rítmica	conjunto	38,266	8º lugar
Thalita S. Nakadomari	Ginástica Rítmica	conjunto	38,266	8º lugar
Alesandra M. de Oliveira	Handebol		1V/6D	8º lugar
Aline da C. da Silva	Handebol		1V/6D	8º lugar
Chana Franciela Masson	Handebol		1V/6D	8º lugar
Dilane A. Roese	Handebol		1V/6D	8º lugar
Fátima Cristina Loureiro	Handebol		1V/6D	8º lugar
Idalina Mesquita	Handebol		1V/6D	8º lugar
Lucila V. da Silva	Handebol		1V/6D	8º lugar
Margareth Montão	Handebol		1V/6D	8º lugar
Margarida Conte	Handebol		1V/6D	8º lugar
Maria José B. de Salles	Handebol		1V/6D	8º lugar
Rosana F. de Aleluia	Handebol		1V/6D	8º lugar
Sandra S. de Oliveira	Handebol		1V/6D	8º lugar
Valéria Maria de Oliveira	Handebol		1V/6D	8º lugar
Viviane Jacques	Handebol		1V/6D	8º lugar
Viviani Emerick	Handebol		1V/6D	8º lugar
Edinanci Fernandes da Silva	Judô	meio pesado (-78kg)	3V/2D	7º lugar
Mariana P. Martins	Judô	ligeiro (-48kg)	0V/2D	el
Priscila de Azevedo Marques	Judô	pesado (+78kg)	2V/2D	7º lugar
Tânia C. dos Santos Ferreira	Judô	leve (-57kg)	1V/2D	el
Vânia Ishii	Judô	meio-médio (-63kg)	3V/2D	7º lugar
Maria Elizabeth Jorge	Levantamento de Peso	48kg	135	9º lugar
Fabíola Pulga Molina	Natação	100m borboleta 100m costas	1m02s77 1m03s68	36º lugar 24º lugar
Carolina F. P. de Moraes	Natação Sincronizada	dueto	90,743	12º lugar
Isabela F. P. de Moraes	Natação Sincronizada	dueto	90,743	12º lugar
Juliana Rodrigues Veloso	Saltos Ornamentais	trampolim 3m plataforma 10m	220,62 266,04	35º lugar 19º lugar
Carmen Carolina L. Silva	Taekondo	57kg	0V/1D	el
Joana Cortez dos Santos	Tênis	dupla	1V/1D	el
Vanessa Atra de Menga	Tênis	dupla	1V/1D	el

Atleta	*Esporte*	*Prova*	*Resultado*	*Classificação*
Lígia S. da Silva	Tênis de Mesa	simples	–	el
Carla P. Moreno	Triatlo		2h03m19s86	11º lugar
Mariana Ohata	Triatlo		–	ab
Sandra Soldan	Triatlo		–	ab
Christina Mattoso Maia Forte	Vela	mistral	223	26º lugar
Fernanda Ramos M. de Oliveira	Vela	470	143	19º lugar
Maria Krahe	Vela	470	143	19º lugar
Elisângela Oliveira	Vôlei		7V/1D	bronze
Érika Kelly P. Coimbra	Vôlei		7V/1D	bronze
Hélia Rogério de Souza	Vôlei		7V/1D	bronze
Janina Déia C. da Conceição	Vôlei		7V/1D	bronze
Karin Rodrigues	Vôlei		7V/1D	bronze
Kátia A. C. Lopes	Vôlei		7V/1D	bronze
Kelly K. Fraga	Vôlei		7V/1D	bronze
Leila Gomes de Barros	Vôlei		7V/1D	bronze
Raquel P. X. da Silva	Vôlei		7V/1D	bronze
Ricarda R. B. Lima	Vôlei		7V/1D	bronze
Virna Cristine Dantas Dias	Vôlei		7V/1D	bronze
Waleska M. de Oliveira	Vôlei		7V/1D	bronze
Adriana Brandão Behar	Vôlei de Praia		4V/1D	Prata
Adrana Ramos Samuel	Vôlei de Praia		4V/1D	Bronze
Sandra Tavares Pires	Vôlei de Praia		4V/1D	Bronze
Shelda Kelly Bruno Bedê	Vôlei de Praia		4V/1D	Prata
Atenas 2004				
Alessandra Picagevicz	Atletismo	marcha atlética 20km	1h46m21s	48º lugar
Elisângela Maria Adriano	Atletismo	arremesso de disco	58.13m	26º lugar
		arremesso de peso	17.44m	17º lugar
Geisa Aparecida Muniz Coutinho	Atletismo	400m	52s18	28º lugar
		4x400m	3m28s43	12º lugar
Josiane da Silva Tito	Atletismo	4x400m	3m28s43	12º lugar
Kátia Regina de Jesus Santos	Atletismo	4x100m	43s12	9º lugar
Keila da Silva Costa	Atletismo	salto em distância	6.33m	31º lugar
Luciana Alves dos Santos	Atletismo	4x100m	43s12	9º lugar
Luciana de Paula Mendes	Atletismo	800m	2m2s00	21º lugar
Lucimar Aparecida de Moura	Atletismo	200m	23s44	28º lugar
		4x100m	43s12	9º lugar
Lucimar Teodoro	Atletismo	4x400m	3m28s43	12º lugar
Maíla de Paula Machado	Atletismo	100m com barreiras	13s35	27º lugar
Márcia Narloch	Atletismo	maratona	ab	–
Maria Laura Almirão	Atletismo	400m	52s10	26º lugar
		4x400m	3m28s43	12º lugar
Marlene Teixeira dos S. Fortunato	Atletismo	maratona	ab	–
Rosemar Maria Coelho Neto	Atletismo	100m	11s45	24º lugar
		4x100m	43s12	9º lugar
Thatiana Regina Ignácio	Atletismo	4x100m	nc	–
Adriana Moisés Pinto	Basquete		4V/4D	4º lugar
Alessandra Santos de Oliveira	Basquete		4V/4D	4º lugar
Cíntia Silva dos Santos	Basquete		4V/4D	4º lugar
Érika Cristina de Souza	Basquete		4V/4D	4º lugar
Helen Cristina Santos Luz	Basquete		4V/4D	4º lugar
Iziane Castro Marques	Basquete		4V/4D	4º lugar
Janeth dos Santos Arcain	Basquete		4V/4D	4º lugar
Karla Cristina Martins da Costa	Basquete		4V/4D	4º lugar
Kelly da Silva Santos	Basquete		4V/4D	4º lugar
Leila de Souza Sobral	Basquete		4V/4D	4º lugar
Sílvia Cristina Gustavo Rocha	Basquete		4V/4D	4º lugar
Vivian Cristina Lopes	Basquete		4V/4D	4º lugar
Janildes Fernandes Silva	Ciclismo	estrada	3h40m43s	54º lugar
Jaqueline Mourão	Ciclismo	mountain bike	2h13m52s	18º lugar

Atleta	Esporte	Prova	Resultado	Classificação
Maria Julia de Castro Herklotz	Esgrima	florete	0V/1D	20º lugar
Élora Ugo Pattaro	Esgrima	sabre	0V/1D	22º lugar
Aline Pellegrino	Futebol		4V/2D	Prata
Andréa dos Santos	Futebol		4V/2D	Prata
Andréia Suntaque	Futebol		4V/2D	Prata
Cristiane Rozeira de Souza Silva	Futebol		4V/2D	Prata
Daniela Alves Lima	Futebol		4V/2D	Prata
Dayanne de Fátima Rocha	Futebol		4V/2D	Prata
Delma Gonçalves	Futebol		4V/2D	Prata
Elaine Estrela Moura	Futebol		4V/2D	Prata
Grazielle P. G. Nascimento	Futebol		4V/2D	Prata
Juliana Ribeiro Cabral	Futebol		4V/2D	Prata
Kelly Cristina Pereira da Silva	Futebol		4V/2D	Prata
Marlisa Wahlbrink	Futebol		4V/2D	Prata
Marta Vieira da Silva	Futebol		4V/2D	Prata
Miraildes Maciel Mota	Futebol		4V/2D	Prata
Mônica Angélica de Paula	Futebol		4V/2D	Prata
Renata Aparecida da Costa	Futebol		4V/2D	Prata
Rosana dos Santos Augusto	Futebol		4V/2D	Prata
Roseli de Belo	Futebol		4V/2D	Prata
Tânia Maria Pereira Ribeiro	Futebol		4V/2D	Prata
Ana Paula Rodrigues	Ginástica Artística	barras assimétricas	9.375	35º lugar
		equipe	147.345	9º lugar
		individual geral	36.386	27º lugar
		salto	9.087	64º lugar
		solo	9.037	50º lugar
		trave	8.887	47º lugar
Camila Comin	Ginástica Artística	barras assimétricas	9.412	30º lugar
		equipe	147.345	9º lugar
		individual geral	36.074	16º lugar
		salto	9.200	43º lugar
		solo	9.137	41º lugar
		trave	8.662	57º lugar
Caroline Inácio Molinari	Ginástica Artística	equipe	147.345	9º lugar
		individual geral	7.512	98º lugar
		trave	7.512	83º lugar
Daiane Garcia dos Santos	Ginástica Artística	barras assimétricas	8.800	67º lugar
		equipe	147.345	9º lugar
		individual geral	27.687	74º lugar
		salto	9.250	30º lugar
		solo	9.375	5º lugar
Daniele Matias Hypólito	Ginástica Artística	barras assimétricas	9.575	14º lugar
		equipe	147.345	9º lugar
		individual geral	36.961	12º lugar
		salto	8.987	74º lugar
		solo	9.187	36º lugar
		trave	9.337	20º lugar
Laís da Silva Souza	Ginástica Artística	barras assimétricas	8.762	69º lugar
		equipe	147.345	9º lugar
		individual geral	36.199	34º lugar
		salto	9.387	15º lugar
		solo	8.675	63º lugar
		trave	9.375	18º lugar
Ana Maria Teixeira Maciel	Ginástica Rítmica	conjunto	44.400	8º lugar
Dayane Camilo da Silva	Ginástica Rítmica	conjunto	44.400	8º lugar
Fernanda Trotta Cavalieri	Ginástica Rítmica	conjunto	44.400	8º lugar

Atleta	*Esporte*	*Prova*	*Resultado*	*Classificação*
Jeniffer Quirino Oliveira	Ginástica Rítmica	conjunto	44.400	8º lugar
Larissa Maia Barata	Ginástica Rítmica	conjunto	44.400	8º lugar
Tayanne Coelho Mantovaneli	Ginástica Rítmica	conjunto	44.400	8º lugar
Alexandra Priscila do Nascimento	Handebol		2V/5D	7º lugar
Aline da C. da Silva	Handebol		2V/5D	7º lugar
Aline Silva dos Santos	Handebol		2V/5D	7º lugar
Aline Waleska Lopes Rosas	Handebol		2V/5D	7º lugar
Ana Carolina Amorim	Handebol		2V/5D	7º lugar
Chana Franciela Masson	Handebol		2V/5D	7º lugar
Daniela de Oliveira Piedade	Handebol		2V/5D	7º lugar
Darly Zogbi de Paula	Handebol		2V/5D	7º lugar
Fabiana Carvalho Carneiro Diniz	Handebol		2V/5D	7º lugar
Fabiana Kuestner	Handebol		2V/5D	7º lugar
Idalina Borges Mesquita	Handebol		2V/5D	7º lugar
Lucila Vianna da Silva	Handebol		2V/5D	7º lugar
Margareth Lobo Montão	Handebol		2V/5D	7º lugar
Milene Bruna Lima Figueiredo	Handebol		2V/5D	7º lugar
Viviane Rodrigues Jacques	Handebol		2V/5D	7º lugar
Luciana Diniz	Hipismo	saltos individual	20.00	40º lugar
		saltos equipe	53.00	10º lugar
Daniela Duque Estrada Polzin	Judô	ligeiro (-48kg)	0V/1D	el
Danielle Zangrando	Judô	leve (-57kg)	1V/2D	9º lugar
Ednanci Fernandes da Silva	Judô	meio-pesado (-78kg)	2V/2D	7º lugar
Fabiane Mayumi Hukuda	Judô	meio-leve (-52kg)	0V/1D	el
Vânia Ishii	Judô	meio-médio (-63kg)	0V/1D	el
Flavia Renata Delaroli	Natação	50m livre	25s20	8º lugar
		4x100m livre	3m45s38	11º lugar
Joanna Maranhão B. Melo	Natação	4x200m livre	8m5s29	7º lugar
		200m medley	2m15s43	11º lugar
		400m medley	4m40s00	5º lugar
Mariana Nery Brochado	Natação	200m livre	2m2s91	23º lugar
		4x200m livre	8m5s29	7º lugar
Monique Andrade Ferreira	Natação	400m livre	4m13s75	19º lugar
		4x200m livre	8m5s29	7º lugar
Paula Baracho R. Ribeiro	Natação	4x200m livre	8m5s29	7º lugar
Rebeca Braga Lakiss Gusmão	Natação	50m livre	25s31	11º lugar
		100m livre	56s26	20º lugar
		4x100m livre	3m45s38	11º lugar
Renata de Oliveira Burgos	Natação	4x100m livre	3m45s38	11º lugar
Tatiana Lemos de Lima Barbosa	Natação	4x100m livre	3m45s38	11º lugar
Carolina F. P. de Moraes	Natação Sincronizada	dueto	90.917	12º lugar
Isabela F. P. de Moraes	Natação Sincronizada	dueto	90.917	12º lugar
Samantha Coleste Harvey	Pentatlo Moderno	individual	4.888	25º lugar
Fabiana Beltrame	Remo	single skiff	7m43s38	14º lugar
Juliana Rodrigues Veloso	Saltos Ornamentais	plataforma 10m	469.95	16º lugar
		trampolim 3m	462.45	18º lugar
Natália Falavigna	Taekwondo	acima de 67kg	3V/2D	4º lugar
Lígia S. da Silva	Tênis de Mesa	individual	0V/1D	el
		dupla	0V/1D	el
Mariany Mayumi Nonaka	Tênis de Mesa	dupla	0V/1D	el
Carla P. Moreno	Triatlo		–	ab
Mariana Ohata	Triatlo		2h16m52s97	37º lugar

Atleta	*Esporte*	*Prova*	*Resultado*	*Classificação*
Sandra Soldan	Triatlo		–	ab
Adriana Kostiw	Vela	470	119	17º lugar
Carolina Souza Borges	Vela	mistral	229	25º lugar
Fernanda Ryff M. de Oliveira	Vela	470	119	17º lugar
Ana Beatriz F. das Chagas	Vôlei		6V/2D	4º lugar
Arlene de Queiroz Xavier	Vôlei		6V/2D	4º lugar
Elisângela Almeida de Oliveira	Vôlei		6V/2D	4º lugar
Érika Kelly P. Coimbra	Vôlei		6V/2D	4º lugar
Fabiana Marcelino Claudino	Vôlei		6V/2D	4º lugar
Fernanda Porto Venturini	Vôlei		6V/2D	4º lugar
Hélia Rogério de Souza	Vôlei		6V/2D	4º lugar
Marianne Steinbrecher	Vôlei		6V/2D	4º lugar
Valeska dos Santos Menezes	Vôlei		6V/2D	4º lugar
Virna Cristine Dantas Dias	Vôlei		6V/2D	4º lugar
Walewska Moreira de Oliveira	Vôlei		6V/2D	4º lugar
Welissa de Souza Gonzaga	Vôlei		6V/2D	4º lugar
Adriana Brandão Behar	Vôlei de Praia		6V/1D	Prata
Ana Paula Rodrigues	Vôlei de Praia		3V/2D	5º lugar
Sandra Tavares Pires	Vôlei de Praia		3V/2D	5º lugar
Shelda Kelly Bruno Bedê	Vôlei de praia		6V/1D	Prata

des | desclassificado(a)
pnd | pontuação não disponível
tnd | tempo não disponível
el | eliminado
nc | não competiu
V | vitória
D | derrota
E | empate

✻ referências bibliográficas ....

COMITÊ OLÍMPICO BRASILEIRO. *Sonho e Conquista – O Brasil nos Jogos Olímpicos do século XX*. Rio de Janeiro: Ouro Sobre Azul, 2004.

COSTA, Lamartine Pereira (org.). *Atlas do Esporte no Brasil*. Rio de Janeiro: Editoria Shape, 2004.

DEFRANTZ, Anita. "La evolucion del papel de la mujer em los Juegos". *Olympic Review*. Lausanne, junho/julho de 1997.

DEVIDE, Fabiano Pires. *História das mulheres na natação brasileira no século XX: das adequações às resistências sociais*. Rio de Janeiro: Universidade Gama Filho, 2003.

DRINKWATER, Bárbara L. *Women in sport*. Oxford: Blackwell Sicence, 2000.

LENK, Maria. *Braçadas e abraços*. Rio de Janeiro: Grupo Atlântica Boavista, 1982.

PAIOLI, Carlos. *Brasil olímpico*. São Paulo: IMESP, 1985.

SILVA, Jacqueline. *Jackie do Brasil: autobiografia de uma jogadora não autorizada*. Rio de Janeiro: Ediouro, 2004.

Pesquisas adicionais:

Jornal *O Globo*
Jornal *Folha de S.Paulo*
Site UOL nas Olimpíadas
Site do Comitê Olímpico Internacional (*olympic.org*)
Site do Comitê Olímpico Brasileiro (*cob.org.br*)
Site da Confederação Brasileira de Voleibol (*cbv.com.br*)
Site da Fédération Internationale de Volleyball (*fivb.com*)
Site da Fédération Internationale de Basketball (*fiba.com*)
Site da Fédération Internationale de Football Association (*fifa.com*)
GBRATHLETICS.COM – United Kingdom Track & Field All-time Lists

créditos fotográficos

MARIA LENK	s/i | Universidade Gama Filho
WANDA	© Bettmann | Corbis
MARY DALVA	s/i | Flu Memória
AIDA	s/i | Arquivo Nacional
ELISA	s/i | Agência O Globo
ISABEL	© Ricardo Leoni | Agência O Globo
LUISA	Arquivo pessoal
SORAIA	© Ovidio Vieira | Folha Imagem
JACKIE	© Marcos Tristão | Acervo COB
MÔNICA	© Marcos Tristão | Acervo COB
ADRIANA	© Marcos Tristão | Acervo COB
SANDRA	© Washington Alves | Acervo COB
ADRIANA BEHAR	© Hipólito Pereira | Agência O Globo
SHELDA	© Ivo Gonzalez | Agência O Globo
PAULA	© Marcelo Carnaval | Acervo COB
JANETH	© Ivo Gonzalez | Agência O Globo
LEILA	© Marcelo Carnaval | Acervo COB
VIRNA	© Marcelo Carnaval | Acervo COB
PRETINHA	© Alexandre Cassiano | Agência O Globo
MARTA	© Ivo Gonzalez | Agência O Globo

1ª edição	maio de 2006
impressão	Prol Gráfica
papel de miolo	Extra Alvura 90 g/m² | Vivox
papel de capa	Art Premium 330 g/m² | Vivox
tipologia	Fairfield LH, The Sans e Typo Upright BT